August Friedrich Adrian Diel

Über die Anlegung einer Obstorangerie in Scherben

August Friedrich Adrian Diel

Über die Anlegung einer Obstorangerie in Scherben

ISBN/EAN: 9783743301740

Hergestellt in Europa, USA, Kanada, Australien, Japan

Cover: Foto ©Andreas Hilbeck / pixelio.de

Manufactured and distributed by brebook publishing software
(www.brebook.com)

August Friedrich Adrian Diel

Über die Anlegung einer Obstorangerie in Scherben

Ueber die
Anlegung
einer
Obstorangerie in Scherben
und die
Vegetation der Gewächse
von
D. August Friedrich Adrian Diel

Mit drey Kupfern und einem Obstverzeichniß

Frankfurt am Main
in der Andreäischen Buchhandlung 1798

L'œil du maître suffit, il peut tout opérer.

L'heureux cultivateur des présens de Pomone,

Des filles du Printems, des trésors de l'Automne.

Son docile terrain repond à sa culture,

Ministre industrieux des loix de la Nature

Il n'est pas traversé dans ses heureux dessins.

VOLTAIRE.

Vorrede.

Als ich mich 1795 auf das Bitten meiner pomologischen Freunde entschloß, eine Abhandlung über die gehörige Anlegung und Wartung aller Obstsorten in Scherben herauszugeben, ahndete ich auch nicht einmal, daß die Obstcultur, in unserem lieben Deutschlande, solche viele wissenschaftliche Verehrer hätte, die mit edler Leidenschaft ihre Stunden der Muse, der Erziehung und Verbreitung vortrefflicher Obstsorten widmeten. Wie überraschend war also die Freude für mich, das Gegentheil zu finden, und wie viele Bekanntschaften verdanke ich jetzt schon diesem Entschluß, der mich mit Männern in Verbindung brachte, mit denen ich sicher, durch wechselsweise Mittheilungen, manche Aufklärungen in diesem,

mit frohem Wohlstand der Menschheit gewiß
verbundenen, Zweig der Agricultur, zu der
uns die Natur doch alle berief, zu bewirken
hoffe!

Wir leben jetzt in der lang gewünschten
Epoche, daß die Pomologie in den Händen
von Männern ist, die sie mit derjenigen
Würde zum Wohl für ihren Nebenbruder
betreiben, die sie verdient. Jetzt erst hat
in Deutschland Pomona Männer zu Lieb-
lingen, die es als innigste Selbstbelohnung
fühlen, den Reichthum dieser Göttinn bis in
die niedrigste Hütte verbreiten zu helfen,
und dadurch im Stillen Vater des Landes
zu seyn. —

Den Beyfall, den die Freunde der Pomologie dieser Abhandlung so schmeichelhaft
schenkten, erheischte meinen Dank, und diesen suchte ich durch größere Vollkommenheit, die ich diesem Werkchen gäbe, an den
Tag zu legen. — Deßhalb verbreitete ich
mich weitläufiger über die Vegetation, und
theile vielleicht, in ruhigeren Zeiten, etwas

Vollständigeres darüber mit, wenn es von
dem pomologischen Publikum gewünscht
wird.

Meine Schwäche im Zeichnen entschuldigen Sie, meine Freunde, und wenn
die Grundzüge der Kupfer zur Anweisung
des Baumschnitts nicht mißfallen, dann
sollen Sie mehr haben.

Dieß, an der Lahn,
den 12. Apr. 1798.

Verbefferungen

Seite 135 Note Z. 6 von unten, ließ: eingeſägt.
— 141 Z. 9 von unten, ließ: und, ſtatt auf.
— 188 Z. 7 ließ: in, ſtatt iſt.
— 291 Z. 2 lies: ohne, ſtatt und
— 292 Z. 3 v. unt. ließ: Weinreben, ſtatt Mineralien
— 306 Z. 8 ließ: Mooſe, ſtatt Moos.
— 327 Z. 3 v. u. ließ: Cloque, ſtatt Glocke.
— 339 Z. 9 wird nicht, weggeſtrichen.
— 340 Z. 12 ließ: Lichtmaterie, ſtatt Luftmaterie.
— 342 Z. 4 ließ: andere - - andere, ſtatt anderen - - anderen.
ebend. Z. 9 ließ: vor, ſtatt für.
— 354 Z. 10 ließ: ausgebildeten, ſtatt ausgebildete.
— 356 Z. 10 ſetze ſtatt: ſelbſt, ja ſelbſt nur —
— 565 Z. 9 ſetze nach nicht — immer.
— 378 Z. 1 lief: nie ganz u. ſ. w.
— 383 Z. 2 ſetze nach nur: das
— 397 Z. 13 ließ: Zuſammenziehens, ſtatt Zuſammen hanges.
— 426 Z. 5. v. u. ließ: Angoumois, ſtatt Angoumois.
— 447 No. 2. ließ: Paasch - Appel.
— 452 No. 46. ließ: Rein. calvillée.
— 463 No. 131. ließ: Enkhuiser
— 464 No. 137. ließ: bebuft.
— 478 No. 89 ließ: auch, ſtatt aus.
— 487 No. 1 ließ: Altbekannt.
ebend. No. 4. ließ: Damas Dronet.

Inhalt.

Ein=

Einleitung.

Im Kleinen wie im Großen ist es fast immer Zufall, oder eine nicht gesuchte, nur durch Nebenumstände rege gewordene Idee, wodurch wir zu Entdeckungen gelangen. — Ich würde noch bis jetzt manche Stunde des Frohsinns entbehrt haben, wenn mich nicht 1782. die Noth angetrieben hätte, einen Pfirschenbaum in eine Scherbe zu setzen, da ich ihn wegen dem Frost nicht mehr in die Erde bringen konnte. Ich bewahrte denselben in einem Zimmer, wo die Erde nicht fror, und schon mit Anfang März trieb derselbe, und blühte ganz unerwartet. Ich behandelte denselben mit der größten Sorgfalt, trug ihn in jeden warmen Sonnenblick, und den ganzen Sommer hindurch trieb derselbe vortrefflich. Es blieben zwey Früchte am Bäumchen, und den Herbst waren diese die ächte längst gesuchte Venusbrust (Teton de Venus).

A

Ich hatte zwar vorher in Frankreich auch Bäumchen in Scherben gesehen, aber dieses waren immer die Zwergreinette Reinette Pommier nain, oder die Zwergpfirsche von Orleans, und die mit gefüllter Blüthe. In Straßburg sah ich auch die Zwergmandel als Blumenstöcke vor den Fenstern. Alles dieses machte aber eben so wenig Eindruck auf mich, um irgend eine Schlußfolgerung für die Pomologie daraus zu ziehen, als meine Rosentreiberey, oder die Menge von großen Orangerieen, die ich nur bewunderte.

Bloß also dieser Nothversuch zur Erhaltung eines Bäumchens, das ich lange gesucht hatte, weckte auf einmal in mir den Gedanken, es mit allem Obst in Scherben zu versuchen, da der Pflaumenbaum mit seinem großen Wurzelvermögen mir es glaublich machte, daß sich die Quitte und der Johannisstamm auch dazu bequemen würde. — Meine damaligen Obstanlagen waren klein, und doch machte mir die Kultur der so mannichfaltigen

Obstforten, schon in meiner frühesten Jugend die größte Freude. Wie freue ich mich noch jetzt einiger Bäume, die ich in meinem eilften Jahr gepfropft habe! Den Hauptreiz zur Obstkultur, erregten und unterhielten die vortrefflichen Anlagen, in den großen, mit ausgesuchten Obstsorten versehenen, Gärten des deutschen Hauses zu Marburg. Noch als Schüler brachte ich manches von da mit nach Haus, und ich hatte fast keinen Baum, der nicht vier bis sechs Sorten Obst auf Einem Stamm hatte. Es waren eine Art Harlequins, wie man solche zum Scherz und zur Zierde mit Pflaumenbäumen macht. Wählt man hierbey fünf bis acht Aeste auf eine solche Weise, daß die Farbe der Pflaumen abwechselnd stark absticht, z. B. auf den weißen Perdrigon die schwarze Reineclaude, so gewährt dieses einen überraschenden Anblick.

Der Gedanke, alle Obstsorten in Scherben ziehen zu können, eröffnete mir die große Aussicht, der Pomologie meine Erholungsstunden widmen, und alles prüfen, und das beſte behalten zu können. Ich verſchwendete ſonſt dieſe Augenblicke der Abendmuſe mit Blumen, — zwar immer noch belohnender als mit Karten, — und wie manche gewäh= ren uns für funfzig Wochen Mühe, nur eine vierzehntägige Freude, die noch oft ſo leicht durch die Witterung verbittert wird! Jetzt ſind die prachtvoll blühenden Obſtoran= geriebäümchen meine Blumentöpfe, und den ganzen Sommer wacht Hoffnung für ſie, daß ſie mich mit reifen Früchten erfreuen. Wirk= lich haben ſchon manche meiner Freunde ihre Blumenliebhaberey gegen dieſe Obſtkultur vertauſcht.

Dieſes wäre indeſſen nur bloße Freude und Genuß ohne beſondern Nutzen. Manche von meinen Bekannten ſuchten auch dieſes anfänglich nur, aber bald trachteten ſie nach neuen Sorten, und forſchten nach Aechtheit der Namen. So wird dann Kenntniß und Thätigkeit, allgemeine Liebe zur ganzen Na= tur, größere Aufmerkſamkeit auf ihre reichen Schätze, und manche tiefere Beobachtung der

Vegetation entwickelt, die sonst unbemerkt
schlummerten.

Der Nutzen bey Erziehung aller Arten von
Obstsorten in Scherben, ist für das Studium
der Pomologie wichtig und weit umfassend. —
Meine mehresten Obstsorten kenne ich nur
dadurch.

Nicht zu gedenken, daß der anfängliche
Liebhaber bloß dadurch spielend, nach und
nach, zu einem Kenner werden, und vortreffliche Obstsorten in seiner Gegend verbreiten
kann; nein, sondern dem wirklichen Kenner,
dem das Studium der gesammten, oder einzelner Theile der Pomologie, am Herzen
liegt, — ist die Erziehung der Obstsorten in
Scherben eben so erwünscht, als sie ihm wirk-
liches, wahres Bedürfniß ist. Nur durch sie
ist er im Stande, in wenigen Jahren einen
Reichthum pomologischer Kenntnisse über Aech-
heit, Varietäten, Nomenclatur, Verschiedenheit der Vegetation und Güte der Obstsorten sich zu eigen zu machen, und dadurch
zuletzt competenter Richter in diesem Fach zu.

zu werden. — Obstpflanzungen im Großen, so sehr wenigen dieses schöne Loos des Verdienstes um den Nutzen der Menschheit beschieden ist, reichen dennoch hierzu bey weitem nicht hin, und Kosten und Zeit sind gleich groß. — Wo ist auch eine Baumschule, wo aller Vorrath zu finden wäre? — Die zwar oft früher tragenden Zwergbäume leisten noch weniger, da der Raum und die Kosten mit Deutschlands Oekonomie im Contrast stünden. Der Privatmann wird aber seinen Raum zu Zwergbäumen, zu ewigen Proben, ohne Vortheil eines reellen Genusses nicht verwenden; ja der Kenner selbst bepflanzt seine Mauer, seine Latten, nur mit denen ihm bekannten vortrefflichsten Obstsorten, und begnügt sich mit kleinen Proben in der Baumschule.

Die Obstorangerie, — und ich freue mich, daß man diesen schönen analogen Namen gebilligt hat, — erfordert hingegen nur ein kleines Blumengärtchen, nur Blumenbretter vor den Fenstern, und verschafft dennoch in zehen Jahren mehr Obstkenntniß, als ein großer Baumgarten in zwanzig Jahren nicht zu liefern im Stande ist. — Ich will z. B. annehmen, daß man nur funfzig Blumen‹ scherben stellen kann, deren obere Weite acht Zoll und die Tiefe sieben Zoll ist, also ganz gewöhnliche Blumenscherben, die ohngefähr 509 Cubikzoll Erde, fassen (*), und die Mancher vor den Fenstern stehen hat, oder wozu allerhöchstens, um alle Gemäch‹ lichkeit dazu zu haben, nur funfzig Quadrat‹ schuh Land erfordert würden: so ist man im Stande, in zehen Jahren, gewiß 225 Sor‹ ten von Obst kennen zu lernen. — Ich rechne nämlich aus Erfahrung, daß von funfzig in die Scherben gesetzten Bäumchen, die Hälfte davon immer im zweyten Jahr die Proben liefert, und dieses beträgt, das erste Jahr der Setzung abgerechnet, also in den neun fol‹

(*) In der ersten Ausgabe fehlte jedesmal die Tiefe in der Rechnung aus Eile. Dieses war indessen so auf‹ fallend, daß es jeder wird gefunden haben. Bey der Berechnung nehme ich den Cubikfuß zu 1728 Cu‹ bikzoll an.

genden Jahren die oben angeführte Menge
von Proben.

Wem fehlt soviel Raum, oder soviel
Land, um dieses nicht vollführen zu können,
und wie klein bedarf hierzu die Baumschule
zu seyn? — Schafft man sich jeden Herbst
dreyßig schickliche Stämmchen an, worauf
wir dasjenige Obst, was wir zu ziehen
wünschen, veredlen können, so dürfen diese
schon das kommende Jahr (*) noch gepfropft,
copulirt, oder im Sommer oculirt werden;
und diese setzt man nach zwey Jahren ihres
veredelten Triebes, wenn der Raum in der

_____

(*) Dieses ist immer ein Jahr gespart. Der Trieb des
veredelten Stämmchens, wenn es gute Wurzeln hat,
sey es auch erst im Frühjahr gesetzt, hat zu unserem
Behufe hinreichende Stärke. Man pfropft oder
copulirt aber solche etwas später, als schon im Lande
gestandene, damit der Saft in Bewegung sey. Ich
habe schon oft die Stämmchen gepfropft, ehe ich
dieselben setzte. Dieses sind aber Ausnahmen von
der Regel, und keine Vorschriften. Kirschenwildlinge wollen durchaus erst ein Jahr wenigstens stehen, wenn die Mühe nicht fast immer vergebens
seyn soll.

kleinen Baumschule nicht gar zu enge iſt, in
die Scherben. Giebt man nun einem ſolchen
Bäumchen im Lande, nur zwey, höchſtens
drey Quadratfuß Raum, ſo bedürfte eine
ſolche Baumſchule, — fünf Stämme zum
Verderben ſogar eingerechnet —, in vier Jah⸗
ren hintereinander, kaum über einer Ruthe
Land, kaum der Größe von drey Garten⸗
ländern.

Aber auch dieſer ſeparaten Baumſchule
bedarf man nicht einmal. Meine Methode
war ehedem, bey beſchränktem Lande die zu
veredelnden Stämmchen auf Rabatten, und
in die Mitte ſolcher Länder zu ſetzen, auf
denen Blumen oder niedrige Gartengewächſe
gezogen werden. Dieſe Art von Baumſchule
ſollte jeder Privatmann in ſeinem Garten
haben. Man erzieht auf dieſe Weiſe, und
ohne den geringſten Nachtheil, ohne gar kein
Land zu entbehren, unvermerkt eine große
Menge hochſtämmiger oder Eſpalierbäume,
die man nachher verpflanzen kann. —

Dieſe Bäumchen veredle ich durch Pfropfen

schon im erſten Jahr, welches bey Aepfel=
und Birnſtämmchen vortrefflich angeht, oder
ich oculire ſie auf das ſchlafende Aug im
Sommer des nämlichen Jahres, ſo ſtehen die
gepfropften nur zwey, die oculirten aber
drey Jahre im Land. (*) — Ja eile ich mit
den Proben, ſo ſetze ich die veredelten ſchon

(*) Es verſteht ſich von ſelbſt, daß alles Obſt, wenn
    ich die Sorten aus der Ferne erhalten muß, durch.
    Pfropfen oder Copuliren zu erziehen iſt. — Die nun=
    mehrige **Wintercopulation** verſpricht uns
    auch, daß wir leicht Apricoſen und Pfirſchen, die
    ſchwer durch Pfropfen anſchlagen, ohne zu oculiren,
    veredlen können? Alles Steinobſt tritt früh in den
    Saft, und gewinnt ſchon im März eine gummi=
    artige Zähigkeit, die das Anwachſen verhindert.
    Copuliren wir aber daſſelbe von Ende November
    an bis in den Februar, ſo wird die Circulation des
    Baumſafts wenig geſtöhrt, das Copulirreiß klebt
    an, und nimmt nun im Frühjahr willig den frem=
    den Saft auf, der hier immer etwas heterogenes
    für das Edelreiß iſt. Das Pfropfen u. ſ. w. ſchlägt
    immer um ſo ſchwieriger an, je entfernter die Aehn=
    lichkeit des Wildlings vom Edelreiß iſt. Je länger
    alſo die Zeit, während welcher das neue Organ
    mit dem fremden ſich vertraut machen kann, deſto
    leichter glückt die Veredlung. Daher ſchlägt das
    Oculiren auf Quitten z. B. faſt nie fehl, indeſſen

das künftige Frühjahr in die Scherben. — Haben sie aber das zweyte Frühjahr erreicht, nämlich sind sie ein Jahr alt, und man kann sie, — welches am vortheilhaftesten ist —, noch den zweyten Sommer stehen lassen, so wird der vorjährige Sommertrieb zu einem Orangeriebäumchen zugeschnitten, und den

---

das Pfropfen darauf eine mißliche Sache ist. — In dessen herrschen noch immer viele zu bestimmende Nebenumstände bey dem Oculiren, die dieses Geschäft mißlich machen. Ich kenne Baumschulen, wo man gar nicht pfropft, sondern alles oculirt, und unter Tausenden von Apfelstämmen bleibt kein Dutzend aus. — Gewiß ist es aber, daß je frischer der Zweig ist, desto leichter schlägt es an. — Winde, Nebel, Nachtkälte, Dürre, zu große Nässe u. s. w. sind alles Neben-umstände, von denen oft alles abhangt. Der Baum ist zur Zeit des Oculirens in seiner größten Lebens-kraft. Eine Wunde reizt ihn so gut wie das Thier. Jeder widrige Eindruck verstimmt die Thätigkeit der Organe, alterirt die Säfte und stöhrt oder zernichtet die Heilung. Die größte Vorsicht ist, daß die soge-nannte Seele im Oculirzug fest aufgebunden werde. Liegt diese hohl, so wächst wohl der Schild an, aber das Aug ist todt, wie man dieses häufig sehen kann.

Herbst, oder besser den folgenden Frühling, das Bäumchen in die Scherbe gesetzt, wo manches oft den nämlichen Sommer noch Früchte liefert.

Verfährt man auf diese Weise, so giebt es wohl wenige Menschen, welche die obige Probe anzustellen nicht im Stande wären. Aber man denke sich nun einen Zeitraum von dreysig Jahren, man halte dazu eine Baumschule, die jährlich hundert Scherben liefern kann, — noch immer ein sehr unbedeutendes Stück-Land von einigen Ruthen —, und berechne, was ein einzeler Mann, ohne große Kosten, ohne wahren Zeitaufwand, an pomologischen Kenntnissen gewinnen könnte, wenn es ihm an Eifer, mittheilenden Freunden und Correspondenz nicht fehlt.

Wie viel Zeit würde dieses aber, könnte wohl Mancher fragen, einem Manne an seinen Geschäften rauben? — Ich sage aus Erfahrung — eigentlich keine. Vom März bis in den October reicht täglich eine kleine Stunde, wohl für hunderte, von diesen

Bäumchen hin, um in der Blüthenzeit die
Blattwickler, eine kleine schnelle Raupe im
Blüthknospen selbsten zu tödten, den Blüthen=
wurm des Rüsselkäfers frühzeitig aus den
Blüthen zu vertilgen, die Blattwickler in den
zusammengerollten Blättern zu zerdrücken, und
jeden Fehler bald zu beobachten, der die Ge=
sundheit dieser Lieblinge stöhren könnte. —
Und wer sucht nun im Sommer nicht täglich
eine Stunde diätetische Zerstreuung? Und wo
findet der Geschäftsmann eine frohere, eine
unschuldigere, als wenn er die Kinder Pomo=
nens besucht und pflegt? — Alles preißt das
Landleben, und wie wenige wissen es zu
genießen? Unbekanntschaft mit der Natur,
gebährt Langeweile im Garten wie in der
Stube, und nur durch Natur bildeten sich
die Dichter, deren Gefühle, ohne Wandel,
sich in jeder Menschengeneration fortpflanzen,
immer von neuem aufleben und nie sterben.

— — Der Pflug wird Tafel, das grünende Blatt
wird
Ein reiner Teller für die schöne Frucht,

Keinliches Holz dein Krug, dein Wein die erfrischende
Quelle,
Die frey von Giften dir Gesundheit ströhmt, —
Herder.

Geht man in das Alterthum zurück, so
ist gar nicht zu läugnen, daß der Hang zum
Studium der Natur in jenen Zeiten größer
war. Man ließ nicht für sich arbeiten, man
machte selbst Proben, man wollte der Natur
gern selbst den Schleyer lüften, hinter dem
diese Allgewaltige ihre Geheimnisse verhüllt:

O du Ewigkeit — her alles umarmende
Alldurchdringende Kraft! — Sage wie nenn' ich dich!
Wundersame wer bist du?
Niegesehene wo hausest du?
Kosegarten.

Es ist für mich herzerhebende Freude, wenn
ich sehe, wenn ich höre, wie auch jetzt in
Deutschland Männer von Würde und erha-
benem Stande, in ihren Erholungsstunden,
wie Griechen und Römer, die Agrikultur
befördern, selbst studiren. Wie viele Männer
von Stande zählt nicht jetzt in Deutschland die

Pomologie! — O! Genuß des Landlebens,
Ausübung kleiner Landarbeiten, ist ja das
einzige Mittel, die geschraubte Kunst des
Weltlebens wieder mit der Natur auszusöh=
nen, wieder Harmonie in die Gefühle der
Gesundheit zu gießen. — Wir müssen die
Gartenkunst, und alles was damit in Verbin=
dung steht, wie der Grieche, dem nichts als
hohe Empfindung galt, in das Gebiet der
Aesthetik erheben, müßten ein Werk haben,
das den Liebhaber mit den Gesetzen seiner
vegetabilischen Welt bekannt machte; und ich
bin überzeugt, daß wir Fortschritte in der
Natur machen würden, die jedes Zeitalter
hinter sich ließen. Jeder Versuch, den wir
mit organisirten Gegenständen machen, ohne
daß uns die reinsten Kenntnisse, über Kraft
und Gesetze des organischen Lebens dabey
leiten, bleibt ein blindes Ohngefähr, das uns
zu unbedeutenden, oder gar keinen Resultaten
leitet.

Doch Verzeihung für diese Ausschwei=
fung.

Wer aber nun seine Obstorangerie nicht
selbst pflegen will, bedarf solche sehr wenig
zu sehen, und nur jemand haben, der treu
in dem Gießgeschäft ist.

Um eine ausgebreitete sichere
und baldige Kenntniß der mancherley Obstsorten, ohne großen Aufwand von Geld und Zeit, zu erlangen, ist also die Obstorangerie in
Scherben nothwendiges Bedürfniß.

Neue Obstsorten aber zu entdecken, ist sie eben so wichtig, als
erwünscht und vortheilhaft.

Lange schon und öfters hat man den Rath
gegeben, aus den Saamenschulen diejenigen
Stämmchen unveredelt zu verpflanzen, denen
man schon an Wuchs und Laub nichts Wildes,
Dornichtes ansieht, und die für sich schon ein
veredeltes Ansehen haben. In einer jeden
von guten Obstkernen gepflanzten Saamen-
schule findet man dieses häufig. — Daß auch
hierdurch wirklich eine Menge neuer Obstsorten
entstan-

entſtanden ſind, noch täglich entſtehen, und
vielleicht urſprünglich alle daher rühren, iſt
anerkannte und bekannte Thatſache. — Hol⸗
lands große Obſtſchulen haben uns mit Varie⸗
täten und Namen faſt verwirrt.

Der für Menſchenwohl ſo thätige, oft zu
enthuſiaſtiſche würdige D. Fauſt, rieth noch
kürzlich, um vortreffliche und mannichfaltige
Obſtſorten zu erhalten, den ganzen Apfel,
und nicht die bloßen Kerne in die Erde zu
legen. — Er dachte indeſſen wohl in dieſem
Augenblicke nicht: — 1) daß eine jede Varie⸗
tät, oder eine ganz neue eigenthümliche Sorte
von Obſt, vielleicht bloß von der künſtlichen,
oder auch fehlerhaften Befruchtung durch Wit⸗
terung u. ſ. w., abhange, und alſo im Kern
allein ſchon der künftige Werth der Obſtſorte,
ohne äußeres Zuthun beſtimmt ſey; — 2) daß
das Mark lange vorher verweſe, ehe der Kern
zur Keimung komme; — 3) daß die eigent⸗
liche erſte Muttermilch des Saamenpflänzchens,
die ihm vegitirendes Leben giebt, in den
Saamenlappen beruhe; — 4) daß das Mark,

B

diese Hülle der Kerne und Steine, ganz andere Endzwecke im großen Vorrath der Natur erfülle; — 5) daß dieses Mark nur die Kerne völlig ausbilde, und — 6) die Obſtſaamen noch alsdann keimen und wachsen, wenn das Mark das Thier ſchon genährt, und der bloße unverdaute Saame im Miſt zur Pflanzung verbreitet wird. — Dieſes beweiſt jeder junge Baumſchlag, in dem man zerſtreut Wildlinge aller Art antrifft, ohne daß Mutterſtämme in der Nähe wären. Die Ziemer, Amſeln und Droſſeln nähren ſich von Kirſchen, daher die Menge dieſer Wildlinge, in ſolchen jungen Holzpflanzungen. — Der Ziemer (Turdus viscivorus), nicht unſer Krametsvogel —Turdus Piliaris —, iſt ja im Sprichwort bekannt, daß er der Stifter seines Unglücks ſey, wenn er den Saamen zum Miſtel, der uns den Vogelleim liefert, durch ſeinen Miſt von einem Baum zum andern trage.

D. Fauſt's Vorschlag würde alſo nichts mehr leiſten, als was wir von einem jeden

andern, aus bloßen guten Obſtkernen erzo-
genen Wildling zu hoffen haben.

Iſt aber indeſſen Mannichfaltigkeit wirk-
licher Reichthum; der Geſchmack, das Streben der Menſchen nach dem Unbekannten nie
raſtend; und was noch mehr iſt, ſind von
Kernwildlingen in einem Lande entſtandene
Varietäten, oder neue Sorten, dem Klima
angemeſſener, ſind die Bäume dadurch dauerhafter (*), daß die urſprüngliche Wurzel des
Mutterbaums, eine dem Boden und dem
Klima eigenthümliche Organiſation im ganzen
Weſen, in der Natur des Baums austheilte:
ſo bleibt die Erziehung neuer Obſtforten ſtets
eine edle Beſchäftigung zur Belauſchung der
Natur, wie unerſchöpflich ſie in Erzeugung
neuer Reichthümer iſt. — Wenn wir auch
überlegen, daß wir bloß dem Zufall unſere

***

(*) Die Wahrheit dieſer Behauptung beweiſet die große
Dauerhaftigkeit der Bäume des deutſchen Obſtes
gegen das ausländiſche, und doch giebt unſer Bor-
ſtorfer, wenn er nicht den erſten Rang behauptet,
keiner fremden Sorte etwas nach.

mehreſten beſten Tafelobſtſorten zu verbanken
haben, daß z. B. die vortrefflichen Sorten
der Peppings daher ihren Urſprung haben,
ſo macht dieſes wohl gewiß fernere Verſuche
wünſchenswerth. Wir haben aber auch jetzt
die Mittel in der Hand, uns nicht dem bloßen
Zufall zu überlaſſen, ſondern ſogar abſichtlich
Verbeſſerungen durch künſtliche Befruchtungen
anzuſtellen. — Wahrlich von ausgeſuchten
Sorten von Tafelobſt haben wir keine über:
flüſſige Menge, wie dieſes mit Küchenobſt der
Fall iſt, z. B., daß die Saamen ehender
ſchlechteres als edleres Obſt erzielen. Herr
Pfarrer Chriſt ſcheint deshalb, meine Vor:
ſchläge hierzu, abſichtlich haben verbreiten
zu wollen (*). —

Da man indeſſen nicht träumen darf, daß
jeder edel ausſehende Kernwildling, auch eine
vorzügliche Obſtſorte liefere, ſo wäre die
Pflanzung ſolcher Bäume ein wahres Wage:
ſtück, ein Mittel, die Obſtkultur, durch Ver:

(*) Taſchenbuch für Gartenfreunde 1797.

breitung schlechter Obstsorten, ehender zu hin=
dern, als zu befördern.

Soll eine neue Frucht schätzbar, dem
Kenner werth seyn, so muß sich eine solche
Sorte, oder gar Varietät durch v o r z ü g=
l i c h e G ü t e, oder H a l t b a r k e i t, oder
durch irgend etwas e i g e n t h ü m l i c h e s
v o n W.e r t h, vor andern vortrefflichen bekann=
ten Sorten auszeichnen, oder ihnen gleich
kommen, so daß sie doch das Verdienst des
Vaterländischen achtungswerth macht.

Wenn aber auch bekanntlich die schönsten
Wildlinge oft nur ganz gemeines, und w i e
ich mehrmalen gesehen, ganz schlechtes Küchen=
obst liefern, wer wird es also wagen, diese
in der Hoffnung anzupflanzen, um sich, wenn
das Glück wohl will, in 5 — 8, oft aber
erst in 10 Jahren versichern zu können, was
man für Obstsorten erzogen habe? Wird
man arg getäuscht, so verschwindet der Lusten
für eine jede neue Probe.

Diesem allen aber auszuweichen, selbst
den Wildling nicht einmal zu verlieren, und

bennoch zu wiſſen, mit welcher Obſtſorte uns
ein ſolcher, wie ſchon veredelt ausſehender,
Wildling bereichert hätte, dazu iſt nun die
Obſtorangerie ein ebenſo bequemes, leichtes
und ſchätzbares, als ein wahrhaft unterhal=
tendes und ohne Verdruß ablaufendes Mit=
tel. — Noch habe ich eine grüne vorzügliche
Reinette, die ich bey einer, mit ſechs Wild=
lingen von edlem Anſehen gemachten, Probe
bekam, die nun auch ſchon hochſtämmig fort=
gepflanzt iſt. Die übrigen fünfe waren des
Erziehens nicht werth.

Hat man alſo Wildlinge aus guten Saamen
erzogen, und wir finden unter dieſen mehrere,
deren Wuchs und Laub einen veredelten Baum
ſchon zu verrathen ſcheinen (*), ſo pfropfe, copu=
lire oder oculire man davon auf Stämmchen
zu Orangeriebäumchen. In der Scherbe wird
uns alsdann ein ſolches Probebäumchen

(*) Die beſten Kennzeichen ſind, durchaus keinen Dorn,
ſchönes fettes großes Laub, ſtarke Sommertriebe
von ſchönem Anſehen, und die Augen nahe, anein=
ander ſtehen zu haben.

wenigstens in drey Jahren Frucht liefern, und so wissen wir, ob die Sorte der weiteren Verpflanzung werth sey, oder nicht. Im mißlungenen Falle kann ich sogar das Scherben= bäumchen wieder umpfropfen.

Hätte indessen ein solches Scherbenbäumchen keine gehörigen Oculier= oder Pfropfreiser, zur weiteren Fortpflanzung, — welches aber ein höchstseltener Fall ist, so setzt man dasselbe, nach vorher gehörig beschnittenen Wurzeln ins Land, wo es Sommerzweige genug treibt. — Niemand von einiger Kenntniß wird diese Pfropfreiser nicht zu jeder Art von Bäumen für tauglich halten. Leider giebt es aber noch Baumpflanzer, die die Unfruchtbarkeit eines Baumes oft daher leiten, daß er von einem noch nicht tragenden Baume fortgepflanzt sey. Wenn das Pfropfreis nicht von einem an und für sich sehr schlechttragenden, oder von einem in diesem Stücke noch unbekannten Baum war, so ist dieses lächerlich. Ich habe schon im Nothfall mit den Räubern — Wasserrei= sern — alter Bäume, die keine Pfropfreiser

lieferten, gepfropft, und in der Fruchtbarkeit
gar keinen Unterschied gefunden. Diese Reiser
entwickeln sich nur der Natur ihrer Augen
nach, etwas später, und die Laubaugen stehen
weit auseinander.

Es wäre wirklich zu wünschen, daß bey
großen Baumschulen, wo man von aussor-
tirten edlen Obstkernen die Wildlinge anzieht,
eine Reihe solcher Probescherben gehalten
würden. Dadurch wäre man im Stande eine
Menge neue Obstsorten zu entdecken, wovon
manche wahre Bereicherungen unseres jetzigen
Vorraths seyn könnten, und die ohne dieses
Mittel verlohren sind. — Wie oft mag schon
Küchenobst auf einen Wildling seyn gepfropft
worden, dessen eigene Früchte jede Tafel
geziert hätten?

Für den Kenner, der die Pomologie zu seinem Studium macht,
ist die Obstorangerie auch ein
großes Mittel, künstliche, reine,
mit Absicht gewählte Befruchtungen anzustellen, und reinen speci-

fifchen Obſtſaamen von einzelnen
Sorten zu erhalten.

Die Kenntniſſe der wechſelsweiſen nothwendigen Befruchtung der Pflanzen reichen bis
ins hohe Alterthum. Die eiſten Spuren finden wir bey Plinius (*) über den Palm-
baum; womit Michelmann 1749. in Berlin die wichtigen Verſuche nachahmte. Mehr
als 30 Jahre hatte dieſer Dattelbaum im
Treibhauſe zu Berlin geſtanden, ſtets geblüht,
aber immer nur unreife Früchte gebracht. Im
Frühling 1749. ließ nun derſelbe aus dem
Boſiſchen Garten zu Leipzig, wo ſich zwey
männliche Palmen dieſer Art befanden, einen
Zweig mit Blüthen verſchreiben. Dieſen
hieng man über die größte weibliche Blumen-
traube. Zu Anfang des Jahres 1750. waren
an dieſer Traube über hundert Datteln an
Größe, Farbe und Geſchmack völlig reif. An
den Blumentrauben aber, die zu weit von
dieſem männlichen Zweige entfernt waren,

(*) Hiſt. nat. Lib. XIII.

blieben alle Datteln unreif. Diesen Versuch
wiederholte man 1751. mit dem nämlichen
Erfolg, und als man 1752. keine männliche
Blüthe kommen ließ, blieben alle Früchte
wieder unreif.(*). — Dieser große Beweis
für das Serualsystem (**) wurde nun durch
die künstlichen Befruchtungen über jede
Wahrscheinlichkeit, zur physicalischen Gewißheit durch Kölreuter (***) erhoben. Dieser
Naturforscher erzeugte Bastardpflanzen, und
wandelte gleichsam eine Tabacksgattung in die
andere um.

(*) Mylius physicalische Belustigungen, 1. Th. S. 85·
2. Th. S. 443.

(**) Wer alle Scheingründe eines seichten Skeptikers
gegen das Serualsystem lesen will, studire Smellie's Philosophie der Naturgeschichte, 1. Th.
S. 259. — Höchstwahrscheinlich ist es indessen, daß,
nach der großen Analogie zwischen Thieren und Pflanzen, es auch von den letzteren manche Gattungen
gebe, die zu jedem fruchtbaren Saamen so wenig
jedesmal des männlichen Staubes bedürfen, als
wir dieses auch bey den Thieren, z. B. den Blatt-
läusen finden.

(***) Vorläufige Nachricht von einigen Versuchen, das
Geschlecht der Pflanzen betreffend, dritte Fortsetzung
S. 51.

Hieraus können wir uns nun mit Gewißheit die Mannichfaltigkeit unserer Obstsorten
erklären; da wir bey den natürlichen Geschlech-
tern des Obstes, als Aepfel, Birnen, Pflaumen u. s. w., nicht einmal spezifisch verschiedene Gattungen — Species —, sondern nur
Varietäten an Form und Geschmack haben.
Der Botaniker kennt nur einen Apfel, wie
nur eine Tulpe. Die Vermischung des Blü-
thenstaubs ist aber um so leichter, je näher
die Aehnlichkeit der Gattung ist. Daher bey
unwissenden Gärtnern die baldige Ausartung
der Gemüse! —

Durch diese wichtigen Vorkenntnisse nun
ist es aber auch in unserer Gewalt, neue Obstsorten hervorzubringen, und die Natur durch
Kunst absichtlich hierzu einzuladen. — Die
natürliche fremde, oder künstliche Befruchtung durch den Blüthenstaub, geschicht schon
zum Theil wohl durch den Wind, aber hauptsächlich durch die Insekten. Hierher gehören
vorzüglich das Bienen- und das Käfergeschlecht
aus den Gattungen der Scarabäen,

z. B. der Gartenkäfer, — Scarabaeus Hor-
ticola (*). Die Bienen fliegen nun bekannt;
lich von Blume zu Blume, um aus den Honig;
behältern ihren Honig, oder von dem Blüthen;
staub das Wachs einzusammlen: Ja manche
mit unzählbaren Härchen besetzte Bienengat;
tungen, z. B. die Aschbiene — Apis euro-
paea — bepudert sich so kunstvoll mit dem Blü;
thenstaub, daß sie davon ganz gelb aussieht.

Diese Insekten sind also das Hauptwerk;
zeug der künstlichen Befruchtungen, aber diese
sind nicht rein, nicht gewählt. — Wollen
wir aber dieses letztere, so ist hierzu kein
anderer so leichter, und so sicherer Weg übrig,
als die Obstorangeriescherben. Hier kann
ich durch Flor, oder daß ich die Befruchtungs;
zeit im Zimmer hinter Fenstern geschehen
lasse, jedem Insekt den Zutritt zu den Blüthen
verwehren, und die Blüthen auch künstlich

_____

(*) Frisch nennt ihn schön den Obstapfelbaumkäfer,
denn er liebt vorzüglich die Aepfelblüthe zu seinem
Logis. Göze führt aus Pantoppidan an, daß
dieser Käfer die Ganse tödte, wenn sie ihn verschluck;
ten? S. Entomol. Beytr. Th. 1. p. 56.

befruchten, mit welcher Sorte von einer Varietät des nämlichen Obstgeschlechtes ich will. — Soll diese Befruchtung aber wesentlich mittheilend seyn, und in die ganze Natur des künftigen Saamenkorns eindringen, kurz soll es wahre Bastarde geben, so müssen alle Staubfäden (*) in allen Blüthen des zu befruchtenden Bäumchens, vor ihrer Reife (**)

(*) Ganz Unkundigen zu gefallen, bemerke ich hier nur bloß in Beziehung auf Obstblüthe, daß man dasjenige die Staubfäden nennt, die von 12 bis 20 Stück am Rand der Blume, eigentlich des Blumenkelchs festsitzen. Sie bestehen aus zwey Theilen, aus einem pfriemenartigen Faden, auf dessen Spitze ein gefärbter, in der Mitte gleichsam getheilter sehr beweglicher Körper, den man den Staubbeutel (Anthera) nennt, angeheftet ist. Bey Aepfeln hat er eine gelbe Farbe, bey Birnen oft eine carmosinrothe, und so auch bey Pfirschen. Sie sind eigentlich das, was bey dem ersten Anblick in die Blume, jedem am ersten auffällt. Die Bienen sammlen aus diesen zeitigen Beuteln ihr Wachs. — In der weißen Lilie kann jeder die sechs prachtvolle safrangelbe Walzen sehen, welches die Staubfäden sind, und schon manchem die Nase färbten.

(**) Beym Aufblühen der Blumen stehen alle Staubfäden mit ihren Staubbeuteln kraftvoll und glänzend. Berührt man sie mit dem Finger, so bleibt

ausgeſchnitten, und der **Staubweg** — der **Stempel** (*) iſolirt ſeyn (**).

an demſelben kein gelblicher Staub hängen. So wie
ſie aber durch das Sonnenlicht reif werden, ſpringen
ſie auf, es hängt eine Menge Staub auf ihrer Oberfläche, und dieſes iſt die Zeit der Befruchtung. Nicht
alle werden zu gleicher Zeit reif. In Kurzem ſind
ſie welk und verdürren mit der Blume zugleich. —
Wenn alſo der Staub auf ihrer Oberfläche hängt,
dann iſt es Zeit andere Staubwege, mittelſt eines
feinen Pinſels damit zu befruchten.

(*) In der Mitte der Blume, umgeben von den Staubfäden, ragen die **Staubwege** hervor. Sie ſitzen
unmittelbar auf der **künftigen** Frucht auf, und
reichen mit ihren Gefäßen bis in das **Kernhaus**,
in die **Saamenkapſel.** Es ſind blaßgrüne
dünne Faden, die oben eine kleine Narbe haben.
Bey Aepfel und Birnen zählen wir **fünf** ſolcher
Staubwege, mit dem **feinen** Unterſchied, daß
ſolche bey den Aepfeln in der Mitte zuſammen-
wachſen, und bis zur Frucht hin, nur einen Staubweg ausmachen. Bey den Birnen hingegen bleiben
ſie alle einzeln bis zur Frucht. Dieſer von Botanikern
nicht bemerkte Unterſchied, macht die charakteriſtiſche
Differenz zwiſchen der Blüthe der Birnen und Aepfel.—
Alles Steinobſt hat nur einen **Staubweg**,
und an den **Pfirſchen** ſieht man denſelben vorzüglich deutlich, da er noch lange an der jungen Frucht
ſteht, wenn die **Blüthhülle** ſchon abgeborſten iſt.

(**) Vorſchläge hierzu ſtehen ſchon im **Journal für
Gartenkunſt, St. 2. S. 240. Stuttg. 1783.**

Welches Feld von den interessantesten Untersuchungen liegt hier vor uns! Welche Aufschlüsse über die Natur und ihre Erzeugungen!
Höchstwahrscheinlich finden wir nur auf diesem
Wege die Spur über Abstammungen der
Varietäten!! — Wenn wir zur Erleichterung
unserer Kenntnisse, auch ein' System über
Obst — Varietäten der Natur errichten, und Geschlechter, Gattungen,
ja gar Spielarten annehmen, so ist dieses allerdings nothwendig: aber was wahre
Spielarten in diesem System der
Kunst sind, das wird Niemand leicht ent-
scheiden. Nur das ist Spielart in der
Natur organischer Wesen, was seinen Unterschied bloß äußeren Umständen zu verdanken
hat, und wo, sobald diese aufhören, auch
diese Differenz verschwindet. — Wenn also
eine Birn auf Quitten, Röthe auf der
Sonnenseite bekommt, auf dem Birnwildling aber nicht, so ist dieses nur allein in
dem System der Pomologie Spielart. —
Höchst unrecht aber ist es, wenn wir z. B.

die Poire verte longue panachée (Schwei-
zerhose), als eine Varietät von der Verte
longue anführen! — Wie so sehr viele
Varietäten sind durch neueren Forschungs-
geist aus der Naturgeschichte verschwunden,
die nur Leichtsinn einführte! — Mit allem
Rechte giebt es im System, selbst in der
Natur und Kunst, nur eine Tulpe, eine
Nelke, eine Ranunkel u. s., w., denn im
Alter, durch Krankheit und untaugliches Erdreich oder schlechte Behandlung, gehen sie
alle zur Farbe der ursprünglichen Einfachheit zurück, und diese ist — roth oder
gelb. — Im Kunstsystem der Pomologie
können also bey einer ganzen Obstfamilie,
deren Kinder durch künstliche Fortpflanzung
sich immer gleich bleiben, nur Geschlechter
(Genus) und Gattungen (Species) Statt
finden, z. B. Calville, Reinette, Pigeon u. s. w.
Ausartungen nach Stand, Veredlung u. s. w.
dürfen nichts als Bemerkungen zur Gattung
seyn. — Wollten wir also wirklich ein Kunstsystem, das wir noch gar nicht besitzen, —

denn

denn **M a n g e r' s** wird man hoffentlich dafür
nicht halten —, errichten, und das, nach
richtigen Bestimmungen der **Geschlechter**
vieles aufklären, und die Kenntnisse leichter
machen würde, so wäre ohngefähr folgende
Tabelle das Muster, nach welchem ich meine
raisonnirende Cataloge führe, und die specifische Differenzen der einzelnen Sorte, von
den andern nahe mit ihr verwandten, ein-
trage. — Mein Glaubensbekenntniß ist,
daß, ohne sorgfältige Aufsuchung der Eigen-
thümlichkeiten einer Gattung, jede Beschreibung so generisch, und so vielpassend ist, wie
die gewöhnlichen Beschreibungen der entsprun-
genen Arrestanten in den Zeitungen (*).

(*) Wo findet man z. B. angemerkt, ob die Birne im
Frühjahr ihr Laub mit weißwollichten Blättern, oder
mit glatten glänzenden gewöhnlich röthlich-grünen
Blättern entwickelt? Es ist hier wie bey dem Wein-
stock. Schon dieses Kennzeichen könnte manche
Irrthümer über Identität der Sorte aufklären. Und
wie wichtig sind die j u n g e n Triebe nicht zur Kenntniß der Pfirschen!! Bey Apricosen die Form des
Blatts!

Skizze eines Obstsystems

Klasse. Kernobst. Steinobst. Beerenobst. Schaalenobst.

Ordnungen. Birnen. Aepfel. Quitten.

Geschlechter. Calville. Reinette. Gulderling. Pigeons.

Arten. Rothe Calville. Weiße Calville. Gestreifte Calville.

Gattungen.

1) Calville rouge d'Eté.
— d'automne.
— d'hiver.
— Pomme de St. Louis.
— de Normandie.
— Framboise etc. etc.

Gattungen.
Calville blanche d'Eté.
— d'hiver.
Ostercalville etc. etc.

Gattungen.
Calville rayé
d'automne etc.

Es verſteht ſich nun wohl von ſelbſt, daß jedes Geſchlecht deutlich beſtimmt, und nachher die Gattungen mit ihrem c h a r a c t e r i ſ t i ſ c h e n Unterſchied bezeichnet werden müſſen. — Ein Geſchlecht, nach der ohnedem ſehr abwechſelnden Form, in einem Syſtem aufzuſtellen, iſt ſchon deshalb eine ganz unnütze Arbeit, weil ſich keine äußere Form denken läßt, in die nicht Gattungen aus jedem Geſchlecht paßten. Daher das mathematiſche Syſtem von Manger uns bey jeder Sorte ſtecken läßt, und nur, wenn wir a l l e s durchſucht haben, Muthmaßungen ſtatt Wahrheit gewährt. Ebenſo iſt es mit den analogen Namen, von Manger entlehnt, wenn wir Geſchlechter von Spitzäpfeln, Plattäpfeln u. ſ. w. machen. — Aber was für Geſchlechter ſollen wir denn feſtſetzen für die große Menge z. B. von Aepfeln, die nun keine Reinetten mit ihren mancherley Unterabtheilungen, keine Calvills u. ſ. w. ſind? — Eine Frage, die ſich nur aus der Naturgeſchichte beantworten läßt! — Jeder wird

eingestehen, daß wir noch kein brauchbares
System haben, das den Kenner sicher leitet,
aber daß ein solches höchstes Bedürfniß wäre,
da Kupferwerke nicht alles leisten, und sie
anzuschaffen, nur Wenigen gestattet ist. —
Wer also eine weit umfassende Kenntniß von
Obstsorten hat, der breche sich, wie die Naturhistoriker es machten, eine neue Bahn, erhebe
eine ausgezeichnete, wo möglich allgemein
bekannte Gattung zu einem Geschlecht, bestimme
dieses durch allgemeine eigenthümliche Kennzeichen, und nun bringe man die Agnaten
als Gattungen unter dieses Geschlecht, mit
Angabe des spezifischen Unterschiedes dieser
Individuen. — Vielleicht theile ich einmal
mein auf diese Weise angelegtes Aepfelsystem
mit. — Aber nur wahre practische Uebung
an der Mannichfaltigkeit in der Natur selbst,
nicht in den Beschreibungen, gewährt den
Kunstblick des Naturhistorikers, bald das
Aehnliche von dem Unähnlichen auf-
zufassen. Diese liefern nun manchmal allein
die Frucht, wie beym Vaterapfel ohne

Kern, bald der Blüthenkelch, wie bey
Pomme non pareille, bey Geele Gulderling, bald das Laub und die Laubaugen,
wie bey der Muscatenreinette, bald die Blät-
terstielstützen, wie bey Bellefleur, u. s. w. —
Oft ist es aber auch nöthig, einen summa-
rischen Umriß des ganzen Baums zu geben. —
Je mehr Geschlechter wir aber aufstellen,
je genauer, abschneidender diese bestimmt
sind, desto leichter sind die Gattungen zu
bestimmen, und dieses leisten die Ordnungen.

Die reinen Obstsaamen bleiben also, selbst
zum Studium des Natursystems der Obstab-
stammungen, ein wichtiges Mittel. Ich kann
z. B. von der Aechtheit eines Calvilleferns
und seiner Reinheit überzeugt seyn, und
meine damit zu machende Proben sind ohne
Täuschung.

Durch die künstlichen Befruchtungen hingegen steht uns der Weg offen, vielleicht ganz
unerwartete Sorten zu erzielen. So befruch-
tete ich ein junges Scherbenbäumchen vom

englischen Königsapfel, welches nur zwey
Blüthknospen, also nur 9 bis 12 Blüthen
hatte, und mit dem Abschneiden der Antheren
wenig Mühe machte, mit dem weißen Winter=
calville. Dieses war 1795. Das Bäumchen
hatte zwey Aepfel, und diese 6 schöne Kerne.
Vier trieben voriges Jahr sehr stark, hatten
alle ein edles Ansehen, aber ein Bäumchen
davon zieht meine ganze Aufmerksamkeit an
sich. Sein Trieb ist fast braunschwarz ohne
Wolle, mit weißen Punkten bedeckt, und
mit Laubaugen wie besäet. Ich copu=
lirte dieses Frühjahr drey Johannisstämmchen
damit, und hoffe also bald auf Früchte. —
Dieses Jahr habe ich den großen Pfundapfel,
Manger's Tellerapfel, mit dem englischen
Goldpepping gepudert. — Liefern uns solche
Versuche auch keine Halbgötter, so kenne ich
doch nichts, was uns so stille freudige Erwar=
tungen im Gartenleben gewährt. Mancher
denkt indessen bey diesem Geschäft mit Ovid;

Quid folia arboribus, quid pleno sidera coelo,
In freta collecta alta quid addis aquas?

Durch die Obstorangerie in
Scherben, kann man aber auch
Obstsorten in einer Gegend erziehen, prüfen und sich ihres Genusses freuen, die entweder den Winter im Freyen nicht aushalten,
oder im Frühjahr leicht in der
Blüthe verderben, oder auch im
Herbst so spat zeitigen, daß alsdann selten eine Witterung eintritt, die ihren Genuß reizend
macht. — Vorzüglich gehören hierher die
Pfirschen, Feigen, Mandeln, Apricosen, und
auch einige Pflaumensorten. — Eine russische
Gräfin versicherte mich, daß sie in Moskau
vieles französische Obst als Orangeriebäume
erzöge, und in großen Häusern die Bäume
aufbewahrte.

Hat man diese Sorten in Scherben, so
raubt uns der Winter die Bäume, der Frühling die Blüthe nicht. — Ich lasse z. B. die
spaten Pfirschen im März in meinem Zimmer,
entfernt vom Ofen, hinter den Fenstern,

treiben, gebe ihnen oft frische Luft, und sind
es schöne Tage, so stelle ich sie in die freye
Mittagssonne, bis diese vom Stand der
Bäumchen weg ist, oder der Abend kommt.
Des Nachts hingegen müssen sie stets im Zimmer wohl verwahrt bleiben, wo sie dann durch
die gelinde Stubenwärme bald treiben und
blühen.

Wird im April die Nachtluft auch gelinde,
so daß wir die zarten Blumengewächse dem
Freyen übergeben, dann lasse ich sie in solchen
Nächten auch in der Luft, nehme sie aber
wieder ins Zimmer, sobald schneidende kalte
Winde wehen, oder gar Nachtfröste zu befürchten sind. — Diese nun wenigstens drey Wochen
ältere Früchte, als ihre Brüder im Freyen,
die jetzt oft kaum blühen, werden im Herbst
dadurch vortrefflich und vollkommen zeitig;
oder ich kann mit drey Wochen früheren
Früchten eine Freude machen. — Wäre der
Herbst hingegen sehr schlecht, so verwahre
ich die Bäumchen des Nachts wieder im Zimmer, stelle sie nur den Tag über in die Sonne,

und ich erhalte auf diese Weise die vortreff=
lichsten Früchte, wenn ihre Brüder am frey=
stehenden Stamm in der wärmsten Lage nicht
zu genießen sind. Mehrmalen machte ich
diese Versuche mit der Venusbrust —
Teton de Venus — die einen guten Herbst
im October haben will, wenn sie den ersten
Rang unter den Pfirschen behaupten soll; und
hierher gehören noch vorzüglich die Pavie
monstrueuse, die Nivette velqutée, und
die spaten Brugnons, oder die bey den Eng=
ländern sogenannte Nectarinen. Bey
den Pfirschensorten ist es unangenehm, daß
die köstlichsten auch im Ganzen die spätesten
sind, und deshalb bey uns selten ihre ganze
Güte erreichen, z. B. die Königliche,
Peche royale —, die Schöne von Vi=
try — Belle de Vitry, oder Admirable
tardive —. Die marmorirte Vio=
lette, Brugnon Violette marbrée, oder
tardive, auch panachée, eine spate, erst
zu Ende October bey uns reifende Necta=
rine, von köstlicher Weinsäure, erlangt,

nach obiger Methode behandelt, jedes Jahr
ihre herrliche Güte. Man kann in einer
Scherbe, die einen Cubikfuß Erde enthält,
10 bis 12 Stück davon, in ihrer schönen natürlichen Größe erziehen. Nur muß diese Necta-
rine einige Tage abgebrochen liegen, ehe man
sie genießt. Alle Nectarinen sind eigentlich
auf ihrer höchsten Güte, wenn sie anfangen
etwas zu welken. — Nur 1783. wurde bey
uns diese herrliche Pfirsche am Espalier vollkommen zeitig.

Keine Frucht, wie die Pfirschen, ist auch
an ein so bestimmtes Erdreich und Sonnen-
stand gebunden. Man glaubt oft betrogen zu
seyn, wenn die ganze Täuschung nur bloß
auf diesen Umständen beruht. Wir zählen
jetzt viele sogenannte Spielarten. Sind sie
es wirklich? Nichts entscheidet hier so sicher
als die Obstorangerie. Welches schöne Unter-
nehmen wäre es nicht, in diesem Stück ein
auf diese Weise geprüftes System der Pfirschen
zu haben? Ich glaube, daß wir eigentlich
nur drey Geschlechter besitzen, von denen

die übrigen sämmtlich Abkömmlinge sind.
Die ursprünglichsten sind wohl Magdaleine
blanche und pourprée. Beyde finden wir
in der Wildheit. Aus diesen beyden mag das
dritte Geschlecht entsprungen seyn, und wo
ich die Royale als das Genus annehme. Unter
dieses letztere gehören z. B. Teton de Venus,
Admirable, Bellegarde, Nivette, Per-
sique u. s. w. als Gattungen. Alle haben
allgemeine Kennzeichen an Blüthe, Laub,
Sommertrieben und Frucht. Hätten wir ein
solches System, würden alsdann nicht viele
Verwirrungen aufhören? — Die Pavies
und die Violetten, oder die Nectarinen,
machen eigene Ordnungen aus, und sind Ueber-
gänge von den Pflaumen zu den Pfirschen.

Ich wünsche durch diese Vorschläge Kenner
aufzumuntern, das Ihrige zur Aufklärung
solcher Systeme beyzutragen: denn ein ganzes
System der gesammten Pomologie ist nicht
die Sache eines einzelnen Mannes, aber Alle
sollten doch wohl, wie Naturhistoriker, nach
Einem Plan arbeiten. — Jede unver-

kennbare Monographie einer einzelnen
Frucht, ist ein Stein zum großen Gebäude,
der nie vergessen wird: aber der Mensch bedarf,
seiner subjectiven Eingeschränkheit wegen,
einen Brennpunkt, wo sich ihm alle Mannichfaltigkeit zur begreiflicheren Einfachheit auflöst. Dieses ist der Grund aller Systeme,
deren Einfachheit die Größe des Meisters
verräth, und wo die nothwendigen Lücken,
als Ausnahme von der Regel, da die Natur
kein System kennt, leichter im Gedächtniß
ergänzt werden. — —

Selbst zur Verbreitung guter,
vortrefflicher Obstsorten könnte
die Obstorangerie noch vieles bey-
tragen. Wenn die Erziehung dieser Bäumchen
in Scherben auch nur solche Liebhaber findet,
und dieses geschieht, wie ich jetzt schon weiß,
gewiß, die dieses Geschäft zu ihrem Vergnügen wie ihre Blumentöpfe betreiben, und
also ihre Bäumchen aus Baumschulen für
Obstorangerie beschreiben; so wäre dieses ja

ein leichtes Mittel mehr, vortreffliche noch
seltene Obstsorten zu verbreiten, und dadurch
nach und nach die Menschen an die bessere
Kultur des Obstes zu fesseln! — Denn wer
würde ein ihm unbekanntes vortreffliches Tafel‒
obst nicht auch zu mehrerem Genuß fortzupflan‒
zen wünschen?

Noch ist ja ein großer Theil von unserem
lieben Deutschland an verbreiteten ausgesuch‒
ten Obstsorten so weit zurück, ja so manche
mir bekannte Gegenden, sind noch an Pflan‒
zungen von selbst mittelmäßigem Küchenobst
so arm, daß jede Aufmunterung dazu beloh‒
nend ist. Welcher geheime Reichthum des
Landes, welcher gesunder Genuß, und welche
Ersparniß liegt nicht in dieser Kultur? Ein
Land ohne Obst ist immer arm!

Ich würde deshalb jedem rathen, der etwa
eine Baumschule zur Erziehung von Oran‒
geriebäumchen in Scherben anlegen wollte,
nie in seiner Gegend bekannte, sondern nur
vortreffliche, wenig oder gar nicht bekannte,
und für den Gaumen reizende Früchte zu

wählen, und solche auf diesem Wege zu verbreiten (*).

Auch die babylonische Namens-verwirrung der Obstsorten ließe sich durch die Obstorangerie ins Reinere bringen.

Wie groß diese ist, und wie es hier die Arbeit eines Augias, um diesen Mischmasch zu sichten, um hier aufzuräumen, erforderte, ist schon jedem Liebhaber, geschweige denn dem Kenner, leider nur zu sehr bekannt. Bloß in diesem Stück liegt schon ein großes Hinderniß zur Ausbreitung der Obstkenntniß. Liest man nur z. B. holländische Obstverzeichnisse, so sieht man, wie Wieland sagt, den Wald für lauter Bäumen nicht. Die Liebhaber sowohl als der Kenner, werden deshalb durch fremde

---

(*) Mein Gärtner, der mit vieler Sorgfalt eine solche Baumschule für sich unterhält, muß ganz nach meiner Direction, bloß in unserer Gegend fremde Sorten wählen. Das angehängte Verzeichniß meiner Obstsorten wird hierüber das beste Licht, und vielleicht, wie ich wünsche, zum Tauschhandel Anlaß geben.

ſeltſame (*), oder 'prachtvolle Namen, alſ
königliche, unvergleichliche, aller:
ſchönſte, triumphirende Namen
getäuſcht, und oft erhält die geſpannte Erwar:
tung bey der erſten Frucht etwas Gemeines,
oder wohl ſchon Bekanntes. — Der Eifer
erkaltet, und man bleibt nachher lieber im
Zirkel der alten bekannten einheimiſchen
Freunde. — Die Obſtſorten haben bis jetzt
das Unglück gehabt, ihre Trivialnamen, wie
es dem erſten beſten einfiel ſie zu benennen,
auch zu behalten. Noch nie wagte ſich ein
Kenner daran, beſſere Namen zu wählen.
Daher rühren denn alle nichtsbedeutende, gar
keine Charakteriſtik enthaltende Namen. Man

(*) So erhielte ich aus Dreda einige Aepfelreiſer unter
dem Namen Roi Terenoble, — wahrſcheinlich ſoll
es heißen Roi très noble. Ich hoffe dieſes Jahr
an der Pyramide Frucht zu haben. Die Blätter
zeichnen ſich durch eine eigenthümliche Stärke und aus:
nehmende Größe aus. Unter meinen mehr als hun:
dert Aepfelſorten, ſind dieſe Blätter die größeſten,
denn viele davon haben fünf Zoll lange und vier
Zoll Breite.

ſtreitet ja noch, was Calville heißen ſoll! —
Dürfte alſo hier kein Syſtematiker durchgrei=
fen, und ſich eine Bahn brechen, da wir ohnedem
vielleicht Dutzende von Aepfel= und Birnſorten
unter · einerley Namen beſitzen? Wie viele
Aepfel z. B. nennt man weiße Reinette,
Goldreinette, Nonpareille? Bey=
namen, werden hier gewiß dem Syſtematiker
nothwendig!

Welche Ausſicht, welche Vollendung wäre
es aber nicht, und dennoch eben ſo gut an
die Möglichkeit gränzend, — als wir eine
Inſektenfauna von Deutſchland unter=
ſtützt ſehen—, wenn wir ein vollſtändi=
ges, richtiges, raiſonnirendes (*)
Verzeich=

***

(*) Obſtbeſchreibungen haben wir wohl ſchon
viele, aber was man ein ſyſtematiſches, rai=
ſonnirendes Verzeichniß nennt, nicht ein ein=
ziges, nicht einmal Bruchſtücke davon. Beyde ver=
halten ſich aber wie der Copiſt zum Concipienten,
oder wie der Nachahmer zum Erfinder. Ohne
Obſtkenntniſſe im Umfange zu haben, kann ich glau=
ben, eine einzelne Sorte treu beſchrieben zu haben;
aber fehlt das Verhältniß derſelben zu ihren Agna=
ten, ſo iſt eine ſolche Monographie uns oft eben=
ſoviel

Verzeichniß von denen dermalen in Deutschland vorhandenen Obstsorten besäßen? — Und
was würde hierzu erfodert? — Bloße Kupferwerke? — So nöthig diese auch im Ganzen
zur Belehrung und Aufklärung sind, so wenige
Obstliebhaber können sich dieselben leider
anschaffen, und was mehr als alles dieses ist,
so lassen sie uns dennoch so oft im tiefen
Zweifel, daß wir nicht wissen, ob diese oder
jene Sorte damit gemeynt sey. — Man darf
nur eine jede Pomologie nehmen, um sich
hiervon zu überzeugen, wenn ihre Verfasser
Vergleichungen aus andern Pomologien anstellen. Wie hart verfährt nicht oft M a n g e r
mit Z i n k, ohne zu fühlen, daß sein eigenes

---

soviel werth, wie ein Familiengemälde, das auch
den Enkeln gleicht. — Ohne ein solches Verzeichniß,
an dessen Samlung mich die Musenstunden in
meinem Garten, beschäftigen, ist jetzt zum Glück
für den vermögenden Liebhaber, oder Kenner, der
Weg durch das vortreffliche Wachskabinet von Obst-
früchten zur Kenntniß derselben geöffnet. Sie über-
raschen durch Treue der Natur. — Für den Syste-
matiker sind sie ein großes Unterstützungsmittel der
Differenzen. Kupfer helfen demselben wenig!

D

ganzes Buch), für den ſyſtematiſchen Kenner,
keine einzelne Folioſeite Belehrung verſchafft!
Seine gleichbedeutende Namen ſind mehren⸗
theils bloße Muthmaßungen! — Es geht mit
den Obſtkupfern wie mit den Silhouetten der
Familien. Sie haben viele Aehnlichkeit für
den, der das Original kennt, denn Lava⸗
ter's Blick fehlt hier den mehreſten
Menſchen! —

Aber wo haben wir auch bis jetzt nur irgend
etwas halbvollſtändiges? Wie ſo ſehr freut es
mich indeſſen, daß mein würdiger, thätiger
Freund, Herr Pfarrer Sickler, Unter⸗
ſtützung genug findet, um etwas möglich voll⸗
ſtändiges, über die in Deutſchland vorräthi⸗
gen Obſtſorten liefern zu können! — Jedem
wird ſich aber hierbey die ſonderbare Bemer⸗
kung aufdringen, daß dieſe Unterſtützung gerade
von Privatmännern herrührt, z. B. wie wenig
entweder bey großen Baumſchulen Obſtkenner
zu finden ſind, oder wie eigennützig dieDen⸗
kungsart ſolcher Männer iſt, denen es gerade
am erſten wahre Seelenfreude ſeyn ſollte, ihre

Zöglinge hübſch mit einer ſyſtematiſchen Be-
nennung bezeichnet zu wiſſen, um ſie einer
Janhagelſprache zu entreißen.

Bis jetzt gieng es zum großen Schaden
bey dieſen koſtbaren Kupferwerken, wie in
der übrigen Naturgeſchichte. Jeder lieferte
nur ſeine einzelne Topographie des Obſtes,
und dadurch wurden eine Menge Sorten oft
aufgetiſcht, der Käufer nicht an neuen Kenntniſſen ſehr bereichert, und ſo giengen die Unter-
nehmungen zu Grunde. Würde man aber in
Zukunft nur Fortſetzungen, oder Supplemen-
ten zu ſchon vorhandenen Werken liefern, ſo
würde eine ſolche Unternehmung nie ſcheitern,
die Vollendung des Totalgebäudes würde ſich
immer mehr nähern, der Kenner immer mit
neuen Sorten bekannt werden, und nicht
genöthigt ſeyn, oft vierfach eine Sorte bezahlen zu müſſen.

Wenn ſich aber mehrere Obſtkenner in verſchiedenen Gegenden von Deutſchland, zumalen wo große Obſtanlagen oder Baumſchulen
ſind, zu einer Geſellſchaft ſich vereinigten, und

zu einem gemeinschaftlichen Zweck, wechselsweise die in ihren Gegenden eigenthümlichen,
oder unter einem allgemeinen Namen bekannten (*) Obstsorten zusendeten, wie schnell
würde dann jeder, nach vorher mitgetheiltem
Catalog, seinen Reichthum verbreiten, und
den fremden kennen lernen!

Diese Mittheilung geschähe nun zwar
durch unmittelbare Uebersendung des zum
Verschicken sich qualifizirenden Obstes am
geschwindesten, aber der Kenner wüßte dadurch
eigentlich nicht viel mehr, als ob die Sorte
ihm noch unbekannt sey; denn für das System
ist das Studium des Baums selbsten nothwendig, um seine Agnaten und spezifische Dif-

---

(*) Allgemein muß allerdings der Name seyn, denn
die Legionen von Trivialnamen, da fast jedes
Dorf seine eigene Nomenclatur hat, kommen für
den systematischen Kenner, nur höchstens in histo-
rischen Betracht. Ist aber, wie dieses oft der Fall
ist, kein wahrer Name vorhanden, so ist jeder
berechtigt, die Sorte mit einem passenden Namen
zu taufen, wie ich es z. B. mit der Muscatenreinette machte.

ferenz zu wiſſen und angeben zu können.
Die. Obſtorangerie hingegen iſt hierzu ein'
ſchnelles und leichtes Mittel. Hielte z. B.
jeder von der Geſellſchaft nur 100 Scherbenbäumchen; und überlegt man nun, daß dieſe
alle drey Jahre durchſtudirt ſind, was für
ein Reichthum an Kenntniſſen würde hieraus
entſpringen! Wie klein wären dieſe Koſten,
denn jeder hätte nur nöthig gegen v i e r z i g
Bäumchen zum Austauſchen zu erziehen! —
Sich die Pfropfreiſer mitzutheilen wäre zwar
auch ein ſchönes, aber langſameres und unge-
wiſſeres Mittel, zumal bey allem Stein-
o b ſt.

Durch eine ſolche Vereinigung würde man
nun erſt im Stande ſeyn, ein raiſonnirendes
Verzeichniß, nach einem gründlichen Plan,
auszuarbeiten, und — der Kenner, der künftige Liebhaber, könnte alsdann bald wiſſen,
wie und wo der Reichthum Pomonens vertheilt
und zu finden ſey. Ein ſolcher Plan aber müßte
die Grundlage bleiben; und jede neue Entdeckung als Supplement mitgetheilt werden.

Wie sehr zu wünschen wäre es aber, daß
der Mann, der keine Kosten scheut, seine Kennt;
nisse in diesem Stück auszubreiten, um sein
endliches Resultat dem Publikum mitzutheilen,
und es für Klippen zu warnen, an denen er
selbst so oft scheiterte, mehrere gefällige, red;
liche Mittheiler fände, als ich leider nicht
gefunden habe! Wie oft schrieb ich an große
Baumschulenvorsteher, gegen jede Vergütung,
um Pfropfreiser von dieser oder jener mir
unbekannt scheinenden Obstsorte, und — —
bekam nichts! Verschrieb ich mir aber die
Bäume, so waren sie sehr oft nicht ächt,
und ich hatte nach langer Erwartung ein quid
pro quo, oft statt Tafelobst — wirthschaft;
liches Obst. Zu viele Baumschulen nehmen den
Verdienst für die Redlichkeit Gewiß, es wäre
ein wahres Verdienst um das Publikum, auch
hier die Redlichkeit zu erzwingen, und das
beste Mittel hierzu wäre, wenn jeder, der aus;
drücklich gewisse Obstsorten verschrieben, und
dagegen andere, vielleicht ihm sogar gleich;
gültige Sorten, erhalten hätte, dieses im

Reichsanzeiger bekannt machte. Da:
durch würde Redlichkeit zur Noth, wenn die
Anlage nicht zu Grund gehen soll, oder die
noch jetzt herrschende Ignoranz unter vielen
Baumhändlern würde aufgedeckt, und mancher
zu besseren Kenntnissen angespornt.

Ich habe seit fünfzehen Jahren z. B. an
Aepfeln über hundert Sorten gesammlet, und
weiß, welche Kosten ich dabey verschwendet.
Ganz redlich wurde ich aus Harlem mit
funfzehen Aepfelbäumen, die jeder Baumschule
zum Muster des jugendlichen Zwergschnitts hät:
ten dienen können, und aus dem Haag mit
Pfropfreisern mit Knoopischen Namen
versorgt.—Aber mit welcher ungeheuren Menge
von Sorten bin ich auch in dieser Zeit getäuscht
worden! Indessen ermüdet mich bis jetzt keine
Täuschung, und andere theure, würdige und
gefällige pomologischen Freunde, die meinen
öffentlichen Dank verdienen, hielten mich da:
gegen, durch ihre Mittheilungen überreichlich
schadlos, wofür ihnen denn auch jeder Dienst
von mir freudig zu Gebot steht.

Erstes Kapitel.

Von den Aepfeln.

Ich muß mir natürlicher Weise jetzt vorstellen, daß vielleicht ein noch Unkundiger in der Obsterziehung, sich Scherbenbäumchen anzuziehen wünschte, und für solche Menschen sind denn manche Stellen nöthig, die der Kenner der Obstpflege, als für ihn überflüssig, entschuldigen wird.

Die Operationen zur Veredlung durch Pfropfen, Copuliren und Oculiren, als die einzig vorzüglichen, übergehe ich indessen, da man sie empirisch in jedem Buche von der Erziehung des Obstes lesen kann, ohnerachtet sich auch hierüber noch manches sagen ließe, was den empirischen Handgriff nothwendig und auf Physik der Gewächse sich gründend, oder überflüßig, und oft schädlich machte (*).

_____

(*) Einen Vortheil beym Pfropfen, oder Copuliren einjähriger Triebe will ich indessen hier anfüh-

Die eigenthümlichen Erforderniſſe Orangerie=
bäumchen zu erziehen, bleiben hier nur unſer
Zweck, und manche Nebenbemerkungen über
dieſen Gegenſtand im Allgemeinen, ſo wie
über die Geſetze der Vegetation im Einzelnen,
möchten vielleicht für manchen etwas Neues
enthalten, die Aufmerkſamkeit zur künftigen
Beobachtung feſſeln.

Jede Obſtſorte der zwey verſchiedenen
Geſchlechter nach dem botaniſchen Syſtem, —

---

ren, auf den vielleicht manche nicht achteten. Dieſe
Triebe ſind noch alle mit ihren Laubaugen beſetzt,
die bald auslaufen, und die Operation leicht fehl=
ſchlagen machen. — Wenn man bekanntlich einen
Baum beſchneidet, ſo geſchieht dieſes ſcharf am
Auge, weil alles, was von bloßem Holze darüber
bleibt, abſtirbt. Dieſes iſt nun auch der Fall leicht,
wenn wir weit über einem Laubaug den Trieb
pfropfen. Das unterhalb ſtehende Laubaug lauft
bald aus, und entzieht dem oberhalb ſtehenden Holz=
ſtümmel den Saft. Schneidet man aber den Trieb
gerade am Augenträger durch, ſpaltet den Trieb
durch deſſen Mitte, und ſetzt das Pfropfreis darauf,
ſo fehlt ihm der Saft nie. Copulire ich, ſo mache
ich den Augenträger gerade zum Fuß des Schnitts.
Die mehrjährigen Triebe haben keine ſichtbare Augen
mehr, und deßhalb iſt hier der Fall umgekehrt.

Pyrus und Prunus, — das Kern= und
Steinobst, oder die drey pomologischen Klas=
sen nach dem System der Natur, als Aepfel,
Birnen und Steinobst, erfordern zu ihrer
reinen Fortpflanzung durch Pfropfen, Copu=
liren und Oculiren, die ihnen eigenthümlichen
sogenannten Wildlinge, wenn dieselben glück=
lich anschlagen, und das Obst in seiner ihm
natürlichen Güte liefern sollen. — Schon die
Pomologen im hohen Alterthum, unternah=
men zwar eine Menge Versuche, die Natur
über sich selbst zu erheben, oder eigentlicher,
ihren Gang zu stöhren, und Misgeburten zu
liefern. Diese Versuche tragen das Kindische
an sich, wie die Pomologie, die mit den wahren
Kenntnissen der Natur noch in der Wiege lag.
Man wollte Steinobst ohne Steine, Früchte mit
fremdem Gewürz geschwängert erziehen! Man
befleckte Weiden mit Pfirschen, um sie von
Melonengröße zu haben. — Keine fremde
Veredlung ist uns, wie billig, übrig geblieben,
als die der Birnen auf Quitten, und der
Weißdorn — Crataegus Oxyacantha — hat

längst den Abschied bey ernstlichen Versuchen
erhalten. In jedem Gartenbuche des vorigen
Jahrhunderts findet man Befriedigung genug
was empirische Speculationen vermochten.'—
Selbst die Mispeln sollte man nie auf den
sonst nahe mit ihnen verwandten Weißdorn
veredlen, sondern nur auf Quitten, oder besser
durch den Saamen erziehen, wie schon der
ehrliche praktische Hesse bemerkte.

Für die Aepfel liefert uns nun die Natur
zwey verschiedene Gattungen von Wildlingen,
nämlich den wilden hochstämmigen
Apfelbaum (*) und den wilden Apfel-

____

(*) Bauhin's Malus sylvestris, der Holzapfel-
baum, von dem wir aber auch schon manche Ab-
ten haben. Die zwey ursprünglichen Gattungen
sind wohl der ganz weiße etwas länglichte, und der
plattere mit der purpurfarbenen Sonnenseite. Bekanntlich haben wir aber weit mehrere Abarten von
der wilden Holzbirnen, und der Grund hiervon
liegt, meines Erachtens, wohl bloß darinnen, daß
der Landmann die Birnen ökonomischer fand, die
Wildlinge deshalb in den Feldern stehen ließ, und
so die Abarten vermehrte. Die Holzäpfel blieben
nur das Eigenthum ungebauter öder Plätze.

ſtrauch (*). — Die Wildlinge aber, welche
in jungen Waldungen von den Kernen des
wilden Apfelbaums aufwachſen, ſind eigentlich zur Veredlung zu hochſtämmigen Bäumen,
aus zwey Urſachen von zu langſamem Triebe,
einmal weil ſie gewöhnlich zu wenige Wurzeln
haben, und zweytens weil ſie halb erſtickt
im Wald verkümmern, und nach ihrem Alter
eine ſolche Härte der Rinde bekommen, daß
ſie nicht freudig fortwachſen können. Die
Neueren haben deshalb dieſe Wildlinge mit
Recht verworfen.

Indeſſen ſollte auch dieſe Regel noch ihre
großen Ausnahmen leiden, wie mich davon
folgende Gründe überzeugen. Nicht zu gedenken, daß der große engliſche Gärtner Miller,
ein zwar noch größerer Theoretiker als Prak-
tiker, behauptet (**), man müſſe den bekannten,

(*) Bauhin's, Malus pumila, quae potius frutex
quam arbor. Die Normandie ſoll ſein Vaterland
ſeyn?

(**) Er ſagt vom engliſchen Goldpepping —: „Es
„giebt wenig fremde Länder, wo er gut thut, auch

in England einheimischen Goldpepping, auf
einen Holzapfelstamm pfropfen, wenn er recht
schmackhaft seyn sollte; sondern er rāth sogar,
alle Aepfel auf Wild linge zu veredlen, die
man aus Holzapfelkernen erzogen habe,
und dieser Rath hat vieles für sich. — Die

„bringt er in vielen Theilen von England nicht so
„gut Frucht, als man wohl wünschen möchte. Dieses
„ist aber einigermaßen den aus Aepfelkernen erzo-
„genen Wildlingen zuzuschreiben, worauf er gepfropft
„wird, und, welche zwar die Frucht größer, aber
„nicht besser machen: Denn das Fleisch ist nicht so
„fest und der Geschmack nicht so fein, auch wird er
„gerne trocken und mehlig. Daher soll man
„ihn allezeit auf einen Holzapfelstamm
„pfropfen, der nicht so leicht den Krebs
„bekommt, wie die andern, und obgleich die Frucht
„kein so schönes Ansehen hat, so ist sie doch besser
„von Geschmack.“ — — — „Ich wollte allzeit den-
„jenigen Stämmen den Vorzug geben, so aus Ker-
„nen von Holzäpfeln erzogen worden, und ich finde,
„daß verschiedene alte Autoren hierüber mit mir
„gleicher Meynung sind. Herr Austen hielt schon
„vor hundert Jahren den Holzapfel zum Aepfel-
„pfropfen für den besten.“ — S. dessen allgemeines Gärtnerlexicon, Th. 3. S. 25.

Erfahrüng lehrt uns hierüber Folgendes: —
Der Landmann pfropft alle seine Bäume auf
Holzäpfelstämme, und die fehlerfreyesten,
ältesten Bäume findet man bey ihm. — Die
gesäeten Wildlinge von Holzapfelkernen, beson⸗
ders wenn man sich hierzu der Trestern nach
dem Keltern zu Essig bedient, wachsen unge⸗
mein fröhlich, aber nicht geil, folglich mit
festerem Holz. — In einem rauhen, magern
zu feucht, oder zu trockenen Boden, den wir
mit Aepfeln bepflanzen wollen, sind diese Holz⸗
apfelwildlinge immer vorzuziehen, denn hier
wachsen Edelwildlinge immer kümmerlich,
und gehen leicht zurück. — Es ist auch fer⸗
ner gewiß, daß wir viele Krankheiten der
Bäume dadurch haben, daß in den Baum⸗
schulen die Wildlinge von allen Aepfel⸗
gattungen unter einander erzogen werden; und
folglich werden nicht, z. B. Reinetten von
starkem Wuchs auf freche gleichartige Reinet⸗
tenwildlinge, immer veredelt; wodurch denn
nicht nur manche Sorten wirklich ausarten,

fondern wenn ſchwach treibende Gattungen,
z. E. die Erdbeerenäpfel, Apis, Pigeons,
Goldpippings u. ſ. w., kurz faſt alles franz
zöſiſche Obſt, auf Wildlinge von einem großen
Wurzelvermögen veredelt werden, ſo liefert
der Wurzelſtamm zuviel Saft, das ſchwachtreibende Oberhaupt kann die Nahrung ſeines
Unterthanen nicht alle unterbringen, die Säfte
gerathen leicht ins Stocken, und daher z. B.
großentheils die Klagen, daß dieſe Bäume ſo
häufig dem Krebs unterworfen wären.
Dieſe Krankheit iſt natürlich, oder künſt-
lich. Letzteres iſt der Fall bey Quetſchungen,
in der Jugend überheilten Holzſchäden, z. B.
an den Pfropfſtellen, von harten Win-
tern u. ſ. w. — Der natürliche Krebs iſt ſtets
eine Folge vom Brand, und dieſer erfolgt auf
eine zu große Vollſaftigkeit der Bäume. Daher ſeine Quelle faſt immer im Frühjahr zu
ſuchen iſt, daher der Krebs ſo häufig in ſehr
kultivirtem gedüngtem Land u. ſ. w.

So lange alſo in den Baumſchulen auf
dieſe Ausſonderungen der mancherley Sorten

von Obſtkernen keine Rückſicht genommen wird,
iſt man, um geſunde, früher tragbare, und
älter werdende Bäume zu erhalten, bey
Miller's Vorſchlag geſicherter, zumal wenn
der Boden nur einige Unarten hat. — Dieſes
iſt aus der Fülle meiner Erfahrung, und man
muß die Rhein-, Moſel- und Lahngegenden
mit ihren prachtvollen Obſtbäumen geſehen
haben, wo der Landmann in den Weinbergen
aus Holzapfelwildlingen ſeine Edelbäume
erzieht, um ſich von der obigen Wahrheit zu
überzeugen.

Keinen von dieſen beyden Sorten von
Wildlingen können wir aber zu Obſtorangerie-
bäumchen benutzen, hierzu iſt uns der wilde
Apfelſtrauch, ſollen uns anderſt dieſe
Bäumchen durch jährliche Fruchtbarkeit und
lange Dauer Freude machen, unentbehrlich.
Der Apfelſtrauch vereinigt ohnedem ſchon
alle Vortheile in ſich, was uns Zwergbäume
im Allgemeinen ſchätzenswerth macht, nämlich,
große Fruchtbarkeit, keine unbändige Wildheit im Trieb, und deshalb leichter im Schnitt
zu

zu halten (*). Sein Besitz bleibt uns zu schönen einträglichen und jährlich fruchtbaren Zwergbäumen von großem Werth. Dieser

---

(*) Ich will nicht den Beweis dadurch führen, so überzeugend er sonst ist, daß man in Frankreich und Holland, diesen Mutterschulen der eleganten Obsterziehung, niemalen einen Kernwildling, aus langer richtiger Erfahrung, zu Zwergbäumen nimmt; so kann man aber schon aus Vernunftgründen zum voraus schließen, daß solche überhaupt wenig, und bey vielen Aepfel- und Birnsorten ganz und gar nichts taugen, troß mancher Einreden.

1) Ich schwäche das Wurzelvermögen des Wildlings sehr wenig durch den Schnitt, und bey dem fast gänzlich ungestöhrten Wurzelvermögen, behält der Espalierbaum nur ein verticales Segment seines natürlichen Umfangs. Der Nahrungssafte giebt es deshalb für den Rest, den ich in Zwergform zwingen will, zu viele. Daher der jährliche freche Wachsthum unbezwingbarer Sommertriebe, und das sehr spate Fruchttragen. Der Rath, sie z. B. nach Miller u. a. m. gar nicht zu beschneiden, ist ein Beweis, daß man nie über Gesetze der Vegetation nachgedacht hat, wenn ich auch den ungeheuren Raum nicht in Anschlag bringen will.

2) Sie verwildern unter dem Messer. Je mehr Schnitt desto mehr Holz trifft hier zu sehr ein. Will man also nur irgend Früchte erwarten, so muß dem tobenden Baumsaft durch einen großen Raum Maf-

E

wilbe Apfelstrauch, hat nach der Zeit seiner Fruchtreife im südlichen Frankreich den Namen Pomme de St. Jean, Johannis:

---

gnug verschafft werden. Die Gärtner wissen ihre Unfruchtbarkeit, und die Unwissenheit sie gehörig zu schneiden dazu gerechnet, so läßt sich die Seltenheit der herrlichen Aepfelspaliere erklären. Und doch ist der Apfel an einem Espalier an Größe und Güte mit dem von einem Hochstamm gar nicht zu vergleichen. — Will man, wie einige rathen, die jährigen Triebe in den halben Mond biegen, wie es meistens in Deutschland mit dem Traubenstock geschieht, so ist dieses gerade noch thörichter. Sie treiben alsdann am dritten, vierten Auge nach dem Stamm Wucherholz, das man wieder wegschneiden muß, und was eben der Weinstockschneider sucht, um den Stock kurz zu halten. Das einzige Mittel bey solchen Bäumen ist entweder durch Schröpfen und Amputiren der Wurzeln sie zu schwächen, oder, wo es angeht, zum Ableiter des Baumsafts, eine Krone zu bilden.

3) Die Zwergbäume auf Kernwildlingen setzen ihre Früchte mit der Zeit nur an Fruchtruthen an, daher denn dieselben äußerst waldigt werden, und oft anderthalb Schuh vorwärts stehen. Dadurch kann die Frucht in der Mitte dieses Waldes nicht haften, und fällt ab. — Auf Johannisstamm veredelte Aepfel hingegen, setzen kleinere Fruchtruthen, und häufige Fruchtspieße an, die dem Thau, der Luft und der Sonne ausgesetzt sind. Diese zu Quirl-

ſtamm, Johannisapfel erhalten. Para=
diesapfel, Pomme de Paradis hat ihn
wohl die Frömmigkeit benennt, weil er vier

---

holz fortwachſende Fruchtſpieße, werden nie über
einen halben Schuh lang, und ſolche Bäume bleiben
als flache Wand immer eine Zierde.

4) Der Zwergbaum auf Kernwildlingen erfordert,
wenn er einigermaßen tragbar werden ſoll, gegen
den Apfelbaum auf Johannisſtamm einen Raum
wie 4 zu 1. Miller fordert im Ganzen einen Raum
für ihn von 300 Quadratfuß mit allem Recht; da ich
hingegen für letztere oft mit 80, höchſtens 100 Quadrat=
fuß Raum genug habe. Ich kann alſo immer drey an
Fruchtbarkeit alles übertreffende Obſtbäume auf dem
nämlichen Flächenraum erziehen, und jedes Jahr ſicher
von ihnen Obſt erwarten, da hingegen die auf Kern=
wildlinge veredelten, nicht öfterer tragen, als es die
Natur der Sorte erlaubt. Nach meiner langen häufigen
Beobachtung in dieſem Stück, darf ich laut ſagen,
daß ich auch auf einem Quadratfuß Raum, mehr
Obſt erziehe, als von Bäumen auf Wildlingen auf
vier Quadratfuß. Kurz die Fruchtbarkeit läßt ſich
hier nicht vergleichen.

5) Der Vorwurf, als ob die Johannisſtämme nicht
ſo dauerhaft wären, iſt Fabel! — Ich kenne deren,
die über 60 Jahre alt ſind, ſich im größten Flor
befinden, und auf einem Flächenraum von 130 Qua=
dratfuß, lieferte voriges Jahr eine Edelreinette —
Reinette franche —, drey Körbe Aepfel. Werden

E 2

Saamenfächer hat. — Dieſer Baum gehört
eigentlich blos zu den Sträuchern, wird an
ſeinem Stamm faſt nie über drey Zoll dick,

ſie jedes Jahr ſ ch a r f beſchnitten, ſo kann man
Bäume davon auf 200 Quadratfuß Raum ziehen. —
Aber weil Pfirſchen ⸗ und Aprikoſenbaume nicht ſo
alt, wie der Borſtorferbaum u. ſ. w. werden, ſollen
wir ſie deßhalb nicht erziehen? Vielleicht übertrifft
der Johannisapfelſtamm in ſeiner Dauerhaftigkeit
die des ausländiſchen Obſtes in unſerm Klima!?

6) Wenn es endlich nach den größten Obſtkennern
eine Thatſache iſt, daß manche Obſtſorten auf Kern⸗
wildlingen ausarten, und manche durchaus wieder
auf Kernwildlinge von ihrer eigenen Art wollen
veredelt ſeyn, wie dieſes z. B. vom Gräfenſtei⸗
n e r behauptet wird, wenn er ſeine Güte behalten
ſoll, ſo leuchtet aus dieſer Urſache der Vorzug des
in dieſem Stück ſo ganz neutralen Johannisſtamms
noch mehr ein. Ja ich getraue mir zu behaupten,
daß jeder Apfel auf letzterem an Güte vorzüglicher
iſt, da der Johannisſtamm nur bloße Nahrungs⸗
wurzeln hat, die dem Einfluß derSonnenwärme u.ſ.w.
mehr ausgeſetzt ſind. — Artet wohl der Transparente
dadurch bey uns aus, daß er unſere Wildlinge nicht
verträgt, und hat man ſchon Proben mit demſelben
auf Johannisſtämmchen gemacht?

Man ſieht alſo, daß M i l l e r u. a. m. dieſen
Baum, ſeiner Natur nach gar nicht gekannt haben,
denn er wird vielleicht ebenſo alt als jeder Wildling,

nicht über acht bis zehen Schuh hoch, und bringt kleine, fade schmeckende, süßlichte Aepfel.

---

und Miller giebt ihm ein gerechtes großes Lob, aber aus einem ganz falschen Gesichtspunkt. Er sagt nämlich S. 21, a. a. O. — „Der Paradiesapfel „ist seit einigen Jahren am meisten zu Stammen „genommen worden, um darauf zu pfropfen oder „zu oculiren: allein sie dauern nicht lange, und die „Bäume, so man darauf pfropft, wollen niemals „groß werden, ausgenommen, wenn man sie so „niedrig pflanzt, daß das Pfropfreis in den „Boden wurzeln kann, da ihnen dann kein „Stamm gleich kommt, denn das Pfropfreis kann „alsdann seine Nahrung aus dem Boden ziehen." — Lüder schrieb dieses getreulich in seinem Oculir= meister S. 104. aber in einer andern Rücksicht nach, die eben so unbegreiflich ist. — Der Wildling von Kernen zieht nie wahre Wurzeln über seiner Wur= zelkrone; wird er deßhalb zu tief gesetzt, so ist er des Einflusses der Wärme und guten Nahrung beraubt, und kümmert. Dieses könnte bey neuen Wurzeln der Fall nicht seyn. — Der Johannisstamm hingegen treibt Wurzeln, soweit ihn die Erde berührt, weil er keine Wurzelkrone hat. Wird dieser also, nach der wahren Regel, bis an den Pfropfknoten in die Erde gesetzt, so bekommt er einen ungeheuren Wald von Nahrungswurzeln, und diese enthalten den Grund von der Größe und der Fruchtbarkeit des

Er wächst sehr langsam als Baum, wie
alle Sträucher, treibt aber auch wie diese
seine Wurzelausläufer, im ersten Jahr auf
zwey bis vier Schuh Höhe. Auch wie die
Sträucher hat derselbe nur kriechende, und
nie Pfalwurzeln, die nur Bäume im
eigentlichen Sinne nöthig haben. — So wie

Baums, nicht aber aus der Ursache, daß aus dem
Pfropfknoten, noch viel weniger aber aus dem Pfropfreis neue Wurzeln entsprängen. — Werden nun die
Johannisstämme auf diese Weise gesetzt, so sagt
Lüder ganz die Wahrheit: — „daß die Paradies-
„äpfelstöcke unter allen Aepfelzweigstöcken zu Gelän-
„der oder Buschbäumen die besten sind." — Der
ehrliche wahrhaft praktische H. Hessen fängt deshalb das fünfte Kapitel, wie man Spalier und
Buschbäume pflanzen soll, in seiner neuen Gar-
tenlust S. 244 mit den Worten an: — „Wer
„dieser Art Bäume glücklich will erziehen, der
„muß vor allen Dingen sich beßeißigen, daß er von
„Quitten und Paradiesäpfelstämmlein eine gute
„Anzahl bekommt u. s. w." — Der Mangel an Johannisstämmen macht für Baumschulen die gegenseitige
Vertheidigung nothwendig. — Was ich hier sage,
ist eine funfzehnjährige Erfahrung und Beobachtung.
Ich möchte den Obstliebhabern den Verdruß erspa-
ren, den ich so oft mit den Kernwildlingen gehabt
und gesehen habe.

aber in dieser Art des Wurzelvermögens, der
Grund zu dessen langsamen, strauchartigen
Wuchs beruht, so enthält aber auch dasselbe
dessen großen Nutzen zu fruchtbaren Zwerg=
bäumen. — Die Fortpflanzung geschieht bey
dem Johannisstamm eben so wie bey den
Sträuchern. Diese treibt derselbe, selbst wenn
er veredelt ist, oft in Menge heraus, nicht
so leicht, oder fast nie, wie die Pflaumen,
aus seinen entfernten Nahrungswurzeln, son=
dern mehrentheils aus seinem einfachen
Stamm der Hauptwurzel, auf die Weise wie
die Johannistrauben; zuweilen aber auch
aus den stärkeren Wurzeln nahe am Stamm. —
Durch diese Ausläufer können wir ihn für
Baumschulen reichlich anpflanzen, und die=
selben haben das Eigenthümliche, wo=
durch sie sich spezifisch von den Wurzelsau=
gern der Kernwildlinge unterscheiden,
daß auch der allerkleinste, kaum von der
Dicke einer Rabenfeder, sogleich seine eigenen
Wurzeln ansetzt, wodurch sie denn auch dem
Mutterstamm eben nicht sehr schaden. Den

Johannisstamm aber durch Stecklinge, wie manche angeben, zu erziehen, rathe ich keinem Menschen, und verlohnt sich noch weit weniger der Mühe, wie bey Quitten; denn ich gestehe, daß ich noch nicht einen einzigen auf diese Weise erzogen habe. Schienen solche Stecklinge auch im ersten Jahr zu treiben, so blieben sie doch das zweyte Jahr jedesmal aus. Der Stümmel in der Erde hatte nie eine Wurzel, und war über und über krepsicht.— Wir können also den Johannisstamm, da wir wohl höchstens nur ein Bäumchen davon zum Fruchttragen wegen Seltenheit anpflanzen, eigentlich nur durch Ausläufer erhalten; und da dieses, wenn man nicht viele Aepfelspaliere hat, etwas langsam geht, so erklärt sich daraus sein allenthalbiger Mangel in den gewöhnlichen Baumschulen, ohne große Anlagen von Zwergbäumen.

Die Bewurzelung des französischen Johannisstamms ist ihm ganz eigenthümlich. Es bilden sich nämlich an dem einfachen Wurzelschaft kleine, doch oft einen halben Zoll breite, in die Queere laufende ovale, oder auch ganz runde Erhabenheiten, die mit den Warzen viele Aehnlichkeit haben. Aus einer solchen Erhabenheit erheben sich eine Menge weißer Knöpfchen, die zu lauter feinen Nahrungswurzeln fortwachsen, und einem Bart nicht unähnlich sind. — Ja steht ein solcher Johannisstamm nahe an einer etwas feuchten viel beschatteten Mauer, so schießen solche Bartwurzeln, gegen die Mauer hin, in freyer Luft heraus, und wurzeln in den Mauerspalten fest. Man sieht deshalb oft an ihnen die Wurzeln gleichsam auf der Oberfläche der Erde nur kriechen, welches bey dem Umgraben wohl zu bemerken, zumal wenn wir Ausläufer gewinnen wollen.

Diese bloßen Haar- oder Nahrungswurzeln sind es, wodurch die darauf veredelten Bäume nicht frech wachsen, und nun, durch die langsamere Circulation des Baumsafts, bald und viele Fruchtruthen — Lambourdes —, und eine Menge Fruchtspieße — Brindilles — bilden; die durch die Art ihres Wuchses und des Standes, gegen den verticalen Antrieb des Baumsafts, so geschützt sind, daß der gehemmte Umlauf des letzteren, die Bildung unzähliger Ringelwüchse —Bourrelets — (*) zuläßt, die an Fruchtbarkeit unerschöpflich sind. Man glaube aber nicht, daß der ganze Baum deßhalb langsam treibe. Die Leitzweige zur Vergrößerung des ganzen Baums, haben

---

(*) Diese Ringelwüchse sind eine der merkwürdigsten Vorkehrungen bey der Vegetation Früchte tragender Bäume. Sie sind beabsichtigte Damme gegen den Strohm des Baumsafts. Jeder Zweig eines Baums, der sich zum Fruchttragen anschickt, hat seine eigene Oekonomie, um die Baumsäfte nach seinem Zweck auszuarbeiten, und für die Frucht vorzubereiten. Alles geht durch diese Ringelwüchse langsamer, und sie sind eigentlich das wesentliche Produkt der Hüllen von den Laub- und Blüthenaugen. Erstere haben sehr wenige, letztere weit mehrere Schuppen, daher die mehr, oder weniger sichtbare Ringelwüchse. Mit der Zeit bilden sie am Kernobst das Quirlholz. — Doch hiervon noch mehr weiter unten! — Hier bemerke ich nur noch, daß wenn an Zwergbäumen der Schnitt so scharf geschieht, daß diese Ringelwüchse verschwinden, und zu Leittrieben werden, so war der Schnitt fehlerhaft. In diesem Grund beruht der unkluge Sommerschnitt, wo sich noch keine widerstehende Ringelwüchse gebildet haben.

dennoch ihren lebhaften Trieb, und machen
oft Sommerſchoſſe von 1 bis 4 Schuh Länge.

Von dieſem wilden Apfelſtrauch haben wir
zweyerley Arten, vielleicht und wahrſcheinlich
gar drey. Der eine iſt der eigentlich ſogenannte
Johannieſtamm, den ich den franzöſiſchen
nenne, und welcher ſo allgemein verbreitet,
als jedem Gärtner bekannt iſt. — Auf dieſen
bezieht ſich vorzüglich die eben gegebene Charakteriſtik, hauptſächlich in Rückſicht der oralen
Wurzelbärte. Dieſe Gattung iſt an Wuchs
am kleinſten, hat die mehreſten Bartwurzeln
(chevelure), und die Blätter ſind dunkel-
grüner, glänzender, ſtark gezahnt, kleiner
und lanzetförmig.

In Holland findet ſich die zweyte Art.
Die Wurzeln von dieſer ſind ſtärker, die
Schaale der älteren mehr dem Weißdorn ähnlich, und es erzeugen ſich die Wurzeln auch
zwar in Büſcheln, jedoch einzelner, und nicht
aus ſolchen Warzen, die auch in freyer Luft
zu Wurzeln auslaufen. Die Blätter haben
eine hellgrüne Farbe, ſind weicher im Anfühlen,

von einer oval zugespitzten Form, tief gezahnt,
und haben einen wellenförmig gekräuselten
Rand (folia undulata). Die jährigen Som=
mertriebe von diesem sind gelblichgrün, von
der ersteren Gattung hingegen braunroth. —
Ausläufer treibt der Holländische so häufig wie
der Französische. — In Frankreich nennt
man diese holländische Gattung Doucin (*)
auch Douçain und Fichet. — Man bedient
sich dessen hauptsächlich zu Halbstäm=
men (**), denn in einem guten Erdreich
treiben diese Stämme fast eben so stark wie
die frechsten Wildlinge; jedoch mit dem Unter=
schied, daß sie sehr frühzeitig fruchtbar wer=
den. — Meine aus Harlem erhaltenen und

(*) S. Du Hamel Pomona Gallica, Th. 2. S. 45.

(**) „Les Pommiers se greffent ou sur des Pommiers
„sauvageons, ou sur des Pommiers de Pa-
„radis et des Douçains; avec cette diffé-
„rence, que les sauvageons, soit de Souche
„de pepins ou rejettons, sont propres pour
„faire des Pommiers de tige, ou de grands
„Buissons échapés; mais ils ne valent
„rien pour faire de Pommiers nains;

auf Doucin gepfropften 15 Aepfelstämme tru=
gen alle im dritten Jahr; trieben aber 'so
stark, daß z. B. der Kandy - Zoete oder
Bloem-Zoete of Herfst, der geele Gulderling u. m., voriges Jahr jeder über zwan=
zig Sommertriebe hatte, wo keiner kürzer
als v i e r Schuh, einige aber über sechs Schuh
lang waren. Dabey hiengen sie roller Früchte,
die aber die Franzosen raubten. — Dieser
Doucin ist es, dem dann der englische bota=
•nisch gelehrte M i l l e r so großes Recht wieder=
fahren läßt, da er es unter 20 Schuh Breite
für einen Apfelspalierbaum nicht gut thun
will.

Die dritte Gattung von Aepfelstrauch,
scheint mir der von Autoren angeführte H e c k=

„au lieu que l e s P a r a d i s sont t r è s - p r o p r e s
„pour demeurer nains et occuper peu de place,
„parce qu'ils poussent peu de bois, et font
„promptement du fruit. Le D o u ç a i n au con-
traire n'est bon qu'en tige." Siehe das vortreff=
liche N o u v e l l e M a i s o n r u s t i q u e etc.
Tome second, pag. 149. Paris 1721. 4. — Das Werk
besteht aus zwey starken Quartbänden.

apfel oder auch Splittapfel zu seyn.
Da ich aber keinen davon gesehen, kann ich
nichts hierüber bestimmen. Von Münchhausen (*) hält ihn mit dem Doucin für
einerley, welches aber nicht wahrscheinlich ist;
denn nach Henne kennen ihn sogar die
Bauern im Halberstädtischen, und nennen
ihn Splittehe.

· Alle drey Gattungen haben aber dieses
gemein, daß sie frühzeitig mit eigenen
Wurzeln begabte Ausläufer treiben, die stets
etwas vom Stamm ab, oft aber einen Schuh
breit davon aus der Erde hervorkommen.
Hieraus kann der Liebhaber bald sehen, ob
man ihn nicht mit einem Kernwildling getäuscht
hat, der, wenn er auch Ausläufer macht,
dieselben aus der Erde am Stamm oder den
Hauptwurzeln herauf austreibt, und die,
wenn man sie ausreißt, ohne Wurzeln
sind.

(*) S. dessen Hausvater, Th. III. S. 310. Hannover
1769.

An unserem französischen Johannisstamm
haben wir nun für Aepfel zu Orangeriebäumchen ein unverbesserliches Subjekt. Sein
Wurzelvermögen ist nicht frech und wild, es
besteht in lauter Nahrungswurzeln, und läßt
sich deshalb auf jede Weise einschränken:
denn nach den Gesetzen der Natur, ist ein
geschränktes Wurzelvermögen der Grund zur
früheren Fruchtbarkeit und kürzeren Lebens-
dauer, so wie umgekehrt, wilder frecher Wachsthum spate Fruchtbarkeit und hohes Alter
zur Folge hat. Daher sind an Bergen alle
Fruchtbäume früher fruchtbar, so wie auch
in einem Boden, der zwar eine gute Dammerde, aber Steinschichten zur Unterlage hat.

Will man nun nach den Regeln der Kunst
diese jungen Johannisstämmchen zu Orangeriebäumchen zurichten, so ist hier, wie
künftig, bey allen andern Setzlingen, zu
einer jeden andern Obstsorte, die allgemeine
Hauptregel:

Eine Menge feiner Nahrungswurzeln an einer kurzen Länge

von der Mutterwurzel, dem Wur:
zelschaft, suchen auszutreiben.

Da die gerade Länge der in die Erde zu
bringenden Mutterwurzel, nie über drey
bis vier Zoll Länge, für eine Scherbe von
acht bis neun Zoll Tiefe haben darf, so
fügt es sich sehr oft, daß ein Setzling an dieser
Länge oft nur wenige Wurzeln hat, die wir
also erst durch Kunst, nämlich durch das Ver:
setzen, ihm verschaffen müssen: denn je mehr
Nahrungswurzeln sich an der uns brauchbaren
Länge der Hauptwurzel befinden, desto mehr
erlebt man Freude an seinen Bäumchen durch
frohen Trieb (*).

(*) Bey Spalierbäumen, und besonders bey Pyramiden,
ist dieses bey dem Johannisstamm gerade das Gegentheil. Hier ist es uns darum zu thun, einen Wald
von Nahrungswurzeln zu haben, die den großen
Stamm zu ernähren im Stande sind. Bey Spalierbäumen ist wenigstens ein Schuh Länge sehr nothwendig, und bey Pyramiden, wobey der Pfropfknoten durchaus in die Erde muß, sind,
wenn sie dem Wind trotzen sollen, anderthalb Schuh
nicht zu viel.

Man

Man sucht deßhalb junge, nicht über einen
halben Zoll dicke, glatte und nicht mit harten
Krusten bedeckte Johannisstämmchen aus,
schneidet die Mutterwurzel, mit den darüber
stehenden Nahrungswurzeln, — je mehr bleiben können, desto besser, — auf zwey bis
drey Zoll Länge, von dem aus der Erde
gestandenen Rand, etwas schief nach unten
zu, ab, stutzt mit einem scharfen Messer die
größeren und ganz feinen Nahrungswurzeln
auf anderthalb bis zwey Zoll Länge ein,
und setzt dieses Stämmchen, wenn es auch
am Stamm beschnitten oder verstutzt ist, einen
Zoll tiefer als es vorher gestanden hat, damit
ihm im Sommer die Feuchtigkeit nicht fehlt,
in die Baumschule. — Bey diesem Einsetzen
hat man indessen wohl zu beobachten, daß
die Nahrungswurzeln schön ausgebreitet, und
sämmtlich horizontal liegen, denn die sehr
feinen Bartwurzeln legen sich sehr gerne an
den Mutterstamm an, und sterben dadurch
entweder ab, oder treiben doch nicht. — Auch
hüte man sich, keine verkrüppelten, mit schad-

F

hafter Rinde verſehene Johannisſtämmchen
zu nehmen, denn nie gedeihen dieſe.

Hat ein ſolches Bäumchen ein Jahr, oder
den Sommer hindurch, in der Baumſchule
geſtanden, freudig gewachſen, und hatte es
vor dem Einſetzen ſchon ſchöne Wurzeln, ſo
kann man es, wenn es nicht ſchon im Früh=
jahr geſchehen, noch den nämlichen Sommer
oculiren, oder das künftige Frühjahr pfropfen.—
Fehlten dem Stämmchen aber beym Setzen die
Wurzeln, ſo hebt man daſſelbe im Herbſt,
oder im hohen Frühjahr wieder aus, ſtutzt
die neuen Wurzeln nach obiger Regel noch=
malen ein, ſo hat man alsdann gewiß ein
Scherbenbäumchen zu gewarten, das gleich=
ſam einen Wald der ſchönſten Nahrungswur=
zeln, und ſomit alle Eigenſchaften eines voll=
kommenen Orangeriebäumchens hat; denn
jede abgeſtümpfte Wurzel treibt wieder mehrere
feinere hervor.

Oft iſt aber alles dieſes Verſetzen nicht
nöthig, und man findet viele Johannis=
ſtämmchen, die ſchon bey ihrer urſprünglichen

Bewurzelung hinreichende Wurzeln zu unſerem
Zweck haben. Hätte man ſich aber auch in
ſeiner Muthmaßung geirrt, und hätte ſie ſchon
gepfropft, fände aber beym Auſſetzen zu
wenige Wurzeln, ſo ſetzt man daſſelbe wieder
ins Land, nach den Regeln wie bey den Setzlingen; ſo erſparen wir nicht allein ein Jahr,
ſondern das Verſetzen macht das Bäumchen
ſogar, aus leicht erſichtlichen Urſachen, früher
tragbar. — Ich verſetze meine Zöglinge für
meine eigene Obſtorangerieproben jedes Frühjahr im März, wodurch ſie bald und viele
Fruchtaugen anſetzen. Doch davon bey der
Vegetation.

Nie muß aber ein Liebhaber, der an ſeinen
Scherbenbäumchen viele Jahre hintereinander
ein ungeſtöhrtes Vergnügen haben will, vorhero ſchon unveredelte Johannisſtämmchen,
noch weniger jeden andern Setzling, zu Obſt-
orangeriebäumchen in die Scherben ſetzen,
um ihn erſt nachher zu veredeln. Statt hierbey zu gewinnen, verliert man: Denn,
abgerechnet, daß der auch noch im nämlichen

F 2

Jahr veredelte Setzling nicht so schön, oft nur ganz kümmerlich treibt, so saugt das Stämmchen wenigstens, ohne allen Nutzen, die Erde drey Jahre zu früh aus, die Scherbe wird zu frühzeitig mit Wurzeln angefüllt, und wenn sich nun im dritten oder vierten Jahr das Bäumchen zum Fruchttragen, und zu einer prachtvollen Blüthkrone gebildet hat, so fängt es auch oft schon an nicht freudig mehr zu wachsen. Ich muß dasselbe also umsetzen, und verliere dadurch, wenigstens ein Jahr, alle Freude und Genuß. Hat das Bäumchen aber erst zwey Jahr im Lande gestanden, ist es hier jedes Frühjahr sorgfältig versetzt worden, so bekomme ich ein mit einer Krone, und schon mit Fruchtaugen besetztes Bäumchen, das nun fünf, sechs Jahre hinter einander die schönsten Früchte liefert.

Es bleibt deshalb eine allgemeine Regel, den Setzling erst in die Baumschule zu bringen, ihn hier durch Pfropfen, Copuliren oder Oculiren zu veredeln, und denselben zwey Jahre ruhig, oder jedes Frühjahr (*) verſetzt ſtehen zu laſſen, um die Grundlage der Wurzeln und der Krone aus-zubilden. — Der erſte veredelte Sommer-trieb wird den Frühling gehörig zugeſchnitten, dadurch entſtehen in dieſem zweyten Sommer die gehörigen ſchönen Triebe zu einer Krone, die wir in einer Scherbe nicht ſo zahlreich und ſtark erhalten. — Jetzt kann im Herbſt das Bäumchen in die Scherbe geſetzt werden,

---

(*) Ich gebe überhaupt dem Verſetzen der Bäume im Frühjahr weit vor demjenigen im Herbſt den Vorzug. Ich habe noch nie ohne Noth einen Baum im Herbſt geſetzt, und noch nie iſt mir einer kümmerlich gewach-ſen. Schlemmt man noch gar die im Frühjahr geſetz-ten Bäume ein, ſo darf man die Herbſtſetzung da-mit gar nicht vergleichen, und das aus zwey Urſachen: die Erde legt ſich erſtens im Winter nicht feſt um die Wurzeln an, und es ſtehen dieſe zu naß. Zweytens dringt der Froſt viel tiefer in das friſche Erdreich ein, und greift die Wurzeln an. Dieſes zu verhindern iſt ein Erdhaufen um den Baum nöth-wendig, der durch Wärme und Schwere nutzt. Am ſchädlichſten iſt das Herbſtſetzen der Bäume in Thälern, oder an Abhängen der Gebürge. Hier verläßt das Waſſer ſelten ehender die Grube, als bis ſich die Erde durch die Sommerhitze wieder ſetz-geſetzt hat.

beſſer aber erſt im hohen Frühjahr, denn wir
erſparen uns einige Monate Mühe damit. —
Nie muß man aber ein im Herbſt zu ſetzendes
Bäumchen, ſo wie jeden andern zu pflanzen⸗
den Obſtbaum, im Herbſt beſchneiden. Der
langſame Umlauf des Baumſafts wird durch
die Zweige beſſer unterhalten, und man lauft
nicht die ſo wahrſcheinliche Gefahr, gerade
dasjenige Treibauge durch den Froſt zu verlie⸗
ren, wo der Sommertrieb nach der Regel
ſeine neuen Aeſte austreiben ſoll.

Nach dem vollendeten Trieb des zweyten
Jahres iſt das Stämmchen in der Baum⸗
ſchule nun ſchon gewöhnlich ein ausgebildetes
Orangeriebäumchen, das in der Scherbe, oft
ſchon das nämliche Jahr ſeine Früchte, häu⸗
figer aber erſt Blüthen liefert, die indeſſen,
weil das Stämmchen noch nicht bewurzelt iſt,
oft wieder abfallen.

Dieſes war allgemeine Regel. Aber ganz
anders verhält ſich die Sache für den Kenner,
dem die Obſtorangerie nicht Zweck, ſondern
Mittel iſt. Will dieſer, bloß zu ſeinem Stu⸗

dium der Obſtſorten, nur Proben von einer
ihm fremden, oder unbekannt dünkenden Obſtſorte anſtellen; iſt es hier genug nur einmal
oder zweymal Frucht, und die Art der Vegetation des Baumes zu ſehen, um darüber zu
urtheilen und Vergleichungen anſtellen zu
können: ſo ſind zwey Jahre Erſparniß
wichtig. — Man ſetzt alſo entweder im erſten
Jahr die veredelten Stämme ſchon in die
Scherben, oder ſetzt in ſolche jedes Jahr einige
Johannisſtämmchen zum voraus, und veredelt
die Proben darauf. Ja, iſt dieſes im Herbſt,
oder dem hohen Frühjahr geſchehen, ſo kann
man ſie noch im April pfropfen, oder wohl
gar pfropfen und einſetzen. — Hier kommt
es nicht auf den regelmäßigen Wuchs
und Bildung an, die wir nur im Lande durch
den ſtärkeren Trieb bald erhalten; ſondern
man ſucht ſogar durch das Abknicken der jungen Sommerſchoſſe, ſchon in dieſen die künftigen Fruchtknospen zu entwickeln, und dieſe
alſo im nämlichen Jahr noch in Thätigkeit zu
ſetzen, um frühzeitig durch dieſen Kunſtgriff,

zur Befriedigung der Neugierde, Frucht=
augen durch Kunst gleichsam zu bilden, oder
besser, der Natur vorzuspringen.

Wer die Vortheile und Nachtheile der
sogenannten Rebenstecher, — Curculiones
longirostres, langgeschnäbelte Rüsselkäfer, —
beobachtet und überdacht hat, wird diesen
Kunstgriff leicht verstehen. Diese treiben ihr
Wesen hauptsächlich vor Johannistag. Nach=
dem dieselben eine Rebe abgestochen, treibt
das nächste Aug gewöhnlich schon in acht Ta=
gen wieder aus, und bildet den Sommer=
trieb. Aber nicht selten, und bey dem Stein=
obst und den Birnen fast immer, treibt das
unterste nicht nur allein, sondern es werden
mehrere Augen in Thätigkeit gesetzt, die erst
künftiges Jahr, oder nie getrieben hätten. —
Zwickt man nun einen Sommertrieb vor
Johannis, an freudig wachsenden Bäumen,
ohngefähr an dem Auge ab, wo der Zweig das
künftige Jahr ohnedem beschnitten werden
muß, so erhalten wir dadurch um ein Jahr
früher Fruchtspieße, und Laubaugen, die

zuweilen schon Blüthe enthalten und Früchte
liefern. — Bey Pyramiden hilft uns dieser
Kunstgriff aus jedem Jahr zwey machen.
Doch davon mehreres beym Baumschnitt.

Wegen der Veredlung bemerke ich nur
noch, daß man z. B. das Pfropfen so hoch
vornehmen kann, als der Schaft am Bäumchen
bleiben soll, und die schönste Höhe hierzu
ist zehen bis zwölf Zoll. Die Triebe des
Pfropfreises bilden alsdann schon die Krone. —
Zu Zwergbäumen hingegen muß der Johannisstamm fast der Erde gleich veredelt werden,
da alles, was von ihm in die Erde kommt,
Wurzeln treibt, bey Pyramiden, die so nothwendige Haltbarkeit des Stamms dadurch nur
allein erreicht, und überhaupt der Mißstand
verhütet wird, der zwischen dem schwächer
treibenden Unterthan und dem dicker wer-
denden Oberherrn unangenehm ins Auge
fällt.

Ist das Johannisstämmchen erst im Herbst,
oder im Frühjahr, in die Scherbe gesetzt worden, so treibt das Pfropf- oder Copulierreis

gewöhnlich nur einen, oder zwey schwache
Triebe, und das dritte bildet sich schon oft
zu einem Laubauge. Hat hingegen der
Johannisstamm schon ein Jahr in der Scherbe
gestanden, so treibt das Oculierreis einen
starken Sommertrieb, das Pfropf= oder
Copulierreis aber oft zwey, ja drey. Diese
Triebe läßt man bis Ende May oder bis
in den halben Junius acht bis zehen Zoll
hoch treiben, knickt alsdann jedem starken
Trieb die Hälfte seiner Länge zwischen zwey
Blättern ab, oder schneidet sie so regelmäßig,
als wie das folgende Frühjahr, so bilden
sich noch den nämlichen Sommer hinreichende
Aeste zu einer Krone, und bey dem Kern=
obst auch oft schon starke Laubaugen, ja nicht
selten Fruchtaugen (*), beym Steinobst hin=
gegen Blüthaugen. .

(*) Von 15 im März 1795. gesetzten Probebäumchen, die
ich auf diese Art behandelte, blühten 1797. sechse,
und haben sämmtlich schöne Früchte behalten, so
daß ich diesen Herbst sie schon prüfen kann.

Jeder Ausläufer oder Sprößling am Johannisſtamm ſelbſt, muß bey Orangerie bäumchen ſogleich mit Sorgfalt vertilgt werden. Der Ausläufer muß aber, wo möglich, an der Wurzel, aus der er hervorgewachſen, ausgebrochen werden, und zu dieſem Zwecke räumt man vorſichtig die Erde um ihn hinweg. — Das ſcharfe Abſchneiden, oder wie man in der Kunſtſprache ſagt, auf das Leben ſchneiden, verhindert neue Ausläufer auf der nämlichen Stelle nicht immer, welches aber durch den ſogenannten Sommerausbruch — ebourgeonnement — ſtets verhindert wird, denn hier hebe ich die Wurzeln des Triebes aus der Rinde des Baumes, es ſey aus den Stammwurzeln oder der Stammrinde, ſelbſt mit aus, welches nicht mehr geſchehen kann, wenn im Herbſt dieſe Wurzeln mit dem Holze des Stamms ſich vereinigt haben. — Mehreres hiervon bey der Vegetation der Knospen.

Der Sommerausbruch ist beym Zwergobst das nämliche Meisterstück, wie der Baumschnitt im Frühjahr; und gründet sich ganz auf die Kenntnisse des letzteren. Sein Zweck ist, dem Baum die gehörige Form zu geben; den Schnitt zu erleichtern; dem Baum dadurch weniger zu schaden; und die nöthigen Triebe zu stärken.

Zweytes Kapitel.

Von den Birnen.

Ohnerachtet jeder Pomolog weiß, daß viele
Birnsorten weit leichter, und frühzeitiger
Früchte ansetzen, als die Aepfel, wohin vorzüglich die graue und weiße Butterbirne, fast alle Bergamotgattungen,
z. B. die so ungemein fruchtbare vortreffliche
Bergamotte cadette, u. a. m. gehören,
so ist doch der Quittenstamm zu Zwergbäumen
für Birnen so allgemein angenommen, daß
also hier die Erfahrung zu laut gegen die
Wildlinge spricht. — Ich selbst habe viele
schöne Birnpyramiden auf Wildlinge gesehen,
die vortrefflich tragen; aber hat jeder Privatmann Gärten wie zu Harbke, daß sich die
Größe des Gartens, mit der Größe
der Pyramide in eine verhältniß-
mäßige Harmonie auflöse? — Von

Münchhausen (*) glaubt also mit allem
Recht, daß die sorgfältigste Auswahl der
Wildlinge von schwachtreibenden Sorten,
worinnen Henne das Geheimniß gefunden
zu haben glaubt (**), doch noch immer eine
mißliche Sache sey, und noch oft unsere Hoffnung täusche. Will man deßhalb in einem
oft keinen Morgen großen Privatgarten, keine
Birnpyramiden, die man für Tannen-
bäume ansehen kann, anpflanzen, keine
noch unfruchtbarere Spalierbäume von
30 Schuh Breite erdulden, so bleibt die
Quitte unsere einzige zuverlässige Zuflucht,
schöne, bald fruchtbare, und mit der gewöhnlichen Größe von Privatgärten verhältniß-
mäßig große Zwergbäume, von den so sehr
geschätzten Birnen zu erziehen.

Hieraus erhellt nun schon von selbst, wie
uns der Quittenstamm zu Scherbenbäumchen,
wenn wir eine wahre Freude an ihnen erleben

(*) S. dessen Hausvater Th. III. S. 292.
(**) S. dessen Baumschule, Vorrede S. 26.

wollen, höchst nothwendig ist. Denn sein
Wurzelvermögen hat mit dem des Johannis-
stamme so viel Aehnlichkeit, daß es sich ebenso
vervielfältigen und leicht beschränken läßt, um
lange Zeit fruchtbare, gesunde Bäume zu
unterhalten.

Der Quittenbaum gehört in die Mitte
zwischen Strauch und Baum. Er wächst
langsam, und hat gar keine Pfalwurzeln, sondern nur starke, etwas schief in die Erde
gehende Haftwurzeln, im übrigen aber einen
Wald von feinen Nahrungswurzeln. Wegen
dem Mangel an Pfalwurzeln kann derselbe
nie zu wahren Hochstämmen veredelt werden.
Jeder Sturm ist ihr Grab: aber Halbstämme
liefert er uns, die durch ihre Form als große
Orangebäume ebenso prachtvoll, als an Fruchtbarkeit unübertreffbar sind.

Seine Fortpflanzung geschieht durch Ausläufer, die man in Baumschulen durch Kunst
bekanntlich tausendfach zu vermehren weiß.
Ihn durch Stecklinge fortpflanzen zu wollen,
ist, wie bey den Johannisstämmchen, fast

der Mühe nicht werth. Von hunderten gera=
then oft nicht zehen.

Der Ausläufer vom Quittenstamm ist also
das wahre Subjekt für Birnen, die unsere
Obstorangerie zieren sollen. Die Schönheit
des Wuchses bey dem Birnbaum in der
Scherbe, übertrifft noch durch das vortreff=
liche firnisartige Grün der mehresten Birn=
blätter, den Apfelbaum weit, nur trägt letz=
terer, so wie auch theils schon in der Natur,
zwar gewöhnlich reichlicher, der Birnbaum
blüht aber desto stärker.

Gemeiniglich hat der Ausläufer einer
Quitte, ganz nahe unter der Erde, schon
eine Menge feine Nahrungswurzeln. Diese
werden nun, wie bey dem Johannisstamm,
verstützt, und die Mutterwurzel nur drey Zoll
lang gelassen. — Oft ist diese aber schon von
Natur nicht einmal so lang. — Setzen wir
diese Ausläufer, nach der Regel, in ein
feuchtes, etwas beschattetes Land, wohin nur
kaum den halben Tag die Sonne scheint, so
treibt derselbe, in einem einzigen Jahr, einen
ganzen

ganzen Wald von Wurzeln, und bedarf keiner
zweyten Versetzung, um für die Scherbe einen
noch größern Vorrath von feinen, schönen
Nahrungswurzeln hervorzutreiben.

Die angemessenste Veredlung für den Quittenstamm ist das Oculiren; aber wegen seiner
starken Bewurzelung ist er zum Setzen in die
Scherben, ohne vorherige Veredlung, noch
untauglicher als der Johannisstamm. — Das
Pfropfen gelingt bey den Quitten nicht zum
besten, wenn es nicht sehr frühzeitig geschieht,
und die Pfropfreiser nicht schon im Februar
gebrochen sind. — Der eigenthümliche adstrin-
girende Saft der Quitte ist für das Edelreis
sehr fremd, und der im Frühjahr zu wuchernd
in den Quittenstamm eintretende Saft wird
für das Pfropfreis ein zu heftiger Reiz,
wovon es leicht erschöpft und getödtet wird.
Aus dieser Ursache sterben die mehresten Pfropfreiser erst, wenn sie oft schon Laub getrieben,
und wir uns des glücklichen Anschlags bereits
gefreuet haben. — Es ist deshalb eine große
Regel beim Pfropfen der Quitten, die Aus-

triebe am Stamm unter dem Verband nicht
abzureißen, ehe und bevor das Edelreis nicht
schon dergestalt getrieben, daß es den ganzen
Saft des Setzlings verarbeiten kann.

Der Quittenstamm wird auf Verwundun=
gen leicht krebsich. Eine Erscheinung, die
man fast als ein Naturgesetz bey allen Strauch=
arten annehmen kann, die sich durch Wurzel=
ausläufer fortpflanzen. Hat man die Quit=
tenstämme also oculirt, so ist es eine sehr
nöthige Vorsicht, nicht wie viele Gärtner die
Gewohnheit haben, einige Zoll das Stämmchen
über dem Oculiraug, sondern dasselbe mit einem
schiefen Schnitt, Rehfußschnitt, der=
gestalt im Frühjahr, ehe das eingesetzte Aug
austreibt, abzuschneiden, daß der höchste
Rand des Schnitts, gerade über dem Augen=
schild geendigt ist. — Unterläßt man dieses,
so müssen wir den Stamm nicht nur zweymal
verwunden, sondern der stehengebliebene Stüm=
mel stirbt oft in der Form eines Triangels,
auf der dem Oculiraug gegenüberstehenden
Seite, so tief unterwärts ab, daß wir lange

an dem Schaden zuzuheilen haben, oder einen
kranken Baum behalten. — Indessen ist dieses
Verfahren in den gewöhnlichen Baumschulen
so unverzeihlich, als gemein. Es läßt sich
auch für dieses Verfahren kein einziger Grund
angeben, und der Sommertrieb bekommt
dadurch sogar eine nothwendige Krümme.
Schon Herr von Wilke tadelte dieses Ver:
fahren mit allem Recht.

Bey der Veredlung zu Scherbenbäumchen
muß man die möglichste Niedrigkeit am Schaft
wählen, und fast der Erde gleich oculiren.
So allgemein diese Regel ohnedem ist, damit
die Quittenstämme unter die Erde kommen,
um so nothwendiger ist sie für uns, da wir die
Stämmchen nicht über drey bis vier Zoll tief
in die Scherben setzen können. Der Knorren
vom Pfropf- oder Oculirreis fällt sehr schlecht
ins Auge, und ebenso unansehnlich ist die
Rinde mit ihrer schwarzgrauen Farbe am
Quittenstamm, gegen die so schöne glatte
Rinde des Birnbaums.

Manche Birnsorten gerathen indessen nicht

gut auf Quitten. Dieſes iſt allgemeines Zeugs
niß aller Lehrbücher. Manche kümmern in
ihrem Wuchs darauf, wie z. B. Bon Chrétien
d'Auch oder Beurrée dorée sans pepins,
die Bon Chrétien d'Eté u. ſ. w. ; andere
ſollen ſteinigte Früchte liefern, wohin man
eine Menge gezählt hat, und etliche ſollen gar
nicht darauf anſchlagen, z. B. Roussette
d'Anjou. — Im Ganzen hat man als eine
Maxime angenommen, daß ſich erſtens
auf Quitten alle diejenigen Birnen nicht wohl
ſchicken, die ſchon von Natur gerne Steine
in ihrem Fleiſch haben: zweytens alle,
deren Fleiſch nicht ſaftig, und drittens, die
beym Schneiden oder Durchbeißen ein kurz
abknackendes, brüchiges Fleiſch — chair cas-
sante - haben. — Der Glaube hierüber iſt, daß,
wenn Birnſorten dieſer Art auf Quittenſtämme
veredelt würden, ſo vermehrte dieſes noch
ihre natürlichen Fehler. Allgemein iſt man
aber auch wieder auf der andern Seite der
Meynung, daß ſich auf die Quittenſtämme
alle ſaftvolle, ſchmelzende Birnſorten, die

fogenannten. Butterbirnen — Beurrées —,
und alle Bergamotten u. f. w. vortrefflich
fchickten.

In allen diefen Sätzen liegt indeffen, wie
noch in fo vielen Dingen in der Obftlehre,
viel Einfeitiges, Unbeftimmtes und offenbar
der Erfahrung Widerfprechendes. Aus diefer
Ungewißheit könnte uns aber bald, leicht und
mit Gewißheit die Obftorangerie durch angef
ftellte Proben heraushelfen. Hier haben wir
gleiche Erde, gleichen Sonnenftand, und
gleiche Feuchtigkeit in unferer Gewalt, und
ohne alle Täufchung ergäbe fich dann bald die
Wahrheit, ob der Quittenftamm nur zufällig,
oder wefentlich die Birnen verändere, oder
welche im Wuchs auf demfelben kümmerten,
oder gar nicht fortwollten. Mehrere Pomof
logen (*) vertheidigen hier die Quittenftämme,

_____

(*) Lüder fagt z. B. — „Viele find der Meynung, daß
„Birnbäume, die auf Wildlinge gezweiget würden,
„köftlicher feyen, als diejenigen auf Quittenftöcke,
„weil die Frucht von letzteren rauher und fchlechter,
„als von den erfteren wäre: allein die Erfahrung

wie auch ich aus vielfältiger eigener
Erfahrung.

Hätte ein Kenner nun Pfropfreiser, von
einer ihm noch unbekannten Birnsorte, und
die wahre Bestimmung ihres inneren Werthes
wäre ihm wichtig, so riethe ich jedesmal einen

„lehrt, daß dieses ein falscher Wahn ist, und
„daß das Rauhe, welches sich in den Früchten, welche
„auf Quittenstöcke gezweiget sind, etwa vorfindet,
„nicht von ihrer Natur, sondern entweder von dem
„rauhen und feuchten Erdreich, oder vom überflüs=
„sigen Mist, womit das Erdreich im S=jen gedüngt
„worden, herkommt." S. a. a. O. S. 8. „—Auch
„Manger sagt bey der Lansac — die mehresten
„Vorurtheile gegen die Quittenstämme sind ohne
„Grund." S. dessen system. Pomologie, Th. II.
S. 6. — —

Ueberdieses beweißt die große Meisterinn in
Erziehung der Zwergbäume, die Pariser Earthause,
daß sie eine Menge der obigen, als untauglich geach=
teten Sorten, auf Quittenstamme veredelt. — Ich
selbst habe aus dieser Earthause, aus Metz und Nancy
manche Birnpyramiden erhalten, welche die köstlich=
sten Früchte ohne allen Tadel tragen, und wovon
die Stämme auf Quitten luxuriös treiben. Mehrere
dieser Sorten habe ich im deutschen Obstgärt=
ner angeführt.

schwachtreibenden, aber dennoch
gesunden und gut bewurzelten Kernwildling aus den Waldschlägen, nicht aber
aus der Baumschule zu wählen, und die
erste Frucht auf diesem zu erziehen. Hat man
Reiser zum Veredeln übrig, so macht man die
Probe mit der Quitte zugleich dabey, und
die Entscheidung ist auf zwey Wegen zugleich
vollendet.

Kernwildlinge aus Baumschulen taugen,
wegen ihrem verwöhnten, nicht beschränkten
Wuchs, und dem großen sehr schwer ein-
zuschränkenden Wurzelvermögen, sehr wenig
zu unseren Bäumchen in Scherben; denn in
wenig Jahren füllen sie dieselben mit ihren
Wurzeln dergestalt aus, daß die Bäumchen
im Wuchs still stehen, und wenn sie auch
blühen, doch die Früchte wieder abfallen
lassen.— Muß man jetzt ein solches Stämmchen
versetzen, so findet man oft fingersdicke Wurzeln außerhalb der Erde und der Scherbe, in
Windungen so gedrängt und schlangenförmig

um den Erdbollen herumlaufen, daß das Beschneiden der Wurzeln fast unthunlich wird,
und das Bäumchen leicht dabey zu Grund
geht. — Der nämliche Fall ist es mit dem
Apfelwildling. — Setzt man solche Scherben
auf die Erde, ohne die Vorsicht, sie auf einen
Stein zu stellen, so kriechen die Wurzeln
schnell durch die Abzugslöcher der Scherbe heraus, wurzeln in die Erde, man freut sich des
schönen Wuchses von dem Orangeriebäumchen,
und wenn wir vor Winter die Scherbe weg-
bringen wollen, dann heißt es halt! — und
wir finden den Betrug. — Beym Steinobst
ist diese Vorsicht ebenfalls nothwendig. —
Als ich meine Obstorangerie anfieng, versuchte
ich es, wie leicht zu erachten, auch mit Birn-
und Aepfelwildlingen; sahe aber, daß sie
nach einigen Jahren nicht mehr fortwollten,
und das Ausheben aus der Scherbe ließ mich
bald die Ursache entdecken. — Der Baum
mußte stillstehen, da sich seine Wurzeln nicht
mehr verlängern, nicht mehr ausbreiten konn-

ten. — Für Liebhaber rathe ich alſo ganz
davon ab.

Der Kenner hingegen, dem es nur um
Proben von einer einzelnen Frucht zu thun
iſt, und Mangel an Quitten= und Johannis=
ſtämmchen hat, kann ſich noch am beſten
hierzu der Kernwildlinge aus den jungen
Waldungen bedienen. Läßt man dieſe noch
jung, und höchſtens nur von der Dicke eines
halben Zolls einſammlen, ſo verſtutzt man
ihre wenigen Wurzeln, und pflanzt ſie in die
Baumſchule, wo die Sonne nicht den ganzen
Tag auf ſie brennt. Dieſe Waldwildlinge
wachſen, der vielen Knoten und des härteren
Holzes wegen, viel langſamer, —warum ſie
eben zu ſchönen Hochſtämmen oft nicht viel
taugen—, der Baumſaft circulirt nicht frech,
und die Fruchtbarkeit iſt aus dieſem Grunde
früher. Auf ſolchen Stämmchen kann der
Kenner nun ſicher einigemal Früchte erwar=
ten. — Iſt man aber genöthigt Sämlinge
aus Baumſchulen zu nehmen, ſo wähle man
ja ſchmächtige, ſchwachtreibende, jedoch dabey

gefunde Stämmchen, verstutze die Wurzeln
stark, so treiben sie eine Menge feinere, die
sich der Scherbe leichter anpassen (*).

Der Güte einer Sorte von Birnen hingegen gewiß zu seyn, und doch nichts als die
– für Scherben so sehr zweckmäßigen
Quittenstämme zu nehmen, befolge ich
seit einigen Jahren folgende Methode: Ich
oculire kleine Quittenstämme mit der weis-
sen Butterbirne —Beurré blanc —,
die fast nie fehlschlagen, und noch im September auf die im nämlichen Jahr gesetzten
Stämmchen veredelt werden können. Den
Trieb der Butterbirne pfropfe, copulire oder
oculire ich nun, in der angemessenen Höhe
von einem Scherbenbäumchen, mit denen
mir noch, ihrer Natur nach, unbekannten

(*) In den mehresten Baumschulen werden die Wildlinge zu wenig versetzt. Der hochstämmige Baum
bekommt dadurch wenige Nahrungswurzeln, und
wird später fruchtbar. Hebt man einen solchen Baum
nach einigen Jahren vorsichtig aus, beschneidet ihn
von neuem, so trägt er bald Früchte.

Birnen, und darf also ficher auf ihre wahre
Güte rechnen. — Dieſer Mittler iſt nun
auch für die auf Quitten eigenſinnigen Birnſorten, das allerbeſte Verbeſſerungsmittel des zu
heterogenen Baumſafts im Quittenſtamm. —
Wir ſind alſo durch dieſes Hülfsmittel im
Stande, alle Sorten von Birnen auf dem
Quittenſtamm zu erziehen, und ſich ihres
baldigen und reichlichen Genuſſes zu erfreuen.

Ganz gegen die Phyſik der Gewächſe iſt
aber der Rath, Quitten auf Wildlinge, und
dann wieder auf erſtere die Birnen zu veredlen. — Catechetiſch heißt dieſes: nehme
den durch zu großes Wurzelvermögen für Zwergobſt nachtheiligen Wildling, ſetze die
Quitte zu frecherem Wachsthum darauf,
und veredle die eigenſinnige Birne auf
den ihr verhaßten Stümmel. Das Wurzelvermögen beſtimmt ja den Wachsthum nur
allein.

Dieſes ſogenante Ueberpfropfen,
beſſer Doppelveredlung, verdiente

gewiß mehrere Verſuche (*), ſo wenig auch
Hirſchfeld, ohne gemachte Verſuche (**),
dafür iſt, und wenn wir auch dadurch nur
allein den Zweck erreichen, keine zwar
beſſeren, keine größeren, keine niedriger blei=
benden Spaliere zu bekommen, ſo viele Wahr=
ſcheinlichkeit dieſes dennoch, wenn die
Abſicht zweckmäßig eingeleitet
wird, für ſich hat, — ſondern nur im
Stande zu ſeyn, jede Birnſorte nach ihrer
natürlichen Güte auf Quittenſtämme erziehen
zu können, und ſie dadurch in ihrem
Wuchs zu bändigen, dem ſie ſonſt,
auch auf den ſchmächtigſten Sämlingen, den=
noch entgegen ſtreben; z. B. Epargne, Bon

(*) Ich habe 1795. mehrere Proben über dieſen Punkt
angeſtellt, um den Unterſchied der auf bloßen Quit=
ten veredelten, und im nämlichen Land ſtehenden
Birnſorten, dagegen beſtimmen zu können. Die
Proben ſind, Poire préſent royale de Naples,
St. Germain, Bezi de Chaumontel, Colmars,
Dauphine, Bon chrétien d'Espagne, Muscat alle=
mand und Franchipane.

(**) S. deſſen Fruchtbaumzucht, Th. II. S. 181.

Chrétien d'Eté, Orange tulipée u. f. w.
Veredelt man diefe auf Sucre verd oder
Beurré blanc, die auf Quitten ſtehen, ſo
giebt es die ſchönſten, fruchtbarſten Spalierbäume, oder Pyramiden. — Mir ſcheint es
auch gewiß zu ſeyn, daß ſolche Bäume, durch
die künſtlichen Ringelwüchſe, oder Wülſte
vom Pfropfen, langſamer wachſen; ja ich
glaube, daß man durch mehrmalige künſtliche
Ringelwüchſe, die Abt Schabol bourrelets
artificiels nennt, ſelbſt die Wildlinge in ihrem
frechen Wuchs bändigen könnte, denn gewiß
ſind ſie mächtige Dämme gegen den empor-
ſtrebenden Baumſaft.

Der bloße Liebhaber wähle deshalb für
Scherben, zu ſchönen langdauernden Orangeriebäumchen, nur auf Quitten, oder ſolche
doppelt veredelte Stämmchen.

Von der Quitte haben wir zwey weſent-
lich verſchiedene Gattungen, nicht Spielarten, die Birnquitte und die Aepfelquitte. Beyde unterſcheiden ſich durch
Frucht und Laub. — Nach meinen Erfah-

rungen taugt die Aepfelquitte für die Veredlung
der Birnen nicht viel, und vielleicht rühren
viele Klagen davon her, daß man ohne Unterschied beyde Gattungen zu Birnen verwendete.
Ausgemacht bleibt die portugiesische Birnquitte
die beste Gattung zum Veredlen, jedoch treiben die Birnen auf unserer allbekannten Birnquitte ebenfalls vortrefflich. Die Franzosen
nennen letztere das Weibchen, die Aepfelquitte das Männchen (*).

Es mit Birnen auf Aepfel zu versuchen,
schlägt selten an, und noch toller wäre es,
bey dem Besitz des Johannisstamms, Aepfel
auf Quitten zu veredlen. Aepfel auf Birnen
liefert auch Mißgeburten. Ich habe noch
ein Apfelbäumchen auf einem Birnwildling

(*) In dem schon angeführten schätzbaren Werk, Nouvelle
Maison rustique steht Tom. II. p. 148. schon ausdrücklich: — „Il faut choisir les Coignassiers
„femelles, bien sains, qui fassent de grandes
„feuilles et de beaux jets, et qui ayent l'écorce
„lisse et noirâtre. Ils réunissent mer-
„veilleusement en Espalier ou en Buis-
„son.“

in einer Scherbe, das aber noch keine Frucht
getragen, und in allen Ecken kränklich ist.

Seit vorigem Jahr — 1796. — bin ich
aber, durch Zufall, auf Versuche gerathen,
die vielleicht alle Aufmerksamkeit der Pomo=
logen verdienen, und die ich jeden nach=
zuahmen bitten möchte, um ein bestimmtes
vielfaches Resultat bald erhalten zu können: —
**Birnen nämlich auf Johannis=
stämme zu veredlen.**

Ich erhielt von einem Freunde mehrere
Aepfelreiser, und aus Versehen Birnreiser mit
einem Aepfelnamen bezeichnet. — Die Birn=
reiser hatten ein mir unbekanntes Ansehen,
und in dieser Ungewißheit pfropfte ich zwey
Johannisstämme, und zwey Birnwildlinge
damit. — So wie sie trieben, sahe ich nun
gewiß, daß es Birnen waren, aber ich staunte,
sie so schön auf den Johannisstämmen trei=
ben zu sehen. — Der Gedanke, daß Birnen
auf dem so süßen Johannisstamm, besonders
die rauhen steinigten Sorten, um vieles
veredelt werden müßten, belebte den Wunsch,

viele Verſuche damit anzuſtellen. — Ich
habe alſo dieſes Frühjahr acht Johannis=
ſtämmchen mit Colmars, Passatutti, Volkmarser und Rateau gris copulirt. Alle trie=
ben ganz vortrefflich, und die zwey vorjährigen
Stämmchen, mit der mir unbekannten Birne,
haben jetzt — Julius — ſolche Kronen, daß
ich ſie das künftige Jahr in Scherben ſetzen,
und dem Ausſchlag bald entgegen ſehen kann.

———

Drittes

Drittes Kapitel.
Von dem Steinobst.

Pflaumen.

Mit Orangeriebäumchen in Scherben von den mancherley Sorten von Pflaumen, muß man zweyerley Absichten haben, wenn man sie erziehen will: — Einmal sich der Pracht ihrer frühen Blüthe vor einem Fenster zu erfreuen, und alle Obstsorten in Scherben zu haben, aber dann mit den wenigen Früchten, die sie liefern, zufrieden zu seyn; und zweytens für den Kenner, der ohne großen Raum zu haben, doch die wirklich große Menge von Gattungen, und die noch größere Anzahl von Namen kennen zu lernen. — In der Blüthe lassen diese Bäumchen ganz vorzüglich schön, und die sogenannte arabische Kirsche (*),

---

(*) Heißt auch asiatische oder türkische Kirsche. Der systematische Name aber ist Kirschpflaume — Prune

H

blüht, wenn noch alles tobt ist, schon so
gedrängt, daß sie jeden Schlehenbaum übertrifft. Apricosen, Mandeln und Pfirschen
verdrängen sogar in ihrer Blüthe jeden
Blumenstock.

Bey dem Steinobst ist es eine allgemeine
Regel, daß wenn der Liebhaber davon auch,
wahren Genuß haben will, solche Bäumchen
in g r o ß e Scherben, am besten aber in kleine
Orangeriekübel von s e ch z e h e n bis a ch t-
z e h e n Zoll Tiefe und gegen z w a n z i g Zoll
Breite zu setzen. Hier tragen sie reichlich und
vergelten die an sie gewandte Mühe, besonders die Apricosen, und noch reichlicher die
Pfirschen. Die eigentlichen Pflaumen sind
bekanntlich schon eine im Freyen mißliche
Frucht, und auch dieses sind und bleiben sie
in den Scherben. Kein Obst ist so delikat in
der Blüthe, und ein gutes Pflaumenjahr ist,
in den mehresten Gegenden, kein alltägliches

Cérise — von geringem Werth und schlechter Tragbarkeit.

Jahr. — In der Blüthe muß alles Steinobst wohl feucht gehalten seyn, wenn es
reichlich ansetzen soll, und dieses ist selbst ein
Kunstgriff bey Spalierbäumen in der Blüthenzeit.

Läßt man den Stämmchen von Steinobst
in den Kübeln eine Schafthöhe von anderthalb Schuh, und stellt sie zwischen die Aepfel
und Birnen, so gewährt dieses einen aller-
liebsten Anblick.

Für alle Gattungen von Pflaumen giebt
es, zur Veredlung für Obstorangeriebäumchen,
nur eigentlich Eine Gattung tauglicher Wildlinge, nämlich die Jakobs- oder Haberpflaume. Nur zur Noth muß man sich
der Zwetschenstämmchen bedienen, denn nie
erzeugen diese so viele feine Nahrungswurzeln.

Zu einer Menge der obigen Pflaumen-
ausläufer verhilft uns jeder Pflaumenbaum der
obigen Art; oder auch die an den Spalieren
darauf veredelten Apricosen- und Pfirschen-

H 2

bäume (*). Es sitzen aber diese Ausläufer
stets als Schmarotzer — Parasyten — , auf
dem Mutterstamm, wachsen deshalb wuchernd
auf dessen Unkosten, und müssen durchaus erst,
um viele eigenthümliche Wurzeln zu bekommen, deren sie fast immer nur sehr wenige,
ja oft gar keine haben, ausgehoben, nach
obigen Regeln kurz verstutzt, und, wenn es
nöthig, in der Baumschule einigemal versetzt
werden. Erst hierdurch bilden die stark

(*) Die Pflaumenbäume dieser Art erreichen ein weit
höheres Alter, und eine weit beträchtlichere Größe
als die Pfirschen- und Apricosenbäume. Das Wurzelvermögen hingegen, welches stets länger fort-
dauert, als der durch Fruchttragen erschöpfte Stamm
mit seinen Aesten, treibt nun die unzähligen Aus-
laufer. In diesem widrigen Verhältniß des größeren
Wurzelvermögens gegen die kleinere Größe des
Stamms bey Pfirschen und Apricosen, liegt sehr oft
der Grund des vielen Gummi's, eine Folge des
Krebses beym Steinobst, und des oft plötzlichen
Welkwerdens der Aeste mitten im Sommer, wo-
gegen, bey dem geringsten Verdacht, nur häufiges
Aderlassen diese Bäume retten kann, zumal in gut-
gedüngtem Land.

verschnittenen starken Wurzeln, gleichsam einen
Bart von feinen Nahrungswurzeln. — Am
besten werden sie copulirt oder gepfropft, und
je früher im Jahr, desto besser, wie ich schon
oben erwähne. — Das Oculiren schlägt nicht
gut an. Das Aug erstickt leicht im Gummi,
oder welches noch gewöhnlicher ist, das Schild
wächst zwar an, aber das sehr kleine Aug ist
vorher verdörrt, denn alles Steinobst kann
den Saft nicht halb solange entbehren, als
das Kernobst.

Da die Haberpflaume einen schönen Schaft
macht, so ist es vortheilhaft, sie in derjenigen
Höhe zu veredlen, daß die Triebe des Pfropf=
reises schon die Krone bilden, so erspaten wir
ein Jahr in der Erziehung. — Beym Ocu=
liren ist dieses noch nöthiger oder vorzüg=
licher, weil sich hier immer ein unangenehmer
Seitenknorren für das Gesicht darbietet, der
hier nicht, wie bey hochstämmigen, aus=
wachsen kann, sich aber durch die Krone dem
Mißstande entzieht.

Apricosen, Pfirschen und Mandeln.

Natur und Erfahrung sprechen zwar laut dafür, daß diese beyde Gattungen von Früchten auf Pfirschen und Mandelbäumen veredelt, nicht nur an Güte ohne Vergleich gewinnen, sondern daß auch die Bäume gesünder werden. Je mehr ich nachdenke, desto mehr werde ich überzeugt, daß nur Gemächlichkeit, Gewinnsucht, und der Gedanke, daß in kalten Gegenden der Pflaumenbaum der Winterkälte besser widerstände, die Methode aufgebracht habe, diese Bäume jetzt durchaus auf Pflaumenstämme zu veredlen. — Man sagt, in feuchtem Lande sind Pflaumenwildlinge besser, in dürrem leichten Erdboden hingegen die Mandelstämme. Aber was für Erdreich erfordern denn diese Bäume, wenn sie gesund bleiben, und schöne, schmackhafte, köstliche Früchte liefern sollen? — Stets einen etwas leichten, mehr trocknen als feuchten Boden! Also gerade ein Boden, den Apricosen, Pfirschen

und Mandeln zu ihrer Erziehung erfordern. —
Wo also diese nicht gerathen, da ist es ohnedem nicht der Mühe werth, Pfirschen anzupflanzen. In etwas schwerem und feuchtem
Boden, in dem der Pflaumenbaum sein
Element hat, giebt es schlechte, kränkelnde
nicht alt werdende Pfirschenbäume, und wäs-
serichte, unschmackhafte Früchte. — Du
Hamel bereut es, die Vorurtheile der Gärtner geglaubt zu haben. — Ist der Boden
tief, wie er nothwendig für diese Bäume
seyn muß, wenn sie den Winter nicht erfrieren, und lebhaft vegetiren sollen, so ist es
gerade der Mandelbaum, der durch seine in
die Tiefe gehenden Wurzeln, eine kühlere,
und durch den Dung nicht zu sehr reizende
Nahrung sucht. Würde man vorher die Mandeln an Ort und Stelle schon pflanzen, wo
wir sie veredlen wollen, so würden sie jedem
Winter Trotz bieten. — Diese Erfahrung ist
wenigstens für kältere Gegenden wichtig, um
auf die Dauerhaftigkeit rechnen zu können.

Aber zu unseren Obstorangeriebäumchen

gebe man noch einstweilen dem Pflaumenbaum, wegen seinen vielen und feinen Nahrungswurzeln den Vorzug, um Pfirschen,
Apricosen und Mandeln darauf zu veredlen.
Man stelle jeden Blumenstock gegen das prachtvolle Mandelbäumchen in einer Scherbe, und
wie viel verliert ersterer!

Indessen habe ich seit zwey Jahren, aus
Kernen erzogene Mandel-, Pfirschen- und
Apricosenbäume in Scherben von zehen Zoll
Höhe und neun Zoll Weite, welche ganz
vortrefflich wachsen. Einige davon haben auch
schon die schönsten Früchte. Ich hatte aber
jedes Bäumchen das erste Jahr umgesetzt,
und pflanzte es nach dem zweyten Sommer in
die Scherbe, wo sich durch das Umsetzen feine
Wurzeln gebildet hatten.

Zum Studium des Steinobstes sind Scherben von 7 Zoll Tiefe und 8 Zoll Weite schon
hinreichend.

Noch will ich für wahre Pfirschenliebhaber
bemerken, daß wenn diese Bäume, wie sie
sollen, in einem leichten trocknen Land stehen,

und der Sommer oder Herbst sehr heiß und
dürre sind, so kann man dadurch die größ=
ten und schmackhaftesten Pfirschen erhalten,
wenn man eine mittelmäßig große Blumen=
scherbe, einen Schuh vom Stamm, in die
Erde einsenkt, und dieselbe täglich, oder über
den andern Tag, mit Regenwasser anfüllt.

K i r s ch e n.

Für Kirschbäume zur Orangerie wählt
man nie aus dem Kern in Baumschulen erzo=
gene Wildlinge. Sie sind theils zu frech,
aber hauptsächlich von zu wenigen und zu
starken Wurzeln. Aus jungen Holzschlägen
läßt man hingegen aus den Kirschkernen der
wilden Süß= oder Vogelkirschen, der soge=
nannten Zwieselkirschen, aufgewachsene
Wildlinge in seine Baumschule verpflanzen. —
Sorgfältig muß man hierbey die Ausläufer
von alten Bäumen vermeiden, denn diese
haben oft nicht Eine Nahrungswurzel, sondern
nur den Stümmel der Mutterwurzel, aus
dem sie hervorgewachsen sind. — Diese Wild=

linge bedürfen aber mehrentheils, mehr als
jeder andere Wildling, des zweymaligen Ver-
setzens, um viele, schöne Nahrungswurzeln
zu bekommen. — Es ist deshalb immer rath-
sam, sie stark zu verstutzen, und die Stämmchen,
welche, wegen zu wenigen Wurzeln, ein zwey-
maliges Versetzen bedürfen, in der Baumschule allein zu setzen.

Die Nothwendigkeit, viele Nahrungswurzeln an den Wildlingen für Orangeriebäumchen zu erziehen, wird erst bey dem künftigen Versetzen jedem recht einleuchtend. Wird
nämlich in der Scherbe die Erde zu alt, zu
mager, werden die Wurzeln zu gedrängt,
und das Bäumchen stockt in seinem Wachsthum, so müssen wir dasselbe versetzen, seine
Wurzeln stark beschneiden, und hat es nun
deren nicht viele, feine und einzelne, so
schlägt das Bäumchen nicht gerne wieder an. —
Dieses erfährt man dann leider zu seinem
Schaden und Verdruß, wenn wir Aepfel und
Birnen auf ihre Wildlinge veredelt, und in
Scherben gesetzt haben.

Die beste, gewisseste Veredlung der Kirschenwildlinge geschieht durch das Copuliren, in
derjenigen Höhe, wie der Schaft seyn soll.
Das Pfropfen und Oculiren ist schon miß-
licher, jedoch schlägt ersteres ebenfalls sehr gut
an, wenn es mit Anfangs März oder noch
im Februar geschieht. Für denen noch etwa
zu befürchtenden harten Frösten und Schnee
darf man gar nicht bange seyn. — Es scheint
sogar, daß dieses den Anschlag sogar befördert. — So pfropfte ich den 28. Februar
6 Stämme mit der so vortrefflichen Prune
Maugeron, und 7 Stämme aus Mangel an
Zeit erst den 20. März mit gleich alten Pfropfreisern. Die ersten, nach vielem Schnee und
Kälte, treiben wuchernd, von den letzteren
hingegen ist nicht eines angegangen. — Mit
dem Oculiren der Kirschen geht es bey dem
geringsten trocknen Wetter, wie bey den
Pflaumen; häufig schlagen die Schilder an,
und das Aug ist dürre.

Die besten Kirschenwildlinge haben eine
weißgraue oder röthlichtblaue Rinde. Je

weißer aber dieselbe ist, desto magerer und
saftloser sind die Stämmchen.

Ich rathe aber nur bloß Wildlinge von der
süßen Waldkirsche zu nehmen. Henne (*)
bemerkt gegen Münchhausen ganz richtig,
daß süße Kirschen auf sauren nie gedeihen,
saure hingegen, bis auf die einzige wilde
Sauerkirsche, nebst einigen Abarten davon,
z. B. die Ostheimer, die wir aber nur
durch Ausläufer fortpflanzen, sämmtlich auf
süßen Wildlingen noch veredelter werden (**).

Wie groß deshalb der süßen Wildlinge
ihr Vorzug vor denen der sauren wäre,
und ob die Fruchtbarkeit der ersteren durch
letztere bey manchen Kirschensorten, wie einige
Pomologen wähnen, vergrößert würde, ließe

(*) S. im a. g. B. Seite 376.

(**) Wenn man überlegt, daß wir eigentlich nur zwey
verschiedene Gattungen wilder Kirschen haben, nämlich eine süße mit zwey Untergattungen, schwarz
und weiß mit roth, — Linne's Prunus, oder
Cerasus avium, und die wilde, unsere noch
gewöhnliche Sauerkirsche, Daublin's cerasus
acidissima succo sanguineo, oder Linne's cera-

sich durch Proben in Orangeriescherben, ohne
alle Täuschung, auseinander setzen.

Nichts ist gewiß bis jetzt trüglicher, als
was wir bis auf den heutigen Tag über Ver=
besserung, Ausartung, oder Rückgang der
Obstsorten in den gewöhnlichen Lehrbüchern
finden. Nur zu oft ist die Beobachtung eine
unvorbereitete Erscheinung, von einem einzi=
gen Fall abstrahirt, und die Ursache des Phä=
nomens von der ersten am mehresten sinnlichen
Ursache abgeleitet, ohne dabey erst durch
täuschungslose Proben ausfindig gemacht zu
haben, was und in wiefern die gesunde, oder
kränkliche Beschaffenheit, oder die sonstige
Eigenthümlichkeit des Wildlings, — die Art
und die Behandlung des Erdreichs —, dessen

---

sus austera, — so ist es höchstwahrscheinlich, daß
nur Cultur und wechselsweise Befruchtungen, die
mancherley Abarten erzeugten, — folglich die Süß=
kirsche die Mutter aller Veredlungen des feineren
Geschmacks, der edleren Säure, und also auch der
beste Unterthan für jede Sorte zur Fortpflanzung
seyn musse. — Für Spaliere wäre indessen das Gegen=
theil zu wünschen.

Tiefe und Unterlagen, — der Stand des
Baums gegen den Meridian, — das allgemeine Verhältniß der Obstsorten gegen die
Jahreszeit, — das Leiden der Bäume von
Insekten u. s. w., zu unserem Schluß nichts,
oder vielleicht alles beygetragen haben (*).
Tausend Fehlschlüsse, tausend vorgefaßte Mey-
nungen und Irrthümer beruhen bloß in solchen
Quellen. — Scherbenbäume können uns hier
über alle diese Täuschungen aufklären, wenn
wir diejenigen von der Witterung, — der
Luftchemie —, und den Insekten etwa
ausnehmen, die aber um so leichter gefunden
werden, wenn wir der übrigen Nicht-
ursachen gewiß sind; denn bey den Scherben haben wir, bey unseren Proben, gleiches
Erdreich, gleiche Sonnenlage, gleiche Feuchtigkeit, und ein und dieselbe Nahrung.

(*) Jeder Obstliebhaber weiß schon, daß manche Obstsorte auf eben und demselben Baum, nicht selten
gänz unkenntlich ist. Sonst butterhafte Birnen,
z. B. springen in der Schaale auf, werden steinigt u. s. w. Bey den Kirschen ist dieses oft noch
auffallender.

Will der Liebhaber aber nur schön belaubte,
leichter zu schneidende, und viele Früchte
bringende Kirschenbäumchen besitzen, so wähle
man nie andere Sorten, als die nur einen
feinen Wuchs haben, wie dieses bey den
mehresten süßsäuerlichen —Griottes—,
sauren Kirschensorten, Amarellen —
Moerellen, und den Glaskirschen,
Gindoliers — der Fall ist. Vorzüglich
schickt sich hierzu die Cérise avant toutes
mit dem schmalen Lanzettblatt, die Arten der
Maykirschen, die vortreffliche Cérise de Portugal, die mancherley Weichselsorten u. s. w.

Für den Kenner zum Studium giebt es
aber keine Ausnahme. Es existirt keine Gattung von Kirschen unter den beyden Geschlech-
tern, der sonst so starktreibenden Bigarreaux
und Coerets, die derselbe in Scherben nicht
prüfen kann. Immer liefert ihm zur hinreichen-
den Untersuchung ein Orangeriebäumchen in
einer neun Zoll tiefen, und zehen Zoll weiten
Scherbe, zehen bis zwanzig Stück ausgesuchte Früchte: wenn anderst die Erde kraft-

voll, der Wildling gut zubereitet, und am
gehörigen Begießen kein Mangel ist. — Letzteres erfordert das Steinobst, als eine Hauptregel, und vorzüglich die Kirschen reichlicher,
als das Kernobst, und die Ursache liegt in
dem größern Wurzelvermögen der Wildlinge,
die wir zu diesen Obstsorten nehmen müssen.

Will man aber bey den Kirschen in Scherben, mit der nämlichen Mühe, auch einigen
wirklichen Genuß haben, so wähle man kleine
Orangeriekübel, wovon bald ein mehreres.

Vier-

Viertes Kapitel.

Von den Scherben und dem Einsetzen der Bäume.

Gute, dauerhafte Scherben machen für den Blumenliebhaber eine nicht unwichtige Befriedigung aus. — Manche Sorten zerspringen schon in der Sonnenhitze, viele von dem gelindesten Frost, wenn sie schlecht gebrannt, und, wörtlich zu sagen, nur gebacken sind, so daß die Feuchtigkeit sie durchdringt, und nach physischen Gesetzen schon beym bloßen Frierpunkt zerspringen müssen. — Die besten Scherben sind diejenigen von Stein, wovon die allbekannten Mineralwasserkrüge gebrannt werden. Diese von einer mit Kieselerde vermischten Thonart verfertigten Scherben, sind halbverglaßt, gestatten dadurch der Feuchtigkeit keinen Eingang, dünsten also auch nicht aus, und halten dadurch länger die Feuchtig-

J

keit, das bey ihnen, gegen gewöhnliche Thon=
scherben, ein wichtiger Vortheil ist. — Kurz
sie sind eine grobe Fajence. — Wem diese
indessen fehlen, muß suchen, sich gut und
stark gebrannte, mit feinem Sand versetzte
Scherben von Thon anzuschaffen, und hierzu
dient besonders derjenige röthliche Thon, wo=
von die Ziegelsteine gebrannt werden. — Ich
erinnere dieses nicht ohne Noth, denn es ist
immer eine sehr unangenehme Sache, wenn
mitten im Sommer eine solche elende Scherbe
oft in zwey Theile zerspringt, und man sogleich
das Bäumchen in eine wo möglich größere,
nie aber kleinere Scherbe umsetzen muß;
welches oft nicht ohne Nachtheil abgeht.
Soll für Orangeriebäumchen aber eine
Scherbe vollständig seyn, so muß jede auch
ihren eigenen Teller haben, in welchen
man erstere stellt. Die Höhe dieses Scher=
bentellers muß zwey bis drey Zoll hoch,
und der Durchmesser wenigstens zwey Zoll
größer, als derjenige vom Boden der Scherbe
selbst seyn. Dieser Untersatz hat den größesten

Nutzen, — denn keine von den feinsten,
jüngsten Wurzeln der Bäumchen lebende
Regenwürmer können durch die Abzugslöcher
der Scherbe einkriechen; — wir können in der
größesten Sommerhitze, in jeder Stunde des
Tages, den Orangeriebäumchen die größte
Erquickung geben; — kann keine auf der Erde
stehende Scherbe, durch Ausläufer der Wurzeln von dem Bäumchen, dessen Wuchs verderben oder verändern, und — hat man die
Töpfe vor dem Fenster, so bleiben die Bänke
rein und viel dauerhafter.

Die gehörige Größe einer solchen Obst-
orangeriescherbe, wenn das Bäumchen mit
seinem schönen Wuchs, einer gehörigen Menge
schöner Früchte, und durch eine schöne Reihe
von Jahren in seiner Fruchtbarkeit jeden Liebhaber erfreuen soll, muß auf jeden Fall für
alle Baumsorten wenigstens 600 Cubikzoll
Erde enthalten, so daß also der ganze cubische
Inhalt der Scherbe, um für das Begießen
Raum zu haben, noch etwas größer seyn
muß. — Für das Gesicht ist hierzu die schönste

J 2

Form eine Scherbe von neun Zoll Tiefe, und
zehen Zoll Weite; oder zehen Zoll hoch
und tief, an beyden Seiten mit starken run=
den Knöpfen. — In einer solchen Scherbe
gedeiht ein jedes Bäumchen vortrefflich, und
liefert die schönsten Früchte, vor allen
aber ausgezeichnet die Aepfel=
bäumchen auf Johannisstämmen.
Jeder begreift es indessen wohl ohne Erinne=
rung, daß die Größe der Krone des Bäumchens
und die Menge der Früchte, nicht nur in
geradem Verhältniß mit der Größe der
Scherbe stehen; sondern auch damit durch
den Schnitt gehalten werden müssen. — Das
Gesetz, welches ich nach der Phy=
sik der Wurzeln in ihrer Ausdeh=
nung, beobachte, ist, nie die
Krone in ihrem Umfang größer
werden zu lassen, als es der Um=
fang der Scherbe nach Höhe und
Breite ist. Beyde stehen also harmonisch
da, und der Kopf ist nicht breiter als seine
Füße. —

Seit zwey Jahren habe ich indessen mit
meinen Scherben eine vortheilhafte Abände-
rung getroffen, wozu mich die Absicht verleitete,
die Orangeriebäumchen als Pyramiden zu
ziehen, und der Gedanke, daß sich die Feuchtigkeit in einer Scherbe auch um so länger
erhalte, je kleiner die Oberfläche der Ausdünstung sey. Ich ließ mir also Scherben
von zehen Zoll Weite, und vierzehen
Zoll Tiefe, verfertigen, so daß auch die Abnahme nach unten, keinen halben Zoll betrug,
und diese Scherben fast einen wahren Cylin-
der vorstellen. — Der ganz ausgezeichnet
schönere Wuchs in diesen Scherben, und die
wirkliche Ersparniß bey dem Begießen, wird
jedem durch Nachahmung dieselben bald vor-
zugswerth machen.

Ist es dem Kenner hingegen nur genug,
den Werth, die etwaige Neuheit, oder die
wirkliche Verschiedenheit einer Sorte zu untersuchen, und der oft also vieler Scherben bedarf:
so kann man schon diese Proben, bey dem
Steinobst und den Birnen, in Scherben:

von sieben Zoll Tiefe und acht Zoll Breite, anstellen, ja für Aepfel auf Johannisstämmchen, ist sieben Zoll Breite schon genug, folglich eine ganz gewöhnliche sehr mittelmäßige Blumenscherbe.

Gefällt dem Kenner nach der ersten Probe das Bäumchen mit seiner Frucht, so versetzt man dasselbe für längere Jahre in eine größere Scherbe. — So oculirte ich 1784. auf Quitten eine mir sehr gerühmte Sommerbirne, und einen mir der Beschreibung nach ganz unbekannten Apfel aus der Abtey Arnstein in der Wetterau. Ich setzte beyde schon 1785. in steinerne Scherben von letzterwähnter Größe. Beyde lieferten mir 1787. vier Früchte, drey Birnen und einen Apfel. Die ersteren waren die so vortreffliche Rousselet de Rheims, und letzterer der Calville blanche d'été. Ich setzte beyde Bäume seitdem mehrmalen in größere Scherben, und jetzt 1797., wo sie 13 Jahre alt sind, stehen sie in Scherben von 10 Zoll Höhe und 12 Zoll Weite. Rechnet man hiervon anderthalb Zoll Höhe zum Raum

für das Begleßen ab, so bleibt wohl nur ein
halber Cubikfuß Erde in der Scherbe übrig;
und dieses Frühjahr hatte der Birnbaum,
sage hundert acht, und der Apfelbaum
vier und funfzig Blüthknospen; welches
einen großen Obstorangerieliebhaber, Herrn
Hauptman von Höning in Schaumburg,
der sie oft sahe, in wahres Erstaunen setzte.
Jedem dieser Bäume habe ich zwanzig Früchte
gelassen, und doch hat der Birnbaum wieder
vier, über einen Schuh lange Sommertriebe,
die kleineren Fruchtspieße abgerechnet.

Für das Steinobst rathe ich aber zu kleinen
hölzernen Kübeln, die mit zwey eisernen
Reifen versehen, und mit einer guten Oel-
farbe angestrichen sind. — Diese machen mit
den Scherben untermischt, eine wahre Zierde
aus, und diese auch nicht in Anschlag gebracht,
so verzinsen sich sogar Pfirschen, Apricosen
und Kirschen in denselben. Halten diese Kübel
anderthalb Kubikfuß Erde, oder sind sie, wie
hierzu ihre Form am schönsten ist, sechzehen
Zoll breit und vierzehen Zoll tief, so muß

der Schaft des Bäumchens, wenn es dem
Auge gefallen soll, anderthalb bis zwey
Fuß hoch seyn. In einem solchen Kübel kann
der Schaft stärker als zwey Zoll im Durch-
schnitt werden (*).

Da solche Kübel indessen, wegen den nothwendigen eisernen Reifen, immer etwas theuer
sind, so lasse ich mir, seit einigen Jahren,
viereckete Kasten mit starken Falzen verfertigen. In jede der obersten Falzen kommt

(*) Zum gemächlichen Tragen eines solchen Kübels sind
zwey Handhaben nothwendig. Diese, wie an einem
Wasserzober oder Eymer, durch zwey höher stehende,
und mit einem Loch versehene Tauben zu erhalten,
fällt sehr küchenmäßig ins Auge. Ein schöner Orangeriekübel muß oben gleich seyn, und die Handhaben durch zwey eiserne Griffe an dem obersten
Reif erhalten, oder auf folgende von mir befolgte
Weise. Ich lasse zwey gegenüber stehende Tauben
zwey und einen Zoll breit und drey Zoll dick
machen. Diese zwey Stücke werden dritthalb Zoll
vom oberen Ende abwärts so tief eingesägt, daß der
Rest mit den übrigen Tauben beym Ausarbeiten
gleiche Dicke hat. Alles darunter bis zum Boden
laufende Holz, wird nun den übrigen Tauben
gemäß ausgearbeitet, und so bleiben oben zwey
starke nie wankende Handhaben übrig.

ein starker, das Auseinanderweichen verhin
dernder Nagel, und auf jede Seite zwey,
wodurch die Falſen zu weichen nicht im Stande
ſind. In die zwey gegenüber ſtehende Seiten
bretter, werden gegen anderthalb Zoll vom
oberen Rand, von unten nach oben, bis in
die Mitte des Bretts ſchief einlaufende Aus
kehlungen gemacht, die als ſehr gute Hand
haben dienen. Unten hat jeder Kaſten zwey
Leiſten, damit derſelbe mit dem Boden nicht
unmittelbar auf der Erde ſtehe. — Gegen
ſolche ſchöne grün angeſtrichene Kaſten, von
12 Zoll Höhe, und 12 Zoll Weite, die am
Boden 1 Zoll geringer iſt, werde ich nach und
nach alle ſo leicht verunglückende Scherben
vertauſchen.

Das Einſetzen.

Die Scherben müſſen für Obſtorangerie
bäumchen mit einer fruchtbaren, von allen
den Raum nur unnütz einnehmenden Steinen
gereinigten, Erde angefüllt werden. Kraft
voll und fruchtbar, kühl und leicht, und

nie zu schwer muß diese Erde seyn. — Eine
zu leichte, zu sandigte Erde enthält der nähr
renden Stoffe zu wenig, wird zu schnell
trocken, giebt den Wurzeln keinen festen.kühr
len Haft, und des Begießens wird im Som;
mer kein Ende. Ist die Erde hingegen zu
schwer, zu thonartig, so wird solche bey
feuchter Witterung leicht klösig, sie hindert
das freudige Ausbreiten der Wurzeln, und
folglich auch des Stammes, wird beym
Trockenwerden und von Winden steinartig
hart, und bekommt Risse, die den Wurzeln
höchstschädlich sind.

Für eine schöne fruchtbare Obstorangerie
ist ein wohlangelegtes Erdmagazin deshalb so
nothwendig, als es dem Kunstgärtner ausr
ländischer, sich mit nichts verzinsender Oran;
gerie, ja als es einem jeden Blumenlieb;
haber ist.

Ein solches Erdmagazin darf aber durch;
aus in keiner Erdgrube angelegt werden,
wie dieses noch so oft ein gewöhnlicher Fehler
ist. — Erdlöcher sind nur für vegetabilische

und thierische Stoffe nothwendig, die erst für
das Erdmagazin verwesen, und diejenige
Erde bilden sollen, die wir die vegetabilische Erde, — zwar widersprechend genug —
benennen, eigentlich aber Dammerde —
Mohrerde heißt. — Nichts nährt
als was componirt und wieder
aufgelöst werden kann, die Produkte der Verwesung gehören dem
Mineralreich. — Das Erdmagazin
selbst muß in einem der Sonne, und allen
Einflüssen der Luft ausgesetzten Erdhaufen
bestehen, den man den Sommer über wenigstens viermal umsticht und wieder aufsetzt.
Eine solche Erde bleibt ohne alles sie schwächende
Unkraut, wird mit allen Theilen den befruchtenden Einflüssen des Himmels, und jedem
Gährungsprozeß ausgesetzt, und dadurch nicht
in wenigen Jahren entkräftet.

Die besten Ingredienzien zu einem Erdmagazin für unsere Scherbenbäume sind, —
süßer drey bis vier Zoll tief aus-
gestochener, fetter, steinloser Ra-

sen, — Gassenkoth oder Teich-
schlamm und etwas alte verwesene
Erde aus Mistbeeten, oder besser noch
etwas ganz reiner Kuhmist. — Von
ersterem nimmt man vier Theile, von dem
zweyten oder dritten zwey, und von einem
der zwey letzteren einen Theil. — Alles
dieses wird schichtweise, auf einem der Sonne
völlig ausgesetzten Ort aufgeschlagen,
alle vier oder sechs Wochen durchstochen, und
von neuem aufgeschlagen, so hat man in
zwey Jahren, zu unserem Endzweck, eine
ganz vortreffliche Erde. Sie ist nicht nur sehr
nahrhaft, sondern eine, durch die völlige Verwesung der vegetabilischen und thierischen
Stoffe, kühle Erde, wie sie für Bäume eben
am zuträglichsten ist. — Eine durch Mist,
besonders von Pferden und Schafen, bren-
nende Erde, schadet bekanntlich jedem Obstbaum.

Hat man aber nur recht süßen Rasen von
einer zarten, fetten Erde, und schlägt diesen
schichtweise mit einem dritten Theil reinem

Kuhmift, ohne alles Stroh, wie man ihn
am beften auf Triften, wo das Rindvieh fein
Mittagslager hält, fammlen läßt, zufammen,
und behandelt diefe einfachere Maffe nach
obigen Regeln, fo hat man ebenfalls in zwey
Jahren eine recht gute Obftorangerie.

Fehlt einem diefes alles aber anfänglich,
fo nimmt man nur eine, ein Jahr vorher,
mit bloßem Kuhmift gut gedüngte zarte, ftein-
lofe Gartenerde, und reinigt diefelbe von allem
noch etwa unverweßten Mift, beforgt aber nachher eins der obigen Erdmagazine. Die allerbefte
Erde von allen zu einem Magazin, als auch
zum fchnellen Gebrauch find die M a u l -
w u r f s h a u f e n und f ü ß e n f r u c h t b a -
r e n Wiefen. Mifcht man hiermit den d r i t -
t e n oder v i e r t e n Theil alte Miftbeeterde
hinzu, fo hat man augenblicklich eine recht
gute brauchbare Erde. — Seit einigen Jahren
liebe ich aber vorzüglich die Dammerde aus
bald haubaren Waldfchlägen, wo die ganze
Erde mit Laub bedeckt ift. Diefer ihre Fruchtbarkeit ift außerordentlich, da fie aus nichts als

aus verweßtem Laub und anderen Pflanzen=
körpern besteht. Diese vermische ich zur Hälfte
mit zweyjähriger Rasenerde.

Mit einer von diesen Erdarten füllt man
die Scherben, oder Kübel; vor dem Setzen
der Bäumchen, bis zur Hälfte an, und drückt
dieselbe dermaßen ein, daß sie sich nachher
tiefer zu setzen nicht mehr wohl im Stande
ist. Aus dieser Ursache muß die Erde nur
soviel Feuchtigkeit haben, daß sie sich bey
festem Zusammendrücken nicht ballt, oder
durchaus nicht klösigt wird, sondern leicht
wieder beym Zerdrücken zerfällt. — Jetzt
nimmt man das Bäumchen, und sieht zu, ob
dieser unterste Satz von Erde nun so hoch
steht, daß die obersten Wurzeln des Bäumchens
nicht tiefer in der Scherbe als zwey Zoll,
und im Kübel nicht tiefer als drey vom
Rand des Gefäßes zu stehen kommen, der=
gestalt, daß die oberste Erde die letzten Wur=
zeln nur höchstens einen halben Zoll hoch
bedecken, und also für das Begießen in
den Scherben anderthalb, in den Kübeln

aber volle zwey Zoll Raum bleibe. — Die
ſtarken, oder die Hauptwurzeln müſſen von
dem Rand der Scherbe, wo möglich, zwey
Zoll abſtehen, und die feinen Nahrungswurzeln ſtutzt man ſämmtlich auf eine Länge von
zwey Zoll ab. — Alle Wurzeln des Bäumchens
werden nun, faſt flach liegend, auseinander
gebreitet, daß ſie gleichſam einen Stern bilden.
Jede ſich kreuzende Wurzel wird entfaltet und
ausgeſtreckt. Hierauf ſchüttet man, indem
die eine Hand die Wurzeln in ihrer gehörigen
Lage hält, feine Erde über dieſelben, und
ſtößelt das Bäumchen am Stamm ſolange
ganz gemach, bis ſich die Erde um alle Wurzeln ſchön angelegt und beygerüttelt hat.
Die Scherbe wird nun, bis auf einen Zoll
hoch, mit Erde angefüllt, und dieſelbe ſanft
angedrückt. — Ein Hauptgeſchäft iſt nun
noch übrig, um die Erde feſt um die Wurzeln
anſitzend zu machen, und dieſes geſchieht
durch ein ſtarkes Begießen, oder wie man in
der Kunſtſprache ſagt, durch das Ein-
ſchlämmen. — Ein Geſchäft, welches

bey dem Setzen eines jeden Baums im Früh= jahr, und zumalen bey trockener Witterung, oder in einer trockenen Erdlage, zum Gedeihen der Bäume äußerst wichtig ist. Bey diesem Verfahren bleibt kein Baum zurück, und die im Frühling gesetzten Bäume, übertreffen dadurch die im Herbst gesetzten Bäume bey weitem. — Die so eben gesetzten Scherben= bäumchen begießt man deshalb mit einer feinen Spritzkanne sanft, und so lange, bis alle Erde völlig durchwässert ist. Die ersten vier und zwanzig Stunden wird nun das Bäumchen im Schatten, oder in einer Stube gehalten; alsdann über die glatte, nasse Decke etwas neue Erde gestreut, und der Scherbe giebt man in den ersten acht Tagen nur einige Stunden Morgen= oder Abendsonne. Ist es aber im Herbst oder Frühjahr noch kalt, dann läßt man diese Bäumchen am besten solange im offenen Zimmer, bis man sie entweder mit den älteren vor der Kälte verwahrt, oder mit diesen ins Freye bringt.

Bey diesen Bäumchen muß man nie Pfal= stäbchen

ſtäbchen zu ihrer Befeſtigung ſtecken. Das
Faulen derſelben, oder das Ausziehen ihrer
Lohe, beſchädigt die Würzeln, und das Waſſer läuft an denſelben in der Folge leicht zu
ſchnell aus der Scherbe. Um letzteres auch
zu verhüten; und daß uns der Wahn nicht
täuſche, als hätten wir das Bäumchen begoſ-
ſen, indeſſen alles Wäſſer am Rand der
Scherbe nur hindurchgeſiehen iſt, bleibt es
eine nothwendige Vorſicht, öfters die Erde am
Rand der Scherbe feſt anzudrücken, und ſie
etwas zu erhöhen, damit das Waſſer nach der
Mitte der Scherbe mehr hinſtröhme. —Dieſes
iſt um ſo nöthiger, wenn die Bäumchen mehrere Jahre ſchon in den Scherben geſtanden,
und ihre Würzeln ſich außerhalb dem Erdballen an der inneren Scherbenfläche angelegt
haben. Alsdann rutſcht das Waſſer äußerſt
leicht, ohne die erwähnte Vorſicht, hindurch,
und die Erde bleibt in der Mitte dürre, das
Obſt fällt ab, wir gießen fleißig, und ſuchen
dieſe kleine Unachtſamkeit, in einem größern
Fehler des Bäumchens ſelbſt.

K

Den Sommer über werden diese Scherbenbäumchen überhaupt, so oft sanft begossen,
wie ohngefähr die Blumenstöcke. Im hohen
Sommer aber, und bey größer ausdürrender
Hitze, zumalen wenn der Baum Früchte hat,
muß dieses täglich geschehen. Dieses Begießen
ist, solange die Scherben im Freyen stehen,
und wenn sie der Sonne den ganzen, oder
größesten Theil des Tages, ausgesetzt sind,
überhaupt so oft nöthig, als die obere Erde
einen halben Zoll hoch trocken geworden ist. —
Das Begießen ist auch um so nöthiger, je
länger das Bäumchen in einer Scherbe gestanden, und also alles mit Wurzeln angefüllt
hat. Bey diesen ist es gut, zumal beym
Steinobst, Mittags noch den Scherbenteller
anzufüllen. — Auch ist es vortheilhaft, die
Scherbe manchmal umzudrehen, damit nicht
immer eine Seite von den Wurzeln in der
Scherbe der Sonnenhitze ausgesetzt sey.

Höchstnöthig aber ist es, daß das Wasser
in der Scherbe wohl und leicht abzieht —
eine allen Blumisten sehr bekannte Sache. —

Geschieht dieses nicht, so ersäuft die Erde,
wie man sagt, sie wird klößig, bleibt oben
beständig naß, bekommt eine schmierige, grün
moderige Kruste, die sich durch die Sonnenhitze wie Blasen aufwirft, und der Baum
geht ganz verlohren. Das in einer solchen
Erde stockende Wasser geht in Fäulniß; es
erzeugt sich eine beizende Säure, welche die
Wurzeln anfrißt, und ihr Leben zerstöhrt.
In einer solchen Erde erstirbt jede Vegetation,
was nicht mit seinen Wurzeln auf der Oberfläche nistelt, wie die Moose, oder eigentlich
sogenannte Sumpfpflanzen sind. Durch die
zu starke Attraktion der Erdtheile kann kein
luftförmiger Gährungsprozeß Statt finden,
Luft und Wärmematerie haben keine Wirkung
auf sie, und deshalb nennt man sie eine kalte
Erde.

Bey einem solchen Vorfall muß sogleich
Rath geschafft werden, und man versucht
durch größere, freyere Abzugslöcher zu helfen.
Am besten aber ist, man sucht den Erdballen
soviel möglich auszutrocknen, damit er beym

Herausnehmen besser zusammenhält, und setzt das Bäumchen in eine **größere**, mit dem **leichtesten** Abzug versehene Scherbe, wo man dann mit der leichtesten Erde den Raum ausfüllt. Sollte nun demohnerachtet der junge Zögling den Sommer nicht freudig wachsen; so versetzt man denselben auf den **Herbst** schon von neuem, denn im Winter würde die Erde noch schlechter, so wie das Bäumchen beschädigter; und deshalb ist das Versetzen immer am rathsamsten; denn man kann oft mit **Salomon** aus einer solchen Martenerde nichts gescheutes machen.

Von Anfang muß also mit aller Vorsicht für das leichte Abziehen gesorgt werden. Für Blümisten ist es bey ihrer leichteren Blumenerde schon genug, wenn die Abzugslöcher mit hohl liegenden Stücken zerbrochener Scherben belegt werden. Aber für unsere etwas derbere Erde ist es sehr gut, ja nothwendig, wenn, außer diesen Scherbenstücken, die unterste Erde im Topf aus einem Zoll hoch guter, alter Holzerde, oder aus reinem, feinem

Flußsand besteht, welche immer ein gewisses
und paſſendes Sieb bleiben.

Hat das Bäumchen Früchte; und ſollen
uns dieſe durch Größe und Schönheit erfreuen;
ſo muß es nie an Feuchtigkeit fehlen. Zu ſtarkes Gießen aber, daß das Waſſer gleichſam
aus den Scherben wieder auslauft, und
das immer ein Fehler iſt, ſpühlt die
Erde frühzeitig aus, und beraubt ſie ihrer
nährenden Kräfte. — Außerdem darf man
nie gießen, ſo lange die Sonne auf die Scherben ſcheint, und deshalb iſt der kommende
Abend für jedes Gießgeſchäft ſanctionirt.

— Dare jam, sitiens quas bibat hortus aquas.
OVID.

Der obengenannte Scherbenteller leiſtet
eben hier den größten Nutzen. Er liefert den
Wurzeln unmittelbar ſchnelle Erquickung,
ſchwächt dadurch die Erde nicht, und die
Sonne kann die Oberfläche derſelben nicht
kruſtig machen. — Gießt man den Scherbenteller des Mittags bey brennender Sonnenhitze voll Waſſer, ſo iſt es eine wahre Freude

zu sehen, wie er oft in einer halben Stunde ausgesogen, und wie frisch nun der Baum dasteht. — Diese Scherbenteller haben bey dem Nutzen, zu jeder Zeit den Baum mit Feuchtigkeit erquicken zu können, auch noch den Vortheil, daß bey dem Uebergießen das durchgelaufene Wasser mit seinen befruchten= den Theilen nicht verlohren ist, sondern wieder eingesogen wird; auch daß die Bretter vor den Fenstern, durch den feuchten Boden der Scherben nicht faulen, und folglich viel län= ger dauern, welches bey schönen Blumen= bänken mit einer Gallerie nichts gleichgültiges ist. — Nur bey anhaltendem Regen= wetter, muß man, in Gärten, den Scherbenteller wegnehmen, weil sonst das Bäumchen beständig, durch das Ansammlen des Was= sers in ersterem, im Wasser stände, und man stellt alsdann die Scherbe auf den umgekehrten Teller wegen den Regenwürmern.

Naht der Winter heran, dann sind einige Vorsorgen für diese Bäumchen von neuem

nothwendig. — Die Hauptregel ist,
dieselben nicht vor den ersten gelinden Nacht-
frösten, die noch keiner Scherbe schaden, und
nur höchstens das Land etwas gefrieren machen,
unter Obdach zu bringen. Und dieses muß,
wenn es die Witterung möglicher Weise erlaubt,
mit nicht ganz nasser Erde geschehen. Den
Vorwinter hindurch stehen sie am besten, der
Zugluft ausgesetzt, zumal wenn die
Erde in den Scherben noch naß ist, auf dem
Speicher, oder auf einem luftigen Gang.
Wird nachher die Kälte endlich strenge, dringt
sie, wie man sagt, in die Häuser ein, und
fängt die Erde in den Scherben, auf ihrem
dermaligen Standort, einen halben Zoll tief
zu frieren an, so bringt man sie in ein geschlossenes Zimmer, oder überhaupt an einen solchen
Ort hin, wo nur die größte Kälte, die Erde
in den Scherben nicht über einen halben,
höchstens einen ganzen Zoll gefrieren zu machen
im Stande ist (*). Friert der Erdballen in

***

(*) Die Gewächse haben wie die Thiere, eine Stufenleiter der Lebenskraft, nicht nur in jeder einzelnen

einer Scherbe ganz und lange durch, so ist
der Baum ohne Rettung verlohren, zumalen
die feinen Nahrungswurzeln sich an die Wand
der Scherbe anlegen, welche letztere aber umso:
viel Frierkraft mehr hat, als ihre specifische
Schwere gegen diejenige der Atmosphäre größer
ist. Man kann also hieraus leicht abnehmen,
wie sehr in einem solchen Zustand die feinen
Haarwurzeln leiden müssen, und warum dieses,
bey einem im freyen Lande stehenden Baume
nicht der Fall ist. — Jeder muß also die
Orangeriebäumchen so bewahren, daß sie —

Pflanze, sondern auch in den verschiedenen Arten
und Gattungen. In Rücksicht des Holzes an einem
Baum hat die Wurzel die schwächste Lebenskraft,
und deßhalb treibt der Baum noch Bluthe und oft
noch Blätter aus, wenn er schon wegen der erfror:
nen Wurzel, auch bald absterben muß. Bey dem
Obst scheint der Apfelbaum die starkße Lebenskraft
zu haben, nach ihm der Birnbaum, dann die Kirschen:
bäume, — die Pflaumen — der Nußbaum — die
Apricosen — die Mandeln, — die Pfirschen, zuletzt
gewiß die Feigen. Hier herrscht indessen noch große
Dunkelheit, und wovon unten bey der Vegetation
ein mehreres.

„Im Winter durch Wärme
„nicht treiben, aber auch
„mit ihrer sämmtlichen Erde
„nicht zusammenfrieren."

Die zweyte Vorsorge ist, nach sicheren Gründen des Pflanzenlebens, sie —

„Im Winter mehr trocken
„als feucht zu halten."

Feuchtigkeit kann nur gefrieren, und die Erde friert um so leichter, je mehr sie damit getränkt ist.

Außerdem liefert eine zu feuchte Scherbe jetzt dem Bäumchen zu viel Saft, wodurch dessen Lebenskraft in zu vieler Thätigkeit erhalten, und also gegen den Reitz der Kälte um so empfindlicher wird (*). Besonders aber schadet die zu große Feuchtigkeit auch noch dadurch, daß sie in der eingeschlossenen Luft modert, in eine dem Bäumchen nachtheilige gährende Schärfe übergeht, und wodurch dasselbe dann im Frühjahr kränkelt.

_____

(*) Einige unten vorkommende Bemerkungen über Vegetation, werden dieses deutlich machen.

Man muß die Erde suchen so zu halten,
daß sie, wenn man einen Zoll tief nachforscht,
nur noch eben feucht scheint, und den Finger
nicht befeuchtet. Würde aber die Erde endlich
zu trocken, so gießt man etwas in der Nacht,
wo möglich, in einer Wohnstube gestandenes,
oder durch etwas heißes Wasser verschlagen
gemachtes Wasser darauf. Dieses bedarf indessen im Winter kaum mehr als ein- oder höchstens zweymal zu geschehen. Das erquickendste
für solche Bäumchen ist aber, sie bey gelindem
Thau- und Regenwetter, ins Freye 4 —
6 Stunden zu stellen, wodurch auch aller
schädliche Staub abgewaschen wird.

Wer geschickter Blumist ist, kennt schon
diese Regeln durch die gehörige Behandlung
der Nelken und Levcojen.

Nach dem Ueberwintern bringt man nun
die Orangeriebäumchen entweder wieder sogleich
ins Freye, oder was bey Pfirschen und Apricosen, oder überhaupt beym Steinobst, rath-
samer ist, solange erst auf den Boden, oder
in ein offenes Zimmer, bis keine Nachtfröste

von Bedeutung zu befürchten sind. Soll uns
aber keine Witterung unsere Pfirschen und
Apricosen rauben, so müssen diese, jede kalte
mit Frost drohende Nacht, und bey Schlößen
und kalten Regen, selbst den Tag über, so
lange unter Obdach gebracht werden, bis sie
ihre Früchte schön angesetzt haben. Damit sie
aber diese vest und gut ansetzen, müssen die
Bäumchen durchaus, wenigstens den Tag
über, frische durchziehende Luft, und, wo
möglich, einige Stunden Sonnenschein haben,
auch die Feuchtigkeit in den Scherben zwar
m ä ß i g; doch dergestalt unterhalten werden;
daß die Oberfläche der Erde immer ihre Feuchtigkeit anzeigt.

Will man hingegen frühzeitig in seinem
Zimmer, den Blüthenmay haben, indeß
die übrige ganze Natur noch zu schlummern
scheint, so nimmt man Kirschen- oder Aepfel-
bäume, als die tauglichsten hierzu, und bringt
dieselben mit Anfang März in sein Wohn-
zimmer, jedoch in der möglichsten Entfernung
vom Ofen. Den Tag über werden sie, wenn

die Witterung nicht zu rauh ist, vor das Fenster in den Sonnenschein, die Nacht aber in das Zimmer gestellt, und mäßig feucht gehalten. Auf diese Art behandelt, blühen sie bald, und haben schon kleine Früchte, wenn jede andere Frühlingsknospe unentwickelt ruht. — Wenn die Frühlingsfröste vorüber sind, dann übergiebt man diese Bäumchen dem Freyen.

Späte, oder bey schlechtem Herbst langsam, oder gar nicht zeitigende Pfirschen und Nectarinen, erlangen, auf diese Weise in ihrer Blüthe befördert „jedes Jahr ihre vollkommene Güte, zumal wenn man sie auch im Herbst, wie schon oben in der Einleitung gesagt wurde, wieder in das Zimmer bringt.

Das Versetzen — Encaissement. —

Soll ein Orangeriebäumchen, sey es zur Freude oder zum Genuß, viele Jahre in einer Scherbe ausdauern, jedes Jahr kraftvoll wachsen und schöne Früchte bringen, so muß

1) dessen Erde jedes Jahr so=

wohl mit neuen Nahrungs-
theilen, als auch mit frischer
Erde zum Theil versorgt,
und

2) das ganze Bäumchen zuweilen
versetzt werden.

Jedes Frühjahr räumt man zu dem ersteren
Endzweck, mit einem nicht zu spitzen Holz,
damit die Wurzeln nicht verletzt werden,
einen, ja an mehreren Stellen, am Rand
der Scherbe, zwey Zoll tief, die obere Erde
hinweg, stutzt die dabey etwa bloß gewordenen
feinen Wurzeln zur Hälfte ab, und füllt aus
dem Erdmagazin die Scherbe wieder wie vorhero
an. Diese neue Erde überdeckt man alsdann noch, fast höher als die Scherbe ist, mit
einer recht guten, kraftvollen verweßten Mistbeeterde, und begießt hierauf das Bäumchen
wenig und öfters, so wird die letztere Erde
gleichsam ausgelaugt, und ihre Nahrungs-
theile in die alte übergeführt. — Dieses heißt
man das halbe Versetzen. —

Die Mistbeeterde streicht man nach acht

oder vierzehen Tagen, um den gehörigen
Raum für das Begießen zu bekommen, wieder
ab. — Ein wahrer Liebhaber, der alle 14 Tage
die festgewordene Erde auf ihrer Oberfläche
einen halben Zoll tief auflockert, und
alle vier Wochen mit etwas Mistbeeterde die
Bäumchen stärkt, wird seine kleine Mühe
durch den prachtvollen Wuchs, und die Größe
der Früchte reichlich belohnt finden.

Eine wahre Panacee für die Scherbenbäumchen ist es aber auch, wenn man, wie
ich gewohnt bin, etwas ganz reinen Kuhmist,
z. B. ein Pfund, in 4 bis 6 Maaß Wasser legt,
diese Mischung vier bis acht Wochen stehen
läßt, das verdünstete Wasser gelegentlich
zuschüttet, und hiermit, jedoch daß der Kuhmist selbst zurückbleibt, bey trübem Wetter
die Bäumchen, zwey- bis dreymal im Sommer befeuchtet, damit sich langsam die ganze
Kraft in die Erde zieht. — Setzt man diesem
Gemische auch etwas Hornspäne hinzu, so
wird dasselbe noch weit kräftiger. — Manchmal begieße ich sie auch mit Wasser,

worinnen ganz frisches Fleisch ist abgewaschen
worden.

Will es aber mit den Orangeriebäumchen
nicht recht mehr fort, treiben sie keine neuen
Sommerschoße mehr, sondern nur bloße Laub-
und Fruchtaugen, wobey aber, aus Mangel
des Leitzwergs, die Blüthen schon selbst und
nachher auch die jungen Früchte abfallen müssen; sind die Blätter mager, gelblich,
haben sie ein kränkliches Ansehen, so ist es
ein Beweis, wenn kein Fehler am Bäumchen
von Krebs, vielem Moos u. d. g. sich befindet,
daß die Erde zu entkräftet, zu taub; und der
Wurzeln in der Scherbe zu viele geworden
sind, so daß die vorhandene Erde, schon für
sich, nicht Nahrungsstoffe genug auffassen
kann; diese ganze Wurzelmasse mit dem Stamm
zu ernähren: Denn in eben dem Zeitpunkt
hört der Wachsthum des letzteren auf, wenn
die Wurzeln sich zu verlängern aufhören.
Bey diesen Bäumchen ist nun
das ganze Versetzen nothwendig.

Im März, oder schon oft im Februar,

nimmt man deßhalb einen solchen Invaliden,
ehe er noch den geringsten Trieb verräth,
mit seinem etwas trocken gewordenen, ganzen
Erdballen — Motte —, durch Umstürzen der
Scherbe, heraus. — Die Trockenheit der
Erde ist nothwendig, damit der Erdballen
fest beysammen bleibt. Man wird nun finden,
daß die Wurzeln in unzählbaren Windungen
am Rand der Scherbe ein wahres Netz bilden,
den ganzen Erdballen einhüllen, und mit ihren
Säugwurzeln mehrentheils wirklich außerhalb der Erde sind. Alle diese Wurzeln
werden mit einem scharfen Messer, in ihrem
ganzen Umfang auf den Seiten, anderts
halb, bis zwey Zoll tief gleichsam in Schichten abgeschnitten, am Boden hingegen drey,
ja wohl vier Zoll lang abgestochen, so daß
man der alten einfachen Mutterwurzel, fast
ganz nahe kommt. —

Hierauf wird wieder frische, gute Erde
aus dem Magazin nach den obigen Regeln in
die Scherbe, nach dem Maaßstab der abgeschnittenen Bodenhöhe, eingedrückt, das

Bäum-

Bäumchen mit seinen beschnittenen Erdballen
darauf geseßt, und dieser jeßt erst vorhero
sanft begossen. Wird, ohne diese Vorsicht,
sogleich die frische Erde um den Rand herum
eingedrückt, so bleibt der trockne Ballen oft
lange dürre, die neue Erde vereinigt sich
nicht leicht mit ihm, und alles Wasser rutscht
an demselben durch die neue Erde hindurch.
Hat man den alten Erdballen aber erst angefeuchtet, dann füllt man die Scherbe voll,
und verfährt in allem ganz genau, wie bey
dem halben, und dem ehemaligen Versezen.

Diese Operation nennt man in der Kunstsprache, das Verjüngern der Wurzeln, wodurch die Bäume, indem sich wieder
eine Menge Wurzeln bilden, auch wieder
neues, junges Leben erhalten.

Man hält diese versezten Bäumchen, in
den ersten acht Tagen, gerade wie die andern
frisch geseßten, oder läßt sie vierzehn Tage
auf dem Boden stehen, damit die Erde nicht
friert.

Sollte irgend das Begießen im Sommer

ℓ

läſtig, oder für jemand unthunlich ſeyn, und
will der Kenner, faſt ganz ohne Mühe, viele
Proben anſtellen, dann gräbt man die Scher:
ben im Frühling bis an den Rand, beſſer aber
noch einen Zoll über denſelben, auf Rabatten,
oder auf Länder mit niedrigen Sommer:
gewächſen ein, und begießt dieſe Bäumchen,
beſonders wenn ſie Früchte haben, nur bey
großer Dürre.

Eine ſehr nöthige Vorſicht hierbey iſt es
aber, unter ſolche Scherben einen flach auf:
liegenden Stein zu legen, damit keine Wur:
zeln durch die Abzugslöcher in die Erde drin:
gen, und nun das Bäumchen, durch einen zu
frechen Wuchs, verunſtalten, und die Krone
gegen die Scherbe zu groß machen.

Dieſe Methode dient auch zu einer über:
raſchenden Zierde auf Blumenbeeten, u. ſ. w. —
So freue ich mich noch jetzt eines Raſenbaſſins,
um deſſen Rand ich einſtens, bey einem meiner
Freunde, zwölf ſolcher Bäumchen dergeſtalt
eingraben ließ, daß die Scherben einen Zoll
mit Erde überdeckt wurden. Wie manche

könnten sich in diese, ihnen so ganz unbekannte, voller Früchte hangende Art von Zwergbäumen nicht finden, und klagten, daß ihre
mannshohen Pyramiden noch unfruchtbar
wären!

Ich selbst senke alle diejenigen Bäumchen,
die sich entweder zum Früchttragen erst bilden
sollen, oder die ich versetzt habe, in ein Land,
das den Sommer nicht leicht ausdörrt, und
erspare dadurch alles Gießen bey diesen nichts
einbringenden Eleven.

Ja ist der Raum im Hause zu enge, hat
man der Orangeriebäumchen zu viele; so ver-
senkt man Aepfel, Birnen und Kirschen; vor
Winter mit den Scherben in eine, wo möglich nicht allzunasse Erde ein; wozu Mauer-
rabatten gegen Süden vorzüglich passend sind.
Damit die Scherben aber vom Frost nicht
zerspringen, vergräbt man sie einige Zoll tiefer
über den Rand der Scherbe, und bedeckt, um
allen Schaden abzuwenden, die Erde noch
eine Hand hoch mit kurzem Strohmist, Moos,
oder Baumlaub, welches letztere ganz vorzüg-

L 2

lich Nässe und Kälte abhält. — Im Frühjahr
sind diese Bäumchen gerade weit kraftvoller
und gesünder aussehend, als ihre im Gefäng-
niß durchwinterten Brüder. — Nach den
Gesetzen der Vegetation, und der Unentbehr-
lichkeit der erneuerten Luft und des Lichts
dabey, wird man sich dieses auch leicht erklären können. — Außerdem treiben sie nicht
früher, als ihre übrige Freyburger in der
Natur, da hingegen die in Stuben überwinterten, leicht zu früh treiben, zärtlich
werden, und mehrere Vorsicht gegen kalte
Frühlingsnächte bedürfen. — Aber auf der
andern Seite kann man auch, durch einen
kalten Standort im Frühjahr, die Vegetation
der Scherbenbäumchen, in einer nördlich liegenden Stube, um volle 14 Tage retardiren;
wie ich dieses mit meinen Apricosen versuchte,
wobey auf ihre glückliche Blüthenzeit alles
ankommt.

In der Erde erfriert kein Scherbenbäumchen, wie mich dieses die furchtbare
Winterkälte 1794 gelehrt hat. Alle im Land

eingegrabenen blieben unversehrt, indeß mir 23, in einer kalten Stube aufbewahrten, durch Krieg, überhäufte Geschäfte mit unzähligen ansteckenden Fiebern, und durch häusliches Leiden über Krankheit und Tod, vergessene Probescherben sämmtlich erfroren sind. — Alle trieben und blühten noch im Frühjahr, starben aber, wie meine ewig unvergeßliche S—, in ihrer alles versprechenden Blüthe.

Fünftes Kapitel.

Vom Schnitt der Orangeriebäumchen.

Alles was bisher gesagt wurde, ist leicht, jedem, auch dem mittelmäßigsten Blumen, liebhaber begreiflich, und wenn er auch noch nie ein Bäumchen zog. — Zum Schnitt derselben gehört etwas mehr Kenntniß, und ich würde hier gerne, dem neuen Liebhaber, eine kleine Abhandlung zu diesem Geschäft anrathen, wenn ich auch nur eine kennte, die für uns nur einigermaßen brauchbar wäre. — Ich habe seit 20 Jahren in meinen Nebenstun, den, zu meiner Belehrung, vieles über diese angenehme Beschäftigung gesammlet, durch, lesen und durchdacht, aber noch kenne ich kein Buch, worinnen die wahren Grundregeln, und Vorschriften zum Schnitt der hochstämmigen und der Zwergfruchtbäume, einfach, faßlich und praktisch, nach den physischen Grundgesetzen

der Vegetation aufgestellt, und durch Bey=
spiele erläutert wären. Was wir haben, sind
fast meistens empirische allgemeine Regeln,
und der Liebhaber findet sich, mit dem Buche
in der Hand, bey einem jeden seiner Zwergs=
bäume in einer terra incognita, ohne zu
wissen, was er anfangen soll. Daher so wenig
regelmäßige Spalliere, und noch elendere
Pyramiden unter dem unwissenden Messer
der mehresten Baumgärtner. — Der Schnitt
der Zwergbäume erfordert die genaue Kennt=
niß von den mancherley Holz= und Frucht=
trieben, und ihrem Nutzen, ihrem End=
zweck in der Oekonomie des Baumes. —
Lieset man alle darüber geschriebene Bücher, so
lieset man ¾ Nachgebetetes, und selten eine
ganz richtige Angabe der mancherley Triebe,
ja noch seltener etwas vollständiges. Ich glaube,
daß folgende Terminologie durchaus zweck=
mäßig ist, und die man in der Kunst= oder
eigentlicher gesagt — Natursprache des
Baumschnitts annehmen könnte, weil kein
Gegenstand an einem Baum in derselben fehlt.

A. Holzzweige, Branches à bois.

Diese sind nun:

1) Mutter: oder Leitzweige, Branches meres, Branches tirantes.

2) Wuchertriebe, Gourmands, Branches gonrmandes.

3) Wassertriebe, Räuber und unnütze Triebe, Branches de faux bois.

4) Ausläufer, Schmächtlinge, Branches chiffonnes.

5) Laubaugen, Boutons tirants, Bourgeons.

B. Fruchttriebe, Branches fructueuses.

Diese sind:

1) Fruchtruthen, Lambourdes.

2) Fruchtspieße, Ringeltriebe, Brindilles.

3) Bouquetzweige, Branches à bouquet. Nur beym Steinobst.

4) Blüthaugen, oder passender Blätteraugen, Boutons à trois, quatre ou cinque feuilles.

5) Fruchtaugen, Bourses à fruit.

Den Liebhabern zu Gefallen will ich hier
diese Terminologie erklären, und durch ein
Kupfer, so weit es thunlich ist, deutlich machen.
Zu einer vollkommenen Versinnlichung
müßten mehrere Theile allein abgebildet
werden.

Holzzweige nennt man überhaupt alle
Zweige oder Aeste des Baums, die ihm seine
Größe und seine Form geben. erst aus
diesen Zweigen entspringen, gleichsam wie
Parasiten, nach den Gesetzen des Umlaufs
des Baumsafts, neue Zweige, die nur eine
bestimmte Größe erreichen, und zu Fruchttrieben werden. — Die Einfachheit der organischen Struktur im Pflanzenreich, das
heißt die geringe Anzahl und die große Identität im Bau der Organe, lassen uns den
Grund einsehen, wie aus Zweigen Wurzeln,
und umgekehrt, oder wie aus Blüthknospen
wieder Leitzweige zu erzielen sind. Ohne
diese Einfachheit wären alle Zwergbäume
kein Studium der Natur, der Schnitt ein
Nonens. — Holzzweige sind also das reine

Skelet, das Geripp der Bäume, in dessen
Rinde, wie im Schooß der Erde, die Saamen
zum Fruchttragen zerstreut liegen. — Nach
ihrem Endzweck, Nutzen und Werth giebt es
nothwendige, und schädliche, die nur
die Kunst in einzelnen Fällen zu benutzen
weiß.

Nothwendig sind die Leitzweige und
die Laubaugen, als die Mutter der
ersteren.

Laubaugen sind alle Augen an den
einjährigen Trieben des Kernobstes, wo
nur selten sich Blüthaugen mit untermischen,
die alsdann wohl blühen, aber keine Früchte,
nach der wahren Regel, behalten. Anders ist
es beym Steinobst; hier hat entweder der
Sommertrieb nur ein einziges Laubaug an
der äußersten Spitze, oder es sitzen noch Laubaugen mit den Blüthknospen abwechselnd
vertheilt, oder die Laubaugen sitzen neben oder
zwischen den Blüthaugen. — Einfache
Laubaugen haben nur ein einzelnes Blatt,
doppelte, mehrere von verschiedener

Größe. — So wie der Baumsaft in die thätigere Bewegung von der Frühlingswärme geräth, entfaltet sich am einjährigen Trieb das oberste Aug am ersten; — die frühere Entwickelung der Blüthknospen gehört nicht hierher —, und bildet den —

— Leitzweig. Dieses letzte Aug am Sommertrieb ist es also, welches dem Baum seine wahre Größe giebt. Giebt es keine Leitzweige mehr, so hört der Wachsthum des Baums auf, er steht still, alles wird zu Blüth= und Fruchtaugen, aus den alten Aesten entspringen Wassertriebe, und kommt die Kunst solchen Greisen nicht durch Verjüngerung des Lebens zu Hülfe, so stirbt er von oben herab. — Die nächsten Augen hinter dem obersten Laubaug, bilden kleinere Leitzweige, gewöhnlich an der Zahl zwey, oder drey bey jungen Bäumen, und dieses giebt Seitenäste zur Verschönerung der Form des ganzen Baums. — Da nun beym Kern noch alle Augen des einjährigen Triebes Laubaugen sind, so können wir jedes Aug

wachſen, welches beym Schnitt unſeren künftigen Leitzweig geben ſoll. Beym Steinobſt
aber hängt nicht jedes Aug von unſerer
Willkühr ab, und bey manchen Gattnngen
deſſelben haben wir gar keine Wahl, ſondern
können nur das natürliche Laubaug der Natur
benützen. Dieſes macht nun auch leicht begreiflich, wie ſehr dieſes bey dem Schnitt in
Betracht gezogen werden muß.

Schädliche Holztriebe ſind eigent-
lich alle diejenigen Triebe, die nicht aus einem
ſichtbaren ausgebildeten Aug ent-
ſtehen, die alſo die Natur nicht beabſichtigt,
ſondern die ſich durch überflüſſigen, oder
gehemmten Baumſaft, zwiſchen Holz
und Rinde, ſelbſt erzeugen. Alle haben
wegen dieſer Entſtehung auch das eigene, daß
ſie ſehr ſchnell wachſen, und deshalb ſchlechte;
weit von einander ſtehende Augen anſetzen. —
Sie ſchaden auf eine doppelte Weiſe, entweder der Form, oder dem Baum ſelbſt. —
Bey Zwergbäumen, wo, durch den Schnitt,
die Kraft des Baums ſo concentrirt wirkt,

haben wir vorzüglich vieles mit ihnen zu
schaffen, und wir finden nur hauptsächlich an
diesen die wahren Wuchertriebe.

Immer entsteht der Wuchertrieb an
Spalierbäumen vom Ueberfluß an Saft, und
er beweist eben die Kraft, die Stärke des
Baums. Die Stelle, wo er durch die Rinde
ausbricht, ist stets nach oben gekehrt, wo
die Sonnenstrahlen den Baumsaft in der
größten Thätigkeit haben. Sein erster Ursprung
ist gleichsam eine glatte Warze, aus welchen
der Wuchertrieb senkrecht in die Höhe
steigt, und dieser verticale Wuchs ist das
charakteristische Zeichen an ihm und seinem
Bundesfreund, — dem Wassertrieb.
Die Basis wird bald sehr dicke, kegelförmig,
und in einem Jahr wächst derselbe oft zu einer
Höhe von vier bis fünf Fuß, und zur Stärke
eines Daumens. Sie entstehen immer am
älteren Holz, als am Sommertrieb, oder wie
man in der Kunstsprache sagt, sie entstehen
nie am geschnittenen Holz. — Aus
dieser Ursache stehen Wuchertriebe stets

am unrechten Ort, und entziehen den vorwärts stehenden Trieben sehr merklich den
Wachsthum. Frühzeitiges Ausbrechen ist
Regel, und es giebt nur zwey Fälle, wo man
sich desselben mit Vortheil bedient; 1) — um
eine ledige Stelle auszukleiden; und 2) — bey
zu frechen Bäumen den zu vielen Baumsaft
abzuleiten; wobey aber dessen Standort alles
entscheidet; nämlich, daß er den ganzen
Baum, und nicht die eine Hälfte
desselben schwäche, folglich sich dem Mittel-
punkt des Grundstammes nähern müsse. —
Die Rinde der Wuchertriebe ist glänzend,
glatt anliegend, die Augen sind platt
klein, in die Rinde eingedrückt, ohne wahre
Augenträger — Boursouflement —,
und stehen viel weiter von einander, als an
den stärksten Leitzweigen. — Kein Baum,
außer dem Birnbaum, treibt so leicht die
Wuchertriebe als der Pfirschen- und Mandelbaum, da sie schon von Natur ein unbän-
diges Streben nach der Verticallinie haben.
Diese beyden Bäume also dauerhaft, und

Soll Holz zu ziehen, ist es nothwendig, sie auf den Wuchertrieb, und nicht auf das schnelltragende Fruchtholz zu schneiden, eine Methode, die auf reellen Gründen beruht, und von Abt Schabol mit allem Recht als die vernünftige vertheidigt wird.

Von dem Wuchertrieb unterscheidet sich der sogenannte Wassertrieb sehr. — So wie ersterer häuptsächlich nur bey jungen Bäumen die Plage ist, so belästigt der letztere vorzüglich die alten, oder kränklichen Bäume: Oder sie sind Folgen eines fehlerhaften Schnitts. — Auch sie erzeugen sich ohne vorher existirende Augen, durch Selbstbildung im älteren Holz, als dem einjährigen, ja in dem allerältesten, so, daß wenn sie dessen dicke Rinde nicht mehr durchbrechen können, so häuft sich der Baumsaft zu einem Knoten an, berstet die Rinde, und bildet eine Gruppe von Wassertrieben auf einem einzigen Punkt. — Auf ihrer durch Erfahrung uns bekannten Erzeugung ist es uns möglich beym Kernobst sicher, unsicherer

beym Steinobst, sie aller Orten hervortreiben,
und zu Bildung neuer Aeste benutzen zu können: — Der Forstmann unterhält durch diese
Wassertriebe die Wurzelschläge. — Sie sind
viel geschmeidiger als die Wuchertriebe,
haben zwar auch weitentfernte, aber stärkere
Augen, und ein festeres Holz mit weni-
gerem Mark als der Leitzweig, und
in ihrer ganzen Länge wenig merkbare Abnahme.
Der Wuchertrieb zeigt sich nur gewöhnlich an
ein- und zweyjährigem Holz, und wird mit
seiner Basis fast so dicke als der Ast ist, auf
dem er sitzt. Der Wassertrieb schießt aber nur
schmächtig, und oft hordenweise hervor. — An allen Bäumen ist er gleich im
Entstehen zu vertilgen, denn er ist ein wahrer
Räuber. — Steht er an einem schicklichen
Orte an leeren Geländerbäumen, so muß er
bis auf ein Aug abgeschnitten, und erst aus
diesem ein wahrer Leitzweig, oder Fruchtholz
gebildet werden. — Bey hochstämmigen liegt
in ihm der Kunstgriff, alte, abständige
Bäume, wo der Baumsaft durch die Menge

des

des alten Quirlholzes nicht mehr circuliren kann, zu verjüngern, und in ein neues Leben wieder zurückzurufen. — Fälschlich werden die wahren Wassertriebe gewöhnlich mit den Wuchertrieben vermengt.

Unnütze Triebe nennt man aber nur diejenigen Leit- oder Fruchttriebe, die an Zwergbäumen, wegen ihrem Standort, nicht zu benutzen sind, so z. B. an Spalierbäumen alle vor- und rückwärts wachsende, oder zwar richtig, aber zu gedrängt stehende Sommertriebe, und bey Pyramiden, wenn sie zu nahe am Stamm gerade aufwärts wachsen. Für diese ist deßhalb der öftere Ausbruch, vom May bis nach Johannis, ein wichtiges Geschäft für den Liebhaber schöner Zwergbäume, wenn der Frühlingsschnitt nicht zu sehr gekränkt, und das nothwendige Holz seine gehörige Reife und Stärke gewinnen soll. — An einem solchen Spalierbaum muß im Nachsommer kein Zweig seyn, der den künftigen Frühling etwas mehr bedarf, als nur beschnitten zu werden.

M

Ausläufer, Schmächtlinge unter=
scheiden sich von allen bisherigen sehr. —
Wenig Autoren (*) geben davon einen rich=
tigen Begriff. Die mehresten erwähnen sie
nicht einmal, oder vermengen sie offenbar mit
den Wassertrieben. — Sie sind nur
ein Eigenthum solcher Obstbäume, die unter
dem Messer stehen, und ihre Entstehung
rührt her — 1) wenn der Baum zu stark
geschnitten wird, daß die Blüthaugen
und Fruchtspieße in Ausläufer aus=
arten. — 2) Finden wir sie am häufigsten
neben den Narben abgeschnittener Aeste, oder

(*) Du Hamel sagt vom branche chiffonne, „er sey
„ein dünner, langer und schwacher Fruchtzweig,
„an dem die Augen platt sind, und weit von
„einander stehen.“ S. dessen Abh. von den Obst=
bäumen, Th. 1. S. 56.
. Im Nouvelle Maison rustique steht Tom. II.
P. 200. — „Branches Chifonnes sont des petites
„branches déliées qui sont en confusion, et qui
„ne peuvent donner ni bois ni fruit.“ — Und
so sucht man vergebens in den Neueren, die zu oft
die Produkte der Natur, nach der Einfachheit
ihrer Operationen dabey, auch vereinfachen wollen.

aus den Winkeln zweyer Leittriebe hervor=
schießen, und — 3) bemerkt man sie nie häu=
figer, als wenn man sogenannte S t u r z e l n
an seinen Bäumen duldet. Hier ist für die
Ausläufer eine unerschöpfliche Quelle, wenn
man den Sturzel nicht ausrottet, und die sich
leicht dadurch bilden, wenn man bey frechen
Bäumen aus starken Sommertrieben, durch
den Schnitt auf das s c h l a f e n d e Aug —
à l'épaisseur d'un écu — en pied de
biche —, F r u c h t h o l z bilden will (*).
Es entstehen alsdann leicht wieder s t a r k e
Zweige, die man ebenfalls so zu schneiden
pflegt, bis ein solcher Sturzel durch den ver=

(*) Dieser Schnitt erfordert seinen Meister, wenn er das
Fruchtholz sicher vermehren, und den Baum
verschönern soll, alsdann ist folgendes wahr: — Ces
deux tailles sont inventées de nos jours er
très-utiles pour avoir des branches à fruit, sur-
tout pour en avoir qui soient bien t o u r n é e s ,
car la seve ne trouvant plus de branches à remplir,
perce presque toujours pour donner une ou
deux branches à fruit, et si elle ne perce pas,
ce qui arrive rarement, elle ne gate rien du
tout. E. Maison rustique, T. H. P. 706.

narbenden Baumfaft fich bildet, und gleich=
fam, wie ein abgeftumpfter Weidenkopf,
unzählige Schmächtlinge hervortreibt,
die nie zu Fruchtholz werden. — Ferner nennt
man Ausläufer diejenigen Augentriebe,
die an dem erft noch wachfenden Leit=
zweig, fchon hervorfchießen, und dadurch
denfelben nicht nur äftig machen, fondern
auch die Augen für das künftige Jahr vermin=
dern. Diefe Unart finden wir am häufigften
bey Pfirfchen, Apricofen und mehreren Birn=
forten, z. B. der St. Germain. Diefe
Ausläufer geben fo wenig brauchbares Frucht=
holz, wie die am Traubenftock. Muß man
deshalb im Frühling oberhalb derfelben fchnei=
den, fo muß man folche fämmtlich
auf den Linienfchnitt abftutzen, und dann
erfcheinen gewöhnlich zwey Triebe, zumal bey
den Pfirfchen, wovon man einen bald aus=
bricht, und den ftärkften zu Fruchtholz erzieht.

Das Characteriftifche aller Ausläufer,
ift ein fchmächtiges Anfehen gegen
die andern Triebe von gleicher Länge,

weit von einander entfernte, kleis
nere Augen, und kein verticaler,
sondern oft gleichsam gewundener schlaf-
fer Wachsthum beym Kernobst. — Alle gehören dem Messer ganz, wenn man sie nicht auf
das schlafende Aug durch den Linien-
schnitt benutzen muß, wie z. B. bey den
Pfirschen.

Alle Fruchttriebe sind die aus den
Augen des jährigen Leitzweigs hervorkom-
menden Seitentriebe, unterhalb den
neuen Leitzweigen. Dieses ist Natur, und
der eigentliche Gegenstand des Baumschnitts,
dessen Hauptendzweck es ist, Fruchttriebe in gehöriger Menge, Entfernung und
Standort zu liefern. Jedes andere Geschäft
des Schnitts ist Modification, z. B.
Schonung des Kraftaufwandes zur Verlängerung des Lebens, Bedürfniß, z. B. das
Benutzen der Wuchertriebe u. s. w. oder Willkühr, z. B. Auswahl der Form.

An allen Fruchttrieben erwarten wir
die Erscheinung der Fruchtaugen; und

die beyden Triebe, welche uns dißelben am
Kernobst liefern, heißen Fruchtruthen
und Fruchtspieße. — Erstere sind lange,
leicht biegsame, und mit schönen her-
vorstehenden Augen, die nicht sehr entfernt von einander abstehen, versehene Seitentriebe auf dem einjährigen Leitzweig,
welcher das Frühjahr beschnitten wurde. —
Die Fruchtruthen haben eine Länge von
vier Zoll bis anderthalb Schuh, und tragen
an ihrer Spitze schon oft im ersten Jahr ein
Fruchtaug, oder ein glattes großes Laubaug,
welches oft bey Birnen noch zwey etwas kleinere Augen zur Seite hat, die wie ein Drey-
zack aussehen. An diesen Fruchtruthen bilden
sich Fruchtspieße, Blätter oder Blüthaugen und Fruchtaugen. Sie sind das
Magazin für die künftige Fruchtbarkeit des
Baums, und manche Französische Autoren
nennen diese Fruchtruthen, statt Lambourdes, sehr schön branches d'espérance,
und die Fruchtspieße, statt Brindilles,
ein Name, den Viele verwechseln, branches

d'anneaux. —An dem Schnitt der Frucht=
ruthen zeigt sich die Kunst des Gärtners,
denn der Unwiffende schneidet oft die Leit=
zweige hinweg, will viel Früchte haben,
und verwildert den ganzen Baum. —Alle
Fruchtruthen werden zur künftigen Fruchtbar=
keit des Baums verwendet, und dieses geschieht
nur, wenn sie Leitzweige vor sich
haben. Auf ihnen nur allein beruht
der eigentliche Kunstschnitt, nach der natür=
lichen, oder vom Boden herrührenden Kraft
und Stärke des Triebes bey Zwergbäumen.
Auf sie beziehen sich die Ausdrücke : den Baum
kurz, oder lang schneiden, ihm wenig
Holz laffen, oder viel — charger de bois —.
Die Vorsicht bey ihrem Schnitt, welcher der
allerwichtigste am Baum ist, richtet sich
nicht nur nach jeder Klaffe, Geschlecht und
Gattung, sondern selbst nach der individuellen
Beschaffenheit des Baums, also für unsere
jetzige Absicht zu weitläuftig. — Die kunst=
mäßige Behandlung der Fruchtruthen,
macht den Baum schön, gesund und frucht=

bar. — Alles was man im Wirrwarr der meisten Bücher, von dem Schnitt auf Fruchtholz liest, bezieht sich nur auf die gehörige Kenntniß und Behandlung dieser Triebe der Hoffnung.

Fruchtspieße sind die kleinen Frucht-triebe von der Länge einiger Linien, bis zu drey und vier Zoll. Alle diejenigen, bey denen man nur von einigen Linien, bis z. B. von anderthalb Zoll Länge, keine eigent-liche, mit völlig ausgebildeten Augen besetzte Rinde antrifft; sondern wo nur Narbe an Narbe steht, und aus denen man mehrere kleine, spitze Augen hervorragen sieht, diese sind die wahren Ringelwüchse. An ihrer Spitze steht immer ein starkes Auge, welches entweder schon ein wahres Fruchtauge ist, oder, jedoch einzig beim Kern-obst, nur in einem Blätteraug, von 3 bis 6 Blättern, besteht. Bey Aepfeln und Birnen wachsen diese Ringelwüchse, bis sie wirklich blühen, nur jedes Jahr um einige Linien fort, das neue Aug bekommt gewöhnlich ein Blatt mehr, und es dauert, zumal bey Hochstämmen, zwey, ja fünf bis sechs Jahre, ehe das vorderste Auge eine Frucht= knospe wird. Blüht alsdann dasselbe, und behält Frucht, oder nicht, so entwickelt sich aus dem ganz neuen Produkt, — dem Fruchtkuchen, wovon unten ein meh= reres —, entweder ein neues Fruchtaug, oder ein, ja manchmal zwey neue Frucht= spieße; ja selbst nicht selten eine wahre Fruchtruthe.

Die längeren Fruchtspieße von zwey bis vier Zoll, sind stets das Produkt von einem Jahr, haben die gewöhnliche Rinde, schöne, sehr kurz beysammenstehende Augen mit starken Augenträgern, und an ihrer Spitze eine Frucht=, oder ein bloßes Blätterauge — Blüthauge —, das sich, wenn es wirklich blüht, verhält wie die Ringelwüchse, deren ferneres Fortwachsen wir beim Fruchtkuchen noch näher betrachten werden.

Was man aber beym Kernobst Ringel= triebe—Ringelwüchse heißt, das nennt

man beym Steinobſt, nach de Combes,
ſehr paſſend Bouquetzweige; denn es
ſitzen hier viele Blüthknoſpen enge
beyſammen, die nur ein einziges Laubauge
in der Mitte, oder beſſer, auf der äußerſten
Spitze haben, und dadurch im Blühen einen
Strauß bilden. Ganz vorzüglich zeichnen
ſich in dieſem Stück z. B. die Herzkirſchen
aus. — Alles Steinobſt hat aber auch ſeine
Fruchtruthen und die Fruchtſpieße von drey,
vier Zoll Länge; ja überdieſes liefern noch die
wahren einjährigen Leitzweige, die wir
im Frühjahr hierzu ſchnitten, Früchte, und
gerade oft die beſten. Steinobſt hat alſo
einen Obſtlieferanten mehr, als Kernobſt.

Blätteraugen ſind, wie die Fruchtruthen, Augen der Hoffnung, und nur einzig
das Eigenthum des Kernobſtes. Die Pfirſchen
und Mandeln haben zwar ſchon etwas ähnliches, aber ſie ſitzen nicht für ſich auf einem
eigenen Organ, ſondern, wie auch bey Birnen der Fall iſt, als zuſammengeſetzte
Blätter, unmittelbar um das neue Aug

der Sommertriebe, und bilden zwey
Fruchtblüthen, das große Blatt aber ein Laub,
aug. Sind es hingegen nur zwey Blätter,
so bilden sie gewöhnlich zwey Fruchtblüthen,
oder eine von diesen mit einem der letzteren.

Blätteraugen beym Kernobst entste,
hen stets aus gebildeten Augen am älteren
Holz, oder wenn wir durch den Schnitt
schlafende Augen ins Leben zurückrufen.
Ihre Existenz beruht auf ihrer Entfernung
von dem wirksamen Punkt der Thätigkeit des
Baumsafts, daher der Trieb zum Fortwachsen
auf einen Punkt concentrirt bleibt, und die
Blätter einen kleinen beysammenstehenden
Büschel bilden. Mit jedem Jahr nimmt die
Zahl der Blätter zu, es giebt langsame Fort,
schritte zu einem Ringeltrieb, die größere
Menge der Blätter bildet das von ihnen umge,
bene Auge zur größeren Vollkommenheit, und
endlich durch die Kraft von fünf bis acht
Blättern zu einem vollkommenen Blüth,
und Frucht liefernden Organ. — Wie stille
und langsam arbeitet sich hier die Unbe,

greifliche zu ihrer größeren Vollkommen:
heit, zu ihrem letzten Zweck empor! — Und
in ihrer Werkstatt müssen wir lernen, sie zu
lenken, ihre Kraft zur Fruchtbarkeit zu beschleu:
nigen, und noch gütiger gegen uns zu seyn.
Die Gesetze, worauf ihre Fruchtbarkeit beruht,
setzen uns alsdann auch in den Stand, diese
zu beschleunigen oder zu verspäten. Hierüber
mehr im 6ten Kapitel.

Fruchtaugen, oder die gewöhnlich
sogenannte Blüthknospen, sind das
vollkommenste Organ, das Ultimat aller Arbeit
am Obstbaum. Für das Fruchtauge arbeitet
die ganze Natur; zu seinem Wesen gehört jeder
Theil des Baums, und kein Einfluß von
außen, zu einer höchst vollkommenen Vege:
tation, darf fehlen, wenn die Frucht haften,
und gesund und kraftvoll werden soll. Das
Fruchtauge ist beym Kernobst ein
Convolut von 5 bis 8 Blättern, in deren
Mitte 4 bis 6 Blüthen bey den Aepfeln, nach
der Regel der Natur nur fünf, aber bey
den Birnen mehrere Blüthen sich befinden. —

Durch den Bauch des starken Auges, und
sein freyes Hervorstehen, erkennt man deshalb sehr leicht die Fruchtaugen für den
Blätteraugen. Die Schuppen oder Hül-
sen, welche das Fruchtaug umgeben, sind
mit feinen Härchen am Rand beseßt, und
mit einer leimenden Materie, die oft gummi-
artig ist, verklebt. Daburch ist es der Feuchtigkeit ohnmöglich sie zu verderben, und deshalb
kann Kälte sie so leicht nicht tödten. — Entwickelt die Wärme den Fruchtknospen, so
entfalten sich zuerst die Blätter und bilden
eine Kokarde, in deren Mitte die Blüthen
noch unaufgeschlossen ruhen. Der fruchttra-
gende Baum grünt, indeß jeder Laubknospe
noch zu schlummern scheint (*). Wie so deut-

_____

(*) Hales machte schon diese Bemerkung im Allgemeinen. — „Es ist glaublich, daß die Blätter, die sich
„eigentlich an dem Ort finden, wo auch die Frucht
„feste ist — Steinobst hat er also nicht
„recht betrachtet — dazu seyn sollen, daß sie
„der Frucht Nahrung zubringen. Zufolge dieser
„Vorstellung habe auch beobachtet, daß die im
„Frühjahr den Blüthen nächste Blätter sich viel

lich zeigen sich hier die Blätter als Pflege=
mütter für die Blüthe! Und wenn ebendiese
Blätter beym Kernobst diesen Dienst verrich=
tet haben, dann werden sie selbst Mütter für
künftige Augen, und ernähren zugleich die
Frucht so lange, bis diese Kraft und Größe
genug hat, sich selbst zu nähren, wovon beym
Fruchtkuchen noch die Rede seyn wird.

Anders ist die Einrichtung beym Steinobst,
und ganz eigen bey den Kirschen. Hier bilden
sich die Fruchtaugen nur an den Sommertrie=
ben, und die Oekonomie für die Früchte ist

„geschwinder ausbreiten, als alle übrigen vom gan=
„zen Baum, und daß sie auch schon groß seyn, wenn
„alle Blätter der übrigen fruchtbaren — soll leben=
„den heißen — Reiser nur erst zu treiben anfangen.
„Auch seyn die Blätter am Pfirschbaum allesammt
„schon groß, ehe seine Blüthe abfällt; die
„Blätter auf Birn= und Aepfelbäumen haben den
„dritten Theil oder Hälfte von ihrer Größe, ehe
„ihre Blüthe sich ausbreitet und öff=
„net. So sehr hat die Natur für Nah=
„rung der Frucht, auch schon zu der Zeit
„gesorgt, da sie noch im Verborgenen
„liegt, und erst was werden soll.“ —
Siehe dessen Statik der Gewächse, S. 19.

mit dem Wachsthum des Baumes in Eins verwebt. Hier wirkt die Natur einfacher. Der neue Sommertrieb wird die Ernährerin der rückwärts stehenden Früchte, und ihr Stand= ort für die Zukunft auf immer ödes Holz, indeß der neue Trieb für neue Fruchtaugen sorgt. Wird dieses Aug zum Sommertrieb deshalb, vom unkundigen Messer, beym Stein= obst weggeschnitten, so fällt die Frucht ab, und der Zweig wird dürre.

Soviel zur Kenntniß der mancherley Zweige, und ihrem Endzweck bey den Obst= bäumen. Alles ist hier bald Mittel, bald Zweck, und Einfachheit, nur durch Form, Standort und Zeit, erhoben zur unbegreif= lichen Mannigfaltigkeit, die der Pflanzen= physiologe nie erschöpft, aber mit deren nähe= ren Entwickelung die Vollkommenheit der Kunst gleichen Schritt geht. Bey dieser ist nichts gegen die Gesetze der Natur, alles nur Leitung, nur Nachahmung. — Die Grund= sätze des Baumschnitts beruhen bloß auf der Kenntniß des natürlichen Gangs der Natur.

Gewöhnlicher Gang der Natur zur Bildung der Augen, der Zweige und der Früchte (*).

Das tiefste Studium der ganzen Natur concentrirt sich in dem Punkt des geheimnißvollen Ganges der organischen oder lebenden Wesen, bey ihren Metamorphosen. Hier ist es, wo wir dieselben so oft, aus uns scheinbaren rohen Stoffen, sich allmählig entwicklen, und dem Augenblick entgegen eilen sehen, wo sie z. B. ihre bestimmte Vollendung im Pflanzenreiche erreicht, und ihre Blüthen für die künftige Fortpflanzung entwickelt, oder wie Göthe sagt, — „sich zu den Werken der Liebe rüstet (**).‟ — Ueber diese Einfachheit der vegetabilischen Welt, zur Erzeugung der unserem Anschauen so tausendfachen Veränderungen verbietet uns unser Zweck, weitläuftig, und mit Beyspielen

(*) S. Fig. 2.
(**) S. von Göthe Versuch die Metamorphose der Pflanzen zu erklären, S. 4.

beweis

beweisend zu seyn. Alles dieses geschieht nur durch Abwechselung größerer Verfeinerungen zwischen Säften. Mit jeder Entwickelung eines neuen Blatts wird der Baumsaft, wenn ich so sagen soll, ätherischer, verfeinerter, die Spiralgefäße der inneren Rinde (*) feiner, des Lebens empfänglicher, und diese allmählig emporsteigende Vervollkommnungen von feineren Gefäßen und weit mehr ausgearbeiteten Säften, bringen auf dem nämlichen Weg der vorigen Einfachheit, statt sogenannte Blätter, nun Blüthenkelche, Blumen und Früchte: also, andere feinere Stoffe, andere

---

(*) Der unsterbliche L i n n e, der unsere neueren Riesenschritte in der Pflanzenphysik nicht alle selbst entdecken konnte, glaubte scharfsinnig genug, daß die äußere Rinde den Kelch, die innere Rinde die Krone, das Holz die männlichen, und das Mark die weiblichen Geschlechtstheile hervorbringe. Jetzt weiß man gewiß, daß nur von Spiralgefäßen der inneren Rinde alle Entwickelungen abstammen. S. des großen Pflanzenphysikers H e d w i g s Abh. vom wahren Ursprung der männlichen Begattungswerkzeuge, in deffen Sammlung über botanisch-ökonomische Gegenstände, B. 1. S. 46.

N

Gefäße, und folglich andere Produkte, fremde
Kinder, den Urvätern unähnlich; und doch
aus einem Stoffe.

Wer will nun die Natur durch Kunst zu
seinem individuellen Zweck leiten, wenn er
den natürlichen Gang derselben noch nicht
genau kennt? Jeder Baum der Kunst ist ein
Patient; wer will ihn klug behandlen, wenn
er die Gesetze der Gesundheit nicht durchdacht hat?

Der Baumschnitt erfordert unabläßlich die
durchdachteste Kenntniß vom natürlichen Gang
der Art des Individuums, welches ich schneiden will. Nicht genug den großen Unterschied
zwischen Kern- und Steinobst, nach ihrer ganz
verschiedenen Vegetation, zu wissen; nein,
ich muß auch das Eigenthümliche einzelner
Sorten von dem nämlichen Geschlecht, wie
z. B. bey den Kirschen, studirt haben.

Die ungestöhrte Natur entwickelt nur ihre
Sommertriebe aus den sichtbaren, völlig
ausgebildeten Laubaugen des vorjährigen Triebes. Jeder andere hervorschießende

Sommertrieb ist gestöhrte Ordnung der Natur von einer zu großen Vollsaftigkeit. Die Laub-augen sind die Saamen, die über den Mut-terstamm ausgestreut sind, um auf diesen Wurzeln zu fassen, und durch immer ver-mehrte Zeugungskraft seinen Nutzen zu vergröß-sern. Die Laubaugen enthalten, wie die Saamen das Rudiment, das Miniatur des Sommerwuchses, und unterscheiden sich wesent-lich nur dadurch, daß sie durch Gefäße schon in den Bast des Mutterstamms eingewurzelt sind, indeß der Saame erst seine Wurzel aus sich selbst entwickeln muß, um seinem Pflänzchen Leben und Trieb geben zu können. Das erste, was sich bey Gewächsen, die nicht gleich ursprünglich ihre ganze Form erhalten, entwickelt, ist das Blatt. Das Miniatur desselben ist der ganze Inhalt des Laubauges, das bey unsern Obstbäumen mit kleinen Schup-pen, zum Schutz gegen Witterung und In-sekten, kunstvoll bedeckt ist. Sobald sich dieses Urblättchen entwickelt, ist die Bildung eines neuen das fortschreitende Werk der Natur, und so wie die Entwickelung der Blätterchen aufhört, ist auch der Sommertrieb beendet. Bricht man dasselbe aus, und die Natur arbeitet noch, so übernimmt das nächste Blatt das Geschäft, und sein Aug sproßt schon ein Jahr früher hervor.

Der Sommertrieb ist also ein aus einem Laubaug, hervorgetriebener Zweig, absatz= weise mit Augen und Blättern besetzt, davon das letzte senkrecht auf der Spitze sitzt, und sich von seinen älteren Brüdern durch seine stärkere Größe, rundere Form und hauptsäch= lich dadurch unterscheidet, daß es mehr Ur= blättchen, als die letzte Bildungskraft der Natur enthält, die auf einmal beym Aus= trieb eine kleine Kokarde bilden, und dadurch seinem Zweck, durch schnelleren Wuchs den Zweig für die Zukunft zu verlängern, auf das passendste entspricht.

Das Naturgesetz des Baumsafts ist, daß er: In der größten Entfernung von der Wurzel am thätigsten ist.

Auf diesem Naturgesetze beruht die Verschie=

benheit in der Entwickelung der Laubaugen;
nach ihrem Standort gegen das oberste Laubaug. Aus diesem Grunde wird nach der Regel
das letztere der stärkste und längste Sommertrieb, und die beyden nach ihm folgenden
Augen werden zu Leitzweigen, die die Form
des Baumgeripps verschönern und vergrös-
fern (*). Nach diesen kommen abwärts die
Fruchtruthen, hierauf die Fruchtspieße, und zuletzt die Blüth- und
Fruchtaugen. Dieses ist Gang der ungestöhrten Operation der Natur, nach der Entfernung vom obersten Laubaug.

Das Aug auf der obersten Spitze des
Jahrtriebes erfährt deshalb auch die erste
Bewegung des Baumsafts bey noch nicht

***

(*) Die Anzahl und Größe dieser Leitzweige ist bey dem
Zwergschnitt sehr wichtig, denn hierauf beruht
hauptsächlich der scharfe oder zärtere Schnitt,
wozu nicht bloß die Natur des Baumes zu wissen
hinreicht, sondern die namliche Sorte, kann durch
Standorte, Witterung u. s. w. solche Leitzweige
haben, daß man bald den einen, bald den andern
Schnitt wählen muß.

fruchttragenden Bäumen; denn die Fruchtaugen, als weit vollkommener ausgebildete,
und für den Eintritt des Baumsafts offenere
Organe, werden am ersten zum Freudenfest
der Liebe entfaltet. Dadurch wird viel Baumsaft verzehrt, und die Vegetation für die
Zukunft erfolgt später. — Die untersten
Augen treiben am spätesten, und viele nie.
Diese aber, nach der Beschaffenheit des Baums,
und unserem Zweck, zu der in ihnen ebenfalls
verborgenen fruchtbringenden Thätigkeit
aufzuwecken, den ganzen natürlichen Gang
der ungestöhrten Natur nach unserem Willen
zu transplantiren, macht die ganze Philosophie
des Baumschnitts aus, und beruht auf Anzahl,
oder Mangel der Triebe und Augen (*).

_____   ___   .

(*) Des Studium der Augen oder Knospen—
Gemma — bleibt noch immer so belehrend als unter-
haltend. Der Engländer Grew verglich die Zwiebeln mit den Augen. Wirklich sind auch Zwiebeln
nichts als unterirdische Gewächse, die nur über die
Erde, wie die Wasserpflanzen über das Wasser,
hervortreiben, um bloß das Fortpflanzungsgeschäft
betreiben zu können. Jährige Pflanzen haben keine

Der Sommertrieb, wo er am vorjährigen
Triebe oben ausstößt, hat auf einmal mehrere beysammen stehende Blätter in einem
Büschel, — eine wahre Kokarde —, wovon
die untersten Blättchen sehr klein sind. Diese
Kokarde bildet durch das Aufsitzen ihrer Stiele
einen Ringelwuchs — bourrelet naturel —
zum Gelenk, woran wir die Jahrestriebe
erkennen, und das zur Mäßigung des Baumsafts dient. Durch die größere Entwickelung
dieser Blätter erhebt sich der Trieb, die kleinen
bilden die Augennarben und schlafen-
den Augen, fallen bald ab; und je schneller der Trieb ist, desto kleiner und unvollkom-
mener bleiben auch die Augen. — Erfolgt der

Augen, Gewächse mit fortdauernden Wurzeln,
haben sie an den Wurzeln, und nur fortlebende
Stämme mit Zweigen haben dieselben. Bonnet
und Andere haben auch die Augen nach ihren Stel-
lungen u. s. w. in Klassen eingetheilt. S. Linné
de gemmis arborum, Ups. 1749. Müller, G.
Fr., Versuch den Ursprung der Augen in den Gewächsen zu erklären. Im Hamb. Magazin B. 3 St. 2.
S. 107. — Hales Statik der Gewächse. Einleit.
S. XXIX. Darwin Zoonomie, Th. 1 S. 181.

Trieb nicht, wie bey Fruchtruthen, und kraft-
losen alten Bäumen, so bildet die Kokarde
ein Blätterauge, häufig auch schon ein
vollendetes Fruchtauge, dessen Früchte
aber fast immer abfallen, wenn nicht der ehemalige Leitzweig schon zu Ringeltrieben
umgewandelt ist.

Die Blätter, über die man so vieles
entschieden Gewisses beobachtete, aber
auch für sie manche Hypothese aushecke, —
wovon bey der Vegetation ein mehreres —,
beweisen auch hier, wie die weise Natur in
ihrer Oekonomie, durch das einfache Mittel
der Blätter, so vielfache Endzwecke zu erreichen
weiß, und für uns ebenso unerschöpflich als
lehrreich ist. Der große Pascal sagte so
schön als wahr: — „unsere Fassungskraft
„wird ehender, als in der Natur der Stoff
„dazu, erschöpft seyn" — (*).

Die Blätter sind für das Gewächs

(*) L'imagination se lassera plutot de concévoir,
que la Nature de fournir. Chap. 22.

selbsten die Lungen und der Magen, welches uns unten ihr physischer Nutzen in der Vegetation belehren wird. Aus der Nichts kenntniß über den Nutzen der Blätter, entstehen so manche Fehler in der richtigen Cultur der Zwergobstbäume, und ohne genaue physiologische Einsichten, was die Blätter dem Baum sind, läßt sich noch weniger über die Krankheiten derselben nachdenken, ihre Ursachen aufspühren, und Mittel ersinnen, wie dem Uebel abzuhelfen sey (*). Hier wollen wir nur das Blatt in derjenigen Rücksicht betrachten, was dasselbe zu der bey den Bäumen durchaus nothwendigen Bildung der Augen leistet. Dieser Endzweck der Blätter war ein bisher nicht genug geachteter Gegenstand, und dennoch ist er nichts weniger, als die Bildung der Augen an den Sommertrieben.

(*) Wie so sehr wenig steht z. B. von den mancherley
   Endzwecken der Blätter in — Plencks Physiologie und Pathologie der Pflanzen! Wien 1795.

Kein Aug ohne Blatt, kein Blatt ohne Aug.

Dieses ist bey allen Bäumen eine Grund-wahrheit. Und was ist nun das Blatt? — Ein Mutterkuchen mit einer Na-belschnur für das sich bildende Aug, für den Embryo künftiger Genera-tionen! — Merkwürdig ist die Verbindung des Augenträgers, und des Blatt-stiels mit dem Auge selbsten. Das Ur-blättchen entwickelt sich, mit Verlängerung des Sommertriebes, bis zu seiner ausgebil-deten Größe, und überläßt nun das Fort-wachsen seinem Nachkommen. Bey der Ent-wickelung erhält dasselbe drey Gefäße, die unterhalb dem Augenträger einen spitzen Win-kel durch Theilung bilden. Die hintersten drey abgetheilten Gefäße gehen hinter dem Aug fort, in den Bast der weiteren Verlängerung des Sommertriebes, die vorderen drey Ge-fäße bilden den Augenträger, das Piede-stall für das Blatt, welches diese drey Gefäße durch den Stiel erhält. In dem Winkel dieser Theilung der Gefäße, bildet sich ein fahles markigtes Kügelchen, das erste Rudiment für das Mark des künftigen Sommertriebes, und auf diesem wird das Aug, durch Zuführung aus den ausgearbeiteten Säften im Blatt, ausgebildet.

Das Blatt ist der wahre Conductor (*), die Pumpe für den Baumsaft (**), und das

---

(*) Dieses Geschäft ist sein wesentlicher Zweck bey jedem Gewächs. Der allgemeine Nutzen der Blätter ist z. B. bey Sommergewächsen ohne Augen, Verlängerung des Stengels, — Verfeinerung und Vorbereitung der Säfte zur Blüthe: daher ihre mancherley stets verfeinerte Form an einem Stengel —. Bildung der Knoten, Gelenke zur Aufrechthaltung des Stengels, z. B. bey unsern Feldfrüchten, u. d. g. m.

(**) Hales hat hierüber die schönsten Versuche, wodurch er bewieß, wie groß die Verschiedenheit des Einsaugens sey, wenn Zweige mit Früchten und Blättern, oder bloße Zweige u. s. w. in Wasser gebracht wurden. Sobald die Blätter fehlten, war die Menge des eingesogenen Wassers ungleich geringer, als wenn die Blätter noch am Zweig waren. S. dessen Statik der Gewächse, S. 57. Erfahr. 30.

wesentliche Organ für die spezifische Zuberei-
tung desselben zur Bildung der mancherley
Augen. Mit der Vollendung dieser Operation
werden die Gefäße splintartiger, die Lebenskraft in ihnen dadurch vermindert, bis sich
solche endlich auf dem Augenträger — Boursouflement — consolidiren. Jetzt zeitigt
das Blatt wie die Frucht, es wird durch Ab-
zehrung spezifisch l e i c h t e r, sein Zusammen-
hang aufgehoben, und ein Spiel der Winde. —
Nicht Kälte, — nicht rückgängiger Baumsaft —, nicht z ä h e r gewordene Säfte —,
nicht gehinderte Ausdünstung vom Mangel
des Sonnenlichts u. s. w., sind die Ursachen
von dem Abfallen der Blätter. Alles dieses
widerlegt Beobachtung und Studium der
Natur selbsten. — Nicht K ä l t e, denn wie
manche Gewächse verliren schon ihre Blätter, wenn andere noch im Triebe sind, z. B.
die Johannisbeeren, und die zuerst entwickel-
ten Blätter an jedem Jahrestrieb, indeß die
o b e r e n z ä r t e r e n noch wachsen. — Nicht
z ä h e r oder r ü c k g ä n g i g gewordener

Baumsaft. Dieses steht fälschlich noch in allen pomologischen Handbüchern; und schon die einzige Beobachtung hätte jeden vom Gegentheil überzeugen können, daß wenn immergrünende Gewächse auf solche mit abfallenden Blättern gepfropft werden, so behalten erstere ihre Blätter (*)... Z. B. die immergrünende Eiche auf die gewöhnliche. — Ja es ist eine bekannte Erfahrung, daß wenn man einen Zweig, von einem im Freyen stehenden Baum, in ein wärmeres Zimmer leitet, derselbe zu treiben anfängt, zu blühen und Früchte anzusetzen fortfährt, noch ehe sein Mutterstamm irgend einige Vegetation verräth. Diese Erfahrungen sind doch wohl für jeden Beweise genug, daß auch im Winter der Baumsaft circulirt, nur nicht, wegen den fehlenden Blättern, in so großer Menge. Wie viele Moose blühen und wachsen ja nur

---

(*) Hierher paßt das Bild von Virgil, Georg. L. 11. v. 82. noch treffender, wenn er von einem gepfropften Baum sagt.

Miraturque novas frondes, et non sua poma!

im Winter! Der Baumſaft iſt im Sommer
und Winter der nämliche, ſeine Bewegung
hängt nur von der Modifikation der Lebens;
kraft in den Gefäßen, und den äußeren Um;
ſtänden ab, die auf dieſe einwirken.

: Aus dem großen Nutzen der Blätter zur
Bildung der Augen und der Verlängerung der
Triebe, läßt ſich z. B. deutlich erklären, —
warum die erſte Entwickelung des Keims zu
einer Pflanze im Blatt beſteht, welches ſogleich
zu wachſen anfängt, ſo bald deſſen Würzelchen
ihm Feuchtigkeit zuführen kann; — warum
die Frucht mißräth oder abfällt, wenn die
Blätter aus dem Fruchtaug fehlen, oder kein
Leitzweig mit Blättern vorhanden iſt. Dieſes
läßt uns bey Pfirſchen z. B. ſicher beſtimmen,
ob ſie abfallen, oder von welcher Güte ſie
ſeyn werden; — warum bey noch unvollendeten
Augen, an dem noch wachſenden Sommer;
trieb, erſt die Blätter in der größten Kälte
abſterben; — warum ſich keine, oder nur
kränkliche, ſchlechte Augen bilden, wenn die
ſo äußerſt nachtheiligen Blattläuſe —Aphis —

die Blätter unorganisch machen, — warum
bey denen am Anfang des Sommertriebes
bald abfallenden Blättern nur Augennar,
ben, bey den andern Blättern hingegen, die
auf diese folgen, und größer sind, an denen
aber der Baumsaft zu schnell vorüberrauscht,
nur schlafende Augen, Augenspiz,
zen, unvollkommene Augen, die im
Gang der Natur nicht ins Leben kommen,
gebildet werden; — warum wir durch das
Abpflücken der Blätter die frechen Triebe
schwächen können; — warum sich in der Mitte
des Sommertriebes, wo die Blätter am schön,
sten und regelmäßigsten sind, auch die vollkom,
mensten Augen vorfinden, die wir deshalb zum
Oculiren und Pfropfen wählen; — warum
die Blüthaugen zu ihrer höheren Bildung als
Fruchtaugen drey bis sieben verschiedene
Blätter, die Fruchtaugen hingegen oft zehen
zu einem Strauß haben, und die größten
Blätter am ganzen Baum unter diesen
sind; u. s. w.

Gegen das Ende des Sommertriebes bleibt

deſſen oberer Theil, in ſeiner ganzen Subſtanz aus guten Gründen, zu einem den
Baumſaft leichter aufpumpenden Organ,
welcher, das Mark im Holz größer, das Auge
aufgedunſener, und deshalb für den Baumſaft im Frühjahr offener. Um die Enden der
Sommertriebe aber auch dadurch nicht ſo leicht
dem Erfrieren auszuſetzen, verſorgte die Natur
viele mit einem leichten wollichten Ueberzug,
der als ſchlechter Wärmeleiter gegen Kälte
ſchützt.

Hätten nun alle dieſe Augen bey jedem
Gewächs ihre abſolute Beſtimmtheit, ſo würde
es elend um den Kunſtſchnitt ausſehen. So
aber herrſchen wir bey dem Kernobſt über jedes
Aug nach unſerer Willkühr, und bey dem
Steinobſt hat uns dieſes die Natur nur über
die Fruchtaugen, oder die ſogenannten Blüthknospen verſagt, die ſich keiner Metamorphoſe
unterwerfen. Alle Augen beym Kernobſt ſind
für den Kunſtſchnitt nur relativ. Unter dem
geſchickten Meſſer verwandelt ſich nach Bedürfniß, die Augennarbe, das ſchlafende Aug,

oder

oder die Augenſpitze, ſo gut zum Leitzweig, wie zu Fruchtholz, und das ſchon gebildete Fruchtaug wieder, wozu ich es haben will. Alles kommt hier auf individuelles Anſchauen des zu beſchneidenden Baumes, der Bedürfniſſe und der Endzwecke an, die wir zu erſetzen oder zu erreichen wünſchen.

Da ich mich indeſſen jetzt nur auf den Schnitt und Erziehung der Obſtorangerie⸗ bäumchen beſchränken kann, und hier zum Glück ſehr vieles nicht Statt findet, oder Bedürfniß wird, was bey Zwergbäumen im Großen der Fall iſt; ſo will ich nur dasjenige möglichſt deutlich anführen, was jeder Lieb⸗ haber, nach dem Studium der oben ange⸗ führten mancherley Zweige und Augen, leicht ſelbſt, ohne wahre Fehler, zu verrichten im Stand iſt.

Erſter Trieb nach der Veredlung.

Sind die Stämmchen zu den Obſtoran⸗ geriebäumchen in derjenigen Höhe oculirt, copulirt oder gepfropft, daß ſie den Schaft

O

des Scherbenbäumchens abgeben sollen, so
wird der erste Sommertrieb schon zur Krone
des Bäumchens verwendet. — Hier treten
nun zwey Fälle ein: denn einmal ist der
Trieb nur einfach, — wie dieses bey oculirten
Stämmchen immer der Fall ist; oder zweys
tens treibt das copulirte oder gepfropfte
Stämmchen, bey starkem Saft, zwey bis
drey Sommertriebe. Diese letzteren läßt man
am besten ungestöhrt zur künftigen Krone forts
wachsen, und sucht nur, wenn die Triebe zu
gerade in die Höhe gehen, zu vertical sind,
sie durch ein Queerholz auseinander zu treis
ben, wozu man nur ein Reis nimmt, zwey
Einschnitte an den Enden aufklemmt, und
damit die Triebe festhält.

Haben wir es aber nur mit einem einzelnen
Sommertrieb zu thun, oder wüchse einer von
mehreren sehr frech, so läßt man diesen bis
Ende May, z. B. sechs Zoll, oder höher
treiben, und bricht mit Anfang Junius, —
wie es uns leider die Rebenstecher, curculio
coeruleus etc. — so oft ungebeten machen —,

den Frühlingstrieb so hoch ab, daß noch vier Zoll übrig bleiben (*). Dadurch ent-wickeln sich noch lange vor Johannistag, aus den vier bis fünf am abgeknickten Trieb übriggebliebenen Augen, zwey, oft drey schöne neue Triebe, die nun schon eine schöne, sei... Krone bilden. Wir überspringen hierdu...

(*) Manche widerrathen dieses Abknicken, bey ... bäumen bestimmten Baumen, im ersten trieb mit großem Unrecht. Aus comm... Die Kraft des Triebes, und den ... zu sagen, ... gewinnen ein Jah... Jahr frühere Fruchtbarkeit, und der ... nur ein Leitzweig zu Fruchtholz bestim... zu vielen Fruchtasten vorhanden ist, hat D... Des Erasmus ... seines, das bildige... Sapienti sat, sed al. ... ganz ver... Da nach der ... Die Thiere so oft seine ... ich wenigstens ... Denkmal ... Abknickens ... meinen ... im nächsten Jah...

die Fruchtbarkeit des natürlichen Ganges der
Natur sehr oft um ein Jahr.

Soll hingegen der neue Edeltrieb erst den
Schaft bilden, so müssen wir denselben
ungestöhrt den ganzen Sommer hindurch fort=
wachsen lassen, und wenn durch Copuliren,
oder Pfropfen mehrere zugegen sind, nur der
mittlere, gerade in die Höhe laufende, zu
dessen größerer Stärke, allein gelassen werden.
Man bricht am besten in diesem Fall, wenn
der oberste Trieb in vollem Wachsthum ist,
die untersten sogleich vorsichtig aus.

Sollte der Sommertrieb aber schon bis
Ende May seine Schafthöhe erreicht haben,
so bricht man nur die Spitze einen Zoll lang
ab, und kann alsdann noch sicher Seitenäste
zur Krone erwarten.

Nach diesem Geschäft bleiben diese künf=
tigen Scherbenbäumchen bis zu dem folgenden
Frühjahr ungestöhrt; ausgenommen, was
man mit öfterem Auflockern der Erde, und
Reinhalten vom Unkraut, wie in jeder andern
Baumschule, zu schaffen hat.

Noch muß ich indessen hier vorher erinnern, daß man bey dem Abknicken, und bey jedem Schnitt in der Folge, auf die Richtung der Augen an dem Sommertrieb, so wie auf ihre Auswahl wohl zu merken hat. Die Regel im Ganzen ist hier, jedesmal ein nach außen, auf den Mann, stehendes Auge zu wählen, damit der Baum in seiner Krone breit, und in der Mitte mit Holz nicht anges füllt werde. — Dieses hat aber zwey Haupts ausnahmen., als:

1) Wenn ein Zweig zu tief gegen die andern nach der Erde steht — ein Hänge: zweig werden will — so schneidet man ein nach innen, oder oberwärts stehen: des Aug, um dadurch dessen Wuchs mehr aufwärts zu befördern.

2) Wenn die Zweige nicht in bestmöglichster regelmäßigen Weite von einander stehen; so schneidet man diejenigen Augen an den zu weit abstehenden Zweigen, welche sich einwärts ansehen;

das heißt der Schnitt auf das
Seitenaug.

Eine ganz allgemeine Regel ist es aber,
daß der Schnitt gerade über der Spitze des
Auges ende. Der schönste Schnitt ist der,
welcher am Fuß des Auges, dem Augenträger
gegenüber anfängt, und gerade über der
Spitze des Auges endigt. Jedes höher stehen
gebliebene Holz wird dürre, und macht einen
Stümmel, — chicot —, einen Knorren von
einer Linie lang, — ergot —, oder was noch
das Unschädlichste, einen Sporn, — onglet —,
welcher entspringt, wenn der Schnitt zwar am
gehörigen Ort angefangen, aber durch einen
zu spitzen Winkel zu weit über das Auge hin-
ausgeführt ist. Dieser Fehler wird selbst von
geschickten Baumschneidern noch häufig began-
gen, und schadet immer den Bäumen,
zumal dem nicht gerne verwachsenden Pfirschenbaum.

Zweytes Jahr nach der Veredlung.

Wir hätten also jetzt schon ein Bäumchen mit einigen Zweigen zur Krone. Wäre dieses aber der Fall nicht, so müßte erst jetzt, wie bey dem ersten Sommertrieb, verfahren, und der einfache Trieb bis zu seiner gehörigen Schafthöhe abgestutzt werden. — Wir reden also hier von einigen schon vorhandenen Zweigen zu einer Krone. Hier tritt nun bey Obstorangeriebäumchen die große Hauptregel ein:

Die Augen, für die auszubildende Krone, so nahe als möglich an den Zweigen gegen den Stamm hin in Leben und Thätigkeit zu setzen, um selbst die schlafenden Augen, wo nicht zu neuen Zweigen, doch zu Fruchtspießen oder Fruchtaugen auszubilden.

Hierdurch erreiche ich das nothwendige Bedürfniß, — der Frucht nahe am Stamm eine haltbare Stütze zu geben; — ihr vielen Saft zu verschaffen; — und in einer kleinen, nicht vielen Baumsaft unnütz verzehrenden Krone, viele Blüthe und Fruchtaugen zu entwickeln.

Gewöhnlich treiben die Scherbenbäumchen, aus dem vorjährigen Trieb, nur einen neuen Sommerschoß, doch nicht selten auch zwey schöne Leitzweige; und die übrigen sicht: baren ausgebildeten, gewiß aber die schlafen: den Augen, bleiben, bey fehlerhaftem zu langem Schnitt, entweder ohne Leben, oder es bildet sich eine Fruchtruthe, ein Fruchtspieß, oder ein Fruchtauge, zu weit vom Stamm an einem schwachen Trieb.

Da der Schnitt des Kernobstes, von dem des Steinobstes aber, nach ihrer verschiedenen Vegetation, ebenfalls verschieden ist, sobald sich die Bäumchen zum Fruchttragen anschik: ken, so müssen wir nun nach den obigen allge: meinen Regeln, den Schnitt dieser beyden Obstklassen einzeln durchgehen.

Von dem Schnitt des Kernobstes.

Das Kernobst unterscheidet sich von dem Steinobst dadurch, — daß es eine Art von Augen, — die Blätteraugen —, mehr hat, zum Beweis, daß seine Entwickelung zur Fruchtbarkeit langsamer, verwickelter ist; — daß es nie am einjährigen Holz, d. i. am Sommertrieb, während dessen seinem Wachsthum taugliche Früchte liefernde Augen ansetzt, denn geschieht dieses auch, so fallen doch die Blüthen ab; — daß das Kernobst auf der ganzen Oberfläche seiner Rinde, besonders am nicht vieljährigen Holz, leicht, gewiß und in Menge neue Zweige aus sich selbst ohne Augen hervortreibt, daher durch das sogenannte Rückschneiden bey dieser Obstklasse so leicht die gemachten Fehler zu verbessern sind; — und daher an allen seinen Zweigen nach unserem Bedürfniß und Willkühr geschnitten werden kann.

Die Ursache also, daß bey dem Kernobst

so leicht die **Augennarben** und die **Augenspitzen** in Thätigkeit zu setzen sind, gestattet uns die Freyheit, dessen Zweige schärfer zu schneiden, und eine schöne kleinere Krone zu bilden.

Jeder einjährige Sommertrieb, den wir als Leitzweig, oder auch als eine Frucht-ruthe von mehr als **drey** Zoll Länge ansehen müssen, erfordert, auf **zwey fichtbare,** ausgebildete, hervorragende Augen abgeschnitten zu werden, oder wie man·sagt, **scharf auf zwey Augen zurückschneiden;** so, daß gewöhnlich die übrigbleibende Länge des abgeschnittenen Zweiges nur **zwey,** höchstens **dritthalb** Zoll beträgt, aus dessen vorderstem Aug sich alsdann, der Regel nach, der neue Sommerzweig wieder entwickelt (*).

Bey dem Beschneiden muß man aber stets die obigen Regeln von der Richtung der Augen in Acht nehmen.

(*) Wenn es indessen um eine baldige Probefrucht zu thun ist, und also die Form der Schönheit des

Für ganz Unkundige im Schnitt, die mit
Furcht ihr Messer dem Bäumchen an das
Leben zu setzen glauben, rathe ich, von jedem
Sommertrieb zwey Drittheil, und noch
besser drey Viertheil seiner ganzen Länge
abzuschneiden, und alle andere, die über
4 bis 6 Zoll lang sind, und unterhalb dem
obersten Leitzweig, oder Sommertrieb stehen,
die Hälfte abzuschneiden; so wird man eben
keine vielschadende Kunstfehler begehen. Jeder
andere Zweig hingegen, der keine drey Zoll
Länge hat, und unterhalb dem obersten Trieb
steht, bleibt unbeschnitten. Hätte aber der
oberste Trieb auch nur 2 oder 3 Zoll getrieben,
so wird und muß derselbe auf die Hälfte abgeschnitten werden. — Es wäre zu wünschen,
daß jeder mit dem Baumschnitt unbekannte

Bäumchens nicht so in Betracht ziehen kann, darf
nicht so scharf schneiden, und stets drey gebildete
Augen lassen, da sich dann aus dem zweyten, oder
dritten, bald Fruchtaugen, oft im nämlichen Jahr
schon deßhalb entwickeln, weil ausgebildete Augen,
auch bey minder thätigem Baumsaft, sich leichter
entfalten.

Gärtner, nur stets bey seinen Zwergbäumen
solche einfache empirische Regeln zur Richt=
schnur hätte und befolgte.

Aus dem abgeschnittenen ersten Sommer=
trieb der Krone entwickeln sich nun, außer
dem Leitzweig, aus dem obersten Auge, gleich
darunter mehrentheils eine zwey bis drey
Zoll lange Fruchtruthe, oder ein anderts=
halb, oft aber noch weniger als nur einen
Zoll langer Fruchtspieß, und unterhalb oder
auf diesem, oder statt dessen, ein Blüth=
oder ein Fruchtaug, deren weitere Behand=
lung bald mit mehrerem erklärt werden wird.

Pyramidenform der Obstoran=
geriebäumchen.

Auf diese Form brachte mich der Zufall
vor zwey Jahren, indem ein für die Scherben
als Probefrucht gepfropftes Aepfelbäumchen
nach zwey Jahren, von Natur, die schönste
Pyramide bildete. Seit dieser Zeit ziehe
ich diese Form der Form einer Krone vor.
Diese Bäumchens lassen sich gedrängter stellen,

und kommen nie mit ihren Aesten untercin;
ander. — Ihre Fruchtbarkeit ist früher und
größer, weil der Baumsaft nicht in alle Zweige
gleich heftig einströhmt, und die untersten
deshalb, ruhig und bald, sich zum Frucht:
tragen anschicken. — Ihre Gestalt fällt auch
schöner in das Auge.

Ihre Erziehung ist aber natürlich von der
eines Kronenbäumchens gänzlich verschieden,
und theils auch mühsamer, da ich hier Sorge
tragen muß, daß der oberste Zweig stets gerade
in die Höhe wächst, und die Seitenäste abwech;
selnd und in gehöriger Entfernung auf einan;
der folgen.

Um solche schöne Pyramidenbäumchen für
Scherben zu erziehen, müssen die Wildlinge
nahe an der Erde veredelt werden, da der
Schaft nicht über drey Zoll hoch seyn darf,
wo die ersten Seitenäste anfangen. Alsdann
zwickt man den ersten Sommertrieb, der zu
oberst steht, und mit einem Pfälchen, wenn
es nöthig ist, in einer verticalen Richtung
gehalten werden muß, schon ab, wenn er

5 bis 6 Zoll lang ist. Treiben noch mehrere Triebe stark, so zwickt man diese alle auf zwey Blätter ab. — Mit jedem folgenden Jahr schneidet man alsdann den obersten geraden Trieb auf drey sichtbare Augen, so erhalten wir die nöthigen Seitenäste in der gehörigen Entfernung. Diese ist aber am schönsten, wenn der untere Zweig, von dem ersten nach oben auf ihn folgenden, zwey Zoll entfernt ist; wobey aber genau dahin zu sehen, daß der letztere nie gerade über dem unteren, sondern seitwärts auf ihn folge. Die Aeste an einer jeden Pyramide, die nicht einseitig und ekelhaft ins Auge fallen soll, müssen sich in einer Spirallinie ablösen, an der man sich am Kegel herab vier Seiten denkt, so, daß erst der vierte Ast über dem ersten unteren wieder in senkrechter Linie stehen darf, und der Abstand dieser beyden also sechs Zoll ausmache.

Dieses ist Regel bey allen Obstpyramiden, und nur die größere Entfernung der Aeste macht den einzigen Unterschied.

Ich bin gewiß überzeugt, daß jedem Liebhaber diese Pyramidenform willkommen seyn wird.

Das weitere Beschneiden richtet sich ganz nach dem der Kronenbäumchen, nur mit dem Unterschied, daß man dem verticalen Trieb stets, so lange er kraftvoll wächst, drey vollkommene Augen läßt, und hier mit mehrerer Vorsicht auf die Auswahl der Augen zu sehen hat. Bey keiner Pyramide darf man, ohne Noth und Endzweck, ein gerade vorwärts, oder nach oben stehendes Aug schneiden, sondern, in der Regel, stets die Seitenaugen, und wenn ich dieses Jahr rechts geschnitten habe, so muß künftiges Jahr das links stehende Auge gewählt werden. Dadurch setze ich dem Baumsaft die nöthigen Hindernisse entgegen, die Fruchtzweige nicht zu verwirren und zu verwildern. Auch darf nie bey drey, oder nur zwey Leitzweigen der geradeaus stehende stehen bleiben. Dieses giebt spanische Reuter. Die Pyramiden sind das Meisterstück des Baumschnitts, und keine Weiden heften mir die Zweige dahin, wohin ich sie haben will.

Bloß das Meſſer muß hier Schönheit und
Richtung geben. Daher das fürchterliche
Zeug von Erbſenreiſern aus den gewöhnlichen
Baumſchulen, die nun Pyramiden geben
ſollen (*)!

Weiteres Beſchneiden des Kern-
obſtes.

Wir hätten nun ein zweyjähriges,
entweder ſchon ein Jahr in der Scherbe geſtan-
benes, oder nun erſt einzuſetzendes Bäumchen,
mit einer Krone und Fruchtholz, oder Fruchtaugen verſehen, vor uns.

(*) Mein Gärtner muß die Pyramiden durch den Som-
merſchnitt erziehen. Dieſes koſtet Mühe. Aber warum
laſſen ſich die Gärtner ſolche Muſter nicht auch
theurer, als bloße Eſpalierbäume, bezahlen?
Bekommt man nun aber ſolche Stangen als Pyramiden, ſo laſſe ich ſolche erſt zwey Jahre ſtehen,
bis ſie in vollem Triebe ſind, und die Rinde ſich gut
löſt. Alsdann oculire ich den Stamm an ſoviel
Stellen, als ihm Zweige fehlen, beſchneide den
künftigen Frühling jeden alten Zweig auf das ſchlafende Aug, und ſo erhält man doch endlich Pyramiden."

Und

Und was finden wir jetzt an diesem, wenn wir dasselbe mit Aufmerksamkeit betrachten, und das Messer zum ferneren Beschneiden der Zweige ansetzen wollen?

1) Mehrere Leitzweige, die aus dem obersten Aug bey dem vorjährigen Schnitt hervorgetrieben sind. Drey, höchstens bis sechs solcher Leitzweige, Mutterzweige, sind die schönste Anzahl, zur Bildung der Krone, und zur Erzeugung der Fruchttriebe. Alle Leitzweige müssen aber in einer regelmäßigen Entfernung von einander stehen, da jedes Scherenbäumchen einen Kesselbaum in Miniatur vorstellen soll, und durchaus nicht, wie die Orangenbäume, oben geschlossen, sondern offen und hohl seyn müssen. Sollte deshalb ein oder mehrere Zweige zu unregelmäßig stehen, so zwingt man sie durch Anbinden an beygesteckte Pfälchen.

Fehlen sogar die Aeste auf einer Seite, so bekommt das Bäumchen nur eine halbe, häßlich ins Auge fallende Krone. Diesem Fehler hilft man zuweilen noch dadurch etwas

P

ab, daß man die Seitenaugen nach dieser
Lücke hin, an den zunächst stehenden Leitzweigen, so tief als möglich nach dem Stamm
zu aussucht, und schneidet, um durch eine
schiefe Richtung der neuen Triebe den Fehler
zu bedecken. Schneidet man aber alle Leitzweige auf das blinde Aug, die Augennarben,
so bricht noch oft auf der kahlen Seite ein
Zweig heraus, der dem Uebelstand abhilft. —
Oft habe ich auch dadurch geholfen, daß ich
die zwey nächsten Mutterzweige gehörig schnitt,
sie einwärts anzog, und gehörig befestigte;
oder erst die neuen Sommertriebe nach der
leeren Seite hinzwang.

Stehen aber alle Leitzweige in der gehörigen Ordnung, so schneidet man diese, nach
der Regel, an einem nach a u ß e n stehenden
Aug, und nur, wie eben gesagt, im Fall des
Bedürfnisses a u f' s Seitenaug. — Für Aeste
die zu h a n g e n d sind, oder für solche, die
gegentheils zu gerade in die H ö h e stehen,
wählt der Kenner entweder, ein nach o b e n,
oder, im umgekehrten Fall, ein nach a u ß e n

ſtehendes Auge, wie ſchon in der Regel geſchnitten wird, und in dieſem Fall durchaus nothwendig iſt. Erſteres heißt der Schnitt auf
den Herzſtamm, letzteres, wie ſchon
erwähnt, der Schnitt auf den Mann.

2) Kleine Fruchtruthen von 4 bis
6 Zoll Länge, Fruchtſpieße von einem
halben Zoll bis zu 3 Zoll, Blätteraugen, und oft ſchon Blüthaugen, die
allein ſitzen, und nur eine Baſis von einer
bis zwey Linien haben, an der die Blätter zu
ihrer Bildung ſtanden. Hier iſt nun die
Regel, jede Fruchtruthe bis zu der Länge
auf dritthalb, höchſtens drey Zoll Länge
zurückzuſchneiden ; kurz, künſtliche Fruchtſpieße aus ihnen zu machen. Die Fruchtſpieße hingegen, welche nur drey Zoll
Länge, und faſt immer an ihrer Spitze ein
Blüthauge haben, läßt man mit den Blätter-
und Fruchtaugen unverſehrt, als unſere gehoff-
ten Fruchtmagazine, ſtehen.

Sind die Scherben groß, z. B. 10 Zoll
tief und ebenſo breit, und fehlt es unſeren

Bäumchen nicht am Begießen, und kraft=
voller Erde, so treiben aus dem auf d r e y
Augen beschnittenen Leitzweig, manchmal
wieder zwey neue L e i t z w e i g e. Hier tre=
ten zwey Fälle ein. Entweder stehen beyde
mit der zu bildenden Krone in einer regel=
mäßigen Harmonie, ohne Unordnung zu
machen, oder der o b e r st e steht mit andern
zu gedrängt, oder in einer falschen Richtung.
Im ersten Fall schneidet man den obersten,
nach der Regel, auf z w e y s i c h t b a r e Augen,
wie die übrigen Leitzweige, den unteren hin=
gegen nur auf e i n s i c h t b a r e s Aug, oder
nach der Kunstsprache auf Fruchtholz, denn
dieses Auge liefert eine Fruchtruthe oder einen
Fruchtspieß. .

Die F r u c h t s p i e ß e, — brindilles —,
um ihrer hier noch einmal zu erwähnen, sind
bey unsern Scherbenbäumchen, — wie an
jedem andern Hochstamm oder Zwergbaum,
der Reichthum an Obst, und d a s e i n z i g e
Magazin künftiger Generationen von Blüth
und Früchten. — Die ganze Kunst des Schnitts

reducirt sich auf die Erzeugung derselben, und die Fruchtruthen liefern erst Früchte, wenn sie Mütter von Fruchtspießen geworden sind. — Sie mögen gleich anfänglich schon bloße Ringelwüchse, oder Fruchtspieße mit wahren ausgebildeten Laubaugen seyn, so haben sie stets an ihrer Spitze ein Blätter= oder ein wahres Fruchtauge. Blüth dasselbe, so treibt das nächste nach ihm gewöhnlich, bey jungen Bäumen, einen neuen Frucht= spieß, oder eine wahre, oft schuhlange Frucht= ruthe, die man hier den Leitzweig nennt. Dieser ist der wahre Conductor für den Baumsaft, wodurch die Frucht genährt wird. Die Größe einer Frucht wird durch die Schönheit des Leitzweiges bestimmt. Ohne denselben fällt bey jungen frechen Bäumen gerne die Frucht wieder ab. Unterhalb dem Leitzweig, mehrentheils gegenüber, oder wenn derselbe fehlt, unterhalb der Frucht, entwickelt sich ein neues Fruchtaug für das künftige Jahr, oder nur ein Blätterauge. Der dieses umge=

bende Blätterbuſch, erſetzt alsdann für die
Frucht den obigen Leitzweig.

Soll aber eine Frucht, beſonders bey dem
Kernobſt, gehörig, mit aller ihrer eigenthüm=
lichen Güte zeitigen, und nicht vor der Zeit
abfallen, ſo muß ſie auf einem F r u ch t=
f u ch e n (*) ſtehen. — Nach wenige haben
vielleicht demſelben ihre Aufmerkſamkeit gewid=
met, die er dennoch ſo ſehr verdient, und der
Name F r u ch t k u ch e n ſoll für dieſes Organ
das nämliche bezeichnen, was im Thierreich,
ſo analog, der Mutterkuchen iſt. Er iſt das
neue Produkt bey der Entwickelung der Blät=
ter und der Blüthen aus dem Fruchtknospen.
Mit den gänzlich entfalteten Blüthen ſtehen
dieſe auf deſſen oberen, und die Blätter auf
dem unteren Theil deſſelben vertheilt. In
den Winkeln der Blätter bilden ſich auf dieſem
zarten Organ neue Augen, und mehrentheils
im nämlichen Jahr noch völlig ausgebildete

_____

(*) S. Fig. L.

Fruchtaugen. Mit dem Wachsthum der Frucht, schwillt dieser Fruchtkuchen allmählig auf, er enthält den Grund der Zeitigung und des Abfallens der Früchte im Herbst, und bleibt am Fruchtspieß sitzen, schrumpft ein, wird holzig, und ein fester Standort für seine neuen Augen. Nur die obere Spitze, an dem die Frucht sitzt, stirbt allmählig durch die Winters kälte ab. Seine genaue Zergliederung gehört in die Pflanzenphysiologie, und ich bemerke nur hier, daß in diesem Fruchtkuchen die eigenthümlichen Säfte für die Frucht aus: gearbeitet werden, und jeder fremde Theil durch die auf ihm sitzenden Blätter fort: geschafft wird (*). Höchstwahrscheinlich über: bringen die Blätter diesem Saftorgan aber auch Stoffe durch ihre Einsaugung, die erst

---

(*) Hales suchte durch gewürzhafte Auflösungen die Früchte an den Bäumen damit anzuschwängern, aber es gelang ihm die, obgleich das Holz und die Blätter: stiele stark darnach rochen, und er schloß hieraus —
„daß die der Frucht sich nahenden Safthaargefäßchen „so gar fein geworden, daß sie dieser Theilchen „der wohlriechenden Wasser ihr Gewebe oder Ver-

dem Baumsaft das Eigenthümliche für die
Frucht mittheilen. Seine Struktur besteht
aus den feinsten Gefäßen mit vielem Zellen-
gewebe — parenchyma — umgeben. Dieses
letztere bildet unzählbare Behältnisse zur Auf-
nahme des Baumsafts, um ihm gleichsam
eine Ruhestätte zu seiner feineren Bearbeitung
für die Frucht zu verschaffen. Ohne diesen
Fruchtkuchen haftet bey dem Kernobst keine
Frucht, und bey dem Steinobst ist derselbe
darinnen verschieden, daß er nur in einem
kleinen Ansatz besteht, der aus festzusammen-
sitzenden Zellen besteht, und das zu schnelle
Einströhmen des Baumsafts hindert (*).

„mischung gänzlich verwandelt, und ihren eigenen
„Substanzen ähnlich gemacht haben; auf gleiche Art
„als Pfropfreiser und Oculiraugen des Stamms
„fremden Saft in einen ihrer eigenen Natur ähn-
„lichen und gemäßen Saft verändert.“ S. dessen
Statik der Gewächse S. 27. Erfahr. 12. — Wie thörig
waren deßhalb alle Versuche durch mancherley Künste
das Obst zu verändern und zu verbessern!

(*) Ohne Kenntniß dieses Fruchtkuchens setzen die Künst-
ler bey ihren Zeichnungen die Früchte, besonders das
Kernobst, oft ganz unnatürlich an.

Die Fruchtspieße bilden nach und nach ein
krummes, knorriges, mit Augennarben und
schlafenden Augen verſehenes und aus lauter
Ringelwüchſen, beſtehendes Aeſtchen, das
8 bis 15 Jahre in thätiger Fruchtbarkeit bleibt,
alsdann aber allmählig zu holzig wird, keinen
neuen Splint mehr erzeugt, und den erſten
Anfang legt zum Tode ſeines Mutterſtammes.
Jedes Jahr bildet ſich an jedem einzelnen
Stümmel ein Fruchtaug, unter demſelben,
meiſtens gegenüber, ein Blüthaug, und
neue Augenſpitzen, ſo daß man immer eine
vier= bis fünfjährige Fruchtgeneration an ſel=
bigem beobachten kann. Durch dieſe ſo weiſe
Oekonomie der Fruchtſpieße werden ſie an
Fruchtbarkeit unerſchöpflich. Ihr Studium
iſt beym Zwergobſt wichtig, und auf ihrer
Behandlung beruht bey alten Bäumen die
Verjüngerung, oder ihr baldiges Grab.

Von einigen Unarten der Scherbenbäumchen.

Ich bemerke hier nur diejenigen Unarten bey diesen Bäumchen, die gerade von ihrer zu frühzeitigen Fruchtbarkeit an unrechten Stellen herrühren, und die leicht, aus Geiz, zum Schaden des Bäumchens mit dem Messer verschont werden. Dieses betrifft aber nur hauptsächlich, und wovon ich hier rede, nur das Kernobst allein.

Die Fruchtaugen setzen sich nämlich nicht nur häufig auf die Spitzen der schlanken Fruchtruthen, sondern sie entwickeln sich auch oft, zumal wenn der zu dienstfertige Rebenstecher einen Sommertrieb absticht, an der Seite der letzteren. Ja bey etwas alten, und in mehreren Jahren nicht versetzten Bäumchen, ist oft jedes obere Auge an den Leitzweigen für den Schnitt des künftigen Jahres, mit einem Fruchtaug besetzt. — So erwünscht dieses nun auch bey kleinen Fruchtruthen für das Studium und den Wunsch einer baldigen

Gewinnung von Früchten ist, so wenig darf
hingegen, zur Erziehung schöner und dauer=
hafter Obstorangeriebäumchen, der Geiz unser
Messer leiten; und am allerwenigsten bey
jungen Bäumchen, die noch nicht vollzählig
an Zweigen sind. Eine einzige starke Frucht
hemmt den Wuchs um die Hälfte des Som=
mers. — Auch nicht einmal zu erwähnen,
daß sehr häufig die an einem unrechten Ort
stehenden Fruchtaugen, aus Mangel eines
Fruchtkuchens und des Blätterbüschels, keine
zeitigenden Früchte liefern, sondern der Wuchs
wird durch diesen Fehler im Schnitt ent=
stellt, und die an einem so schwankenden Zweig
hangende Frucht, wird leicht mit dem Zweig
selbst von ihrer Schwere, oder dem Wind
abgerissen.

Man schneidet deshalb alle Fruchtaugen,
die an den Fruchtruthen, oder gar an
den Leitzweigen stehen, nach der obigen
Regel auf zwey, höchstens drey Zoll so hin=
weg, als ob sie nicht dagestanden hätten.
Steht aber ein Fruchtaug auf der Seite dieser

Zweige; und tiefer als der regelmäßige Schnitt
geschehen müßte, so kann es, sey's auch nur
um die Zierde der Blüthe, stehen bleiben, es
giebt nachher einen Fruchtspieß. Nie darf
man aber an einem solchen Aug bey Scherbenbäumchen den Schnitt machen, sie treiben
keine schönen Zweige, und die Frucht geht
sicher verlohren. Bey Zwergbäumen hingegen
treiben aus dem Fruchtkuchen, nicht selten,
wenn die Blüthe abgefallen, zwey Leitzweige
auf einmal hervor.

Die Regel des Schnitts bleibt deshalb für
schöne, dauerhafte Obstorangeriebäumchen
fest:

1) „Jeden Leitzweig, der fernerhin
„zur Bildung der Krone und künftiger Frucht-
„augen dienen muß, sey er am Ende, oder
„in der Mitte, mit Fruchtaugen versehen,
„nach der Regel, auf zwey, oder in der Folge
„nur auf ein sichtbares Laubaug zurück-
„zuschneiden.“

2) „Jede Fruchtruthe von mehr als
„drey bis sechs Zoll Länge, wenn sie auch das

„ſchönſte Fruchttaug auf ihrer Spitze trägt,
„auf zwey völlig ausgebildete Augen zu einem
„künſtlichen Fruchtſpieß zu verſtutzen, welches
„anderthalb bis dritthalb Zoll Länge, nach
„dem engeren oder weiteren Abſtand der Augen,
„betragen wird. Wollte man die lange Frucht=
„ruthe laſſen, ſo würde er ein langer nacken=
„der Zweig werden, und nachher im alten
„Holz müſſen geſchnitten werden."

Dieſer ſcheinbare Schaden wird durch
größere Schönheit des Baums, und gewiſſere,
feſt und regelmäßig ſitzende Früchte bald
erſetzt.

Andere Unregelmäßigkeiten, z. B. das zwar
ſeltene Hervorſchießen eines Räubers, u. ſ. w.
erklären ſich nach dem bisherigen ſehr leicht,
und ich bemerke nur noch, daß ſich der Schnitt
an den Scherbenbäumchen in den folgenden
Jahren, für immer nach den bisherigen
Regeln, nur mit dem kleinen Unterſchied
richtet, daß alle Leitzweige nur auf ein
gebildetes Aug geſchnitten werden müſſen,
damit der Baumſaft und die Nahrung hin=

reicht, alle Fruchtzweige nicht nur gehörig zu beleben, sondern daß auch die Früchte ihre eigen= thümliche Schönheit und Größe erreichen.

Sind der Blüthen zu viel, und folglich auch öfters der Früchte zu viele; so bricht man die jungen, kümmernd aussehenden Früchte, gleich nach dem Abfallen der Blüthe aus, und läßt für erst nur einige wenige mehr, als die gehörige Anzahl, wovon nach= her noch die Rede seyn wird, nie aber in der Folge zwey Früchte, beysammen stehen. — Es ist unglaublich, wie sehr die Blüthe und viele Früchte den Baum erschöpfen, so daß er für das künftige Jahr oft nicht Ein Fruchtaug ansetzen kann. Will man deshalb alljährig Früchte, so muß man die Zahl der Früchte so einrichten, daß der Baum noch Kraft hat, schöne Sommerzweige zu treiben.

Von dem Schnitt des Steinobstes.

Bey Erziehung des Steinobstes zu Scher= benbäumchen im ersten und zweyten Jahr, bis solche nämlich eine Krone gebildet, und sich nun zum Fruchttragen anschicken, richtet sich die Behandlung völlig nach den Regeln, die man bey dem Kernobst angegeben findet.

Aber in Rücksicht der Art, wie das Stein= obst seine Früchte bildet, ansetzt, ja sogar ernährt, ist es vom Kernobst durchaus verschie= den, und aus diesem Grund erfordert dasselbe auch andere Regeln bey dem Schnitt.

Das Kernobst trägt seiner vegetirenden Natur nach, wie wir schon erwähnt haben, nie am einjährigen Holz, das heißt, nie am vorjährigen Sommertrieb, und Ausnah= men hiervon machen nur sehr fruchtbare Sor= ten, Veredlung auf Johannis= und Quitten= stämme, dürre Nachsommer, und die Vege= tation hemmender Erdboden. Die Früchte an den Leitzweigen fallen aber vor Johannis wieder ab, und nur an Fruchtruthen oder Fruchtspießen kann wohl eine zur Reife kommen. — 2) Die Fruchtaugen erfordern zu ihrer völligen Ausbildung, durch stufenweise Vervollkommnung der Blätteraugen, zwey, gewöhnlich drey, und bey manchen Sorten

vier, bis fünf Jahre, welche Zeitfolge
man oft beysammen an einem einzigen Frucht=
spieß sehen kann.   Auf dem Fruchtkuchen
hingegen, diesem geläuterten zarten Organ,
entwickelt sich aber auch oft, zumal wenn die
Frucht vor Johannis abfällt, noch im näm=
lichen Sommer ein völlig ausgebildetes
Fruchtauge.   Die weise Natur verwendet
hier ihre Kraft auf das letztere, die sie vorher
der Frucht bestimmt hatte.   Daher auf reiche
Fruchtjahre, das folgende Jahr wenig Blüthe,
und umgekehrt.   Daher das Abwechseln der
Obstjahre bey unsern deutschen Obstsor=
ten, u. s. w.

Das Steinobst hingegen blüht stets
und einzig am einjährigen Holz, nie
am älteren, und es bedarf der Blätteraugen
zur Vorbereitung nicht, da sich die Frucht=
augen, — die Blüthknospen —, an
jedem Sommertrieb des nämlichen Jahres
völlig ausbilden. — Selbst die Leitzweige,
wenn der Wuchs nicht zu rasch, zu unbändig
ist, haben schon die schönsten Fruchtaugen.

Ebenso

Ebenso verſchieden ſind auch bey dem Steinobſt die Fruchtruthen und Fruchtſpieße. Dieſe machen kein Ringelholz mit ſchlafenden Augen, die durch r ü c k w ä r t s gehende Vegetation neue Fruchtaugen entwickeln, ſondern hier iſt immer die Vegetation vorwärts ſchreitend, und das retrograde Holz für ewig unfruchtbar. Jedes Jahr treiben die Fruchtſpieße vorwärts mit Blüthknospen, und oft nur einige Linien lang. Dieſe letzteren kurzen Triebe bilden die obenangeführten B o u q u e t z w e i g e , wie ſie d e C o m b e s ſchon ſo ſchön benannte. An dieſen ſitzen die Fruchtaugen ſo kurz beyſammen, daß ſie eine einzige Gruppe bilden, auf deren Spitze nur e i n e i n z i g e s Laubaug ſitzt, von deſſen unverſehrtem Daſeyn, das Leben und die künftige Fruchtbarkeit dieſer Zweige abhängt. Nur der Pfirſchenbaum macht hierinnen, wie in vielen Stücken, zur Erſchwerung des Schnitts, einige Ausnahmen. Bey dieſem hat jedes einjährige Fruchtholz, an ſeiner Baſis auf dem Mutterſtamm, zwey ſchlafende Augen, die wir ſo oft, bey ihrem

Q

richtigen Schnitt benutzen müssen, wenn es uns an jährigen Trieben nicht fehlen soll.

Aus diesem allem ist nun auch leicht zu errathen, daß das eigentliche Zurückschneiden des Kernobstes, einen ganz andern Sinn bey dem Steinobst haben müsse, und daß dessen Verjüngerung nur durch Abwerfung der Aeste geschehen kann, und mit der Ungewißheit verbunden ist, ob wir aus dem alten Holz Wuchers und Wassertriebe genug erhalten, um wieder das Spalier regelmäßig bekleiden zu können.

Alles Steinobst theilt sich, in Rücksicht der Art die Fruchtaugen anzusetzen, in drey bey dem Schnitt wohlzubemerkende Klassen:

1) Alle Fruchtaugen sitzen jedesmal neben einem Laubauge, und dann befindet sich mehrentheils zwischen zwey Fruchtaugen in der Mitte das spitze Laubaug, ja bey Apricosen sitzen oft 4 und mehrere Blüthknospen um das Laubaug, die aber zum Theil unentwickelt abfallen.

2) Die Fruchtaugen stehen einzeln am vor-

jährigen Trieb, und es findet sich nur
vornen an der Spitze des Fruchtholzes
ein einziges Laubaug.

3) Oder die Laubaugen sitzen, so wie die
Fruchtaugen, am Zweig vertheilt, doch
so, daß stets das oberste Aug ein
Laubaug ist.

Zur er sten Klasse gehören alle eigentliche
Pflaumen, und diese sind deshalb leicht, und
fast nach den Regeln des Kernobstes zu schneiden. Sie haben nur die Unart, daß sich die
Fruchtaugen an den Sommerzweigen, wenn
sie nach Johannis langsamer treiben, oft erst
hoch, und bis an das Ende des Triebes ansetzen.
Dieses muß man nie achten, und immer, wie
bey den Fruchtruthen des Kernobstes, nach
der Regel schneiden, damit wir wahre, immer
tragbare Fruchtspieße erhalten. Da der Wuchs
indessen bey diesen Bäumchen, wegen seinem
Unterthan, wilder und frecher als bey dem
Kernobst ist, so schneidet man sie in den
zwey ersten Jahren, in etwas großen Scherben, auf vier, und in Kübeln auf fünf

sichtbare Augen. Alsdann treiben sie eine Menge kleine Fruchtruthen und Fruchtspieße, die sich reich mit Früchten behangen, und eine wahre Zierde sind. In späteren Jahren ist der nämliche scharfe Schnitt, wie bey dem Kernobst nothwendig.

Zu dieser Klasse gehört auch gewissermaßen der Pfirschen-, Apricosen- und Mandelbaum. Eigentlich gehören sie aber leider in alle drey Klassen, und erfordern deshalb bey dem Schnitt die größte Vorsicht von allen. Aus dieser Ursache trifft man auch keine Bäume häufiger in einer so elenden Verfassung an, als eben diese, zumalen wenn sie nicht, nach Abt Schabol's Beweisen, und der Erfahrung, aus den Wuchertrieben — gourmands —, sondern auf Fächerform, und was noch, gewöhnlicher, aber auch am allerfehlerhaftesten ist, auf den Herzstamm gezogen werden. Außer den Fehlern bey der Veredlung, und dem gewählten Standort zum Spalier (*), begeht

(*) So räth man gewöhnlich diese Bäume gegen Morgen zu setzen, und nichts ist, nach physischen Grän-

man bey dem Schnitt dieser Bäume eine
Menge Fehler, die indessen nicht hierher
gehören (*).

Die alte und allbekannte Regel, die Pfir=
schen auf viel junges Holz zu schneiden,
gilt eigentlich bey allem Steinobst; denn wie
schon erinnert, alle Arten tragen ja nur am
einjährigen Holz, und folglich ergiebt sich
von selbsten, daß viel junges, oder einjäh=
riges Holz, auch jedes Jahr nicht nur viele
Früchte verspricht, sondern den Baum nicht
öde, oder kahl werden läßt. Der Pfirschen=
und Apricosenbaum haben aber den großen

---

den, geschlossen. Diese Bäume blühen, wo noch oft
Nachtfröste zu befürchten sind, und das schleunige
Aufthauen vom ersten Sonnenstrahl, noch ehe die
Atmosphäre erwärmt ist, tödtet die Blüthe.

(*) Bütret's gründlicher? Unterricht vom
Schnitt der Fruchtbäume u. s. w. scheint
ein Büchlein pour parvenir zu seyn, und darum
ist das calumniare audacter etc. sein Schild. Es
enthält zwar nach Schabol viel Gutes, aber auch
viel Unwahres, und beym Schnitt des Kernobstes
ist es unbrauchbar, für den Anfänger häufig zu
dunkel.

Eigensinn, vorzüglich der erstere, daß sie oft
so gar lange Fruchtruthen treiben, die mit
lauter einfachen Blüthknospen besetzt sind,
und die sämmtlich abfallen, bis manchmal auf
das letzte Fruchtaug, welches dem obersten
Laubaug am Ende des Triebes am nächsten
sitzt. Jeder Pfirsche, der so viel Nahrung
bedarf, muß, wo nicht neben sich, doch nahe
bey ihm einen Sommertrieb von schönem
Wuchs erhalten, wenn er haften, und zu der
so köstlichen Frucht gedeihen soll. Alle solche
Fruchtruthen müssen auf einige Linien vor
ihrem Ursprung abgeschnitten werden, um
nicht, wenn wir dieses Jahr nur
versäumen, mit der Fruchtruthe selbst,
auch die schlafenden Augen am Ursprung
des Sommertriebes, durch Verholzung zu
verlieren. — Bey Scherbenbäumchen ist
dieses um so nothwendiger, um stets in einer
kleinen Krone junges Holz zu haben. — Hätte
der Pfirschenbaum nicht die Eigenschaft, sich
durch diese, bey dem Austrieb im Frühjahr
gebildeten schlafenden Augen, das folgende

Frühjahr erneuern zu laſſen, ſo würde es um richtige Erziehung dieſes Starrkopfes noch elender ausſehen. Ja an den ſtarken Leit= zweigen, die im Nachſommer, im letzten Theile ihres Triebes, ſo viele ſchlanke, nur mit einfachen Augen beſetzte, und nie Früchte tragende Triebe — chiffonnes — ausſtoßen, ſieht man deutlich an ihrem Fuß dieſe auf beyden Seiten ſtehenden ſchlafenden Laub= augen, die die Kunſt oft nöthig hat in das Leben zu rufen.

Die Apricoſenbäume haben dieſen Eigen= ſinn bey weitem nicht, und deshalb iſt er leichter zu ſchneiden, und ſein Anſehen in den gewöhnlichen Gärten erträglicher. Seine Blüthknospen ſind ſehr häufig von Laubaugen begleitet, und die ſtarken Leitzweige haben oft auf eine große Strecke bloß Laubaugen und Fruchtblüthe. Außerdem erneuert er ſich leich= ter, durch freywilliges Ausſtoßen oft ſtarker Wuchertriebe aus altem Holz. — Bey Apricoſenbäumchen in Scherben, können wir deshalb faſt immer die Regel befolgen:

1) Die Leitzweige, welche bey diesen Bäumchen fast immer auch mit Blüthknospen besetzt sind, auf drey Augen zu schneiden; so werden sich nahe am Stamm drey neue Zweige entwickeln, wovon der eine der neue Leitzweig, der zweyte gewöhnlich eine Fruchtruthe und der dritte ein Fruchtspieß für das künftige Jahr wird. Alles kommt hier darauf an, diese stets vorwärts vegetirenden Bäumchen, so kurz als möglich zu halten; denn es bleiben noch immer mehr Blüthen übrig, als sie Früchte tragen dürfen.

2) Die 3 bis 6 Zoll und noch längere Fruchtruthen ebenfalls auf drey Augen zurückzuschneiden; und diese drey Laubaugen werden stets Blüthknospen zur Seite haben.

3) Die Fruchtspieße, wenn sie nicht drey Zoll Länge haben, oder gar nur mit lauter einfachen Blüthknospen besetzt sind, unberührt zu lassen. Sie wachsen in der Folge nur langsam, und machen bloße Bouquets zweige.

Wer nicht Kenner ist, wartet mit dem

Schnitt bis die Blüthe sich öffnet, wo man dann deutlich die Laubaugen von den Blüth= knospen unterscheiden kann.

Weit schwieriger, und weniger in unserem Willen bestehend, ist hingegen der Schnitt der Pfirschenbäumchen in Scherben, so daß es für Jeden, der nicht wahrer Kenner ist, nothwendig bleibt, die völlige Entwickelung der Blüthe, oder noch besser das Abblühen derselben abzuwarten, wo er dann deutlich die keimenden Laubaugen unterscheiden kann. — Alles kommt hier darauf an, unseren Schnitt an einem L a u b a u g vollführen zu können, und genau zu unterscheiden, ob eine F r u c h t= r u t h e nicht mit lauter Blüthknospen besetzt ist, und nur ein einziges Laubaug oben auf seiner Spitze führt. Diese tragen nie Früchte, und die Blüthe fällt ab, wodurch die ganze Fruchtruthe ein ödes·Reis wird, und selbst das oberste Laubaug treibt fast immer küm= merlich. Wir müssen also:

1) Die L e i t z w e i g e untersuchen. Bey diesen sind zum Glück, die 3 bis 4 untersten

Augen, bey unseren Orangeriebäumchen, faft
ftets Laubaugen. Auf diefe folgen nun
entweder einfache Blüthknospen, oder fogleich
noch einige Laubaugen, die zwey
Blüthknospen an ihrer Seite
haben. Diefes find bey Pfirfchen die wahren,
und faft einzige fichere Augen für Früchte zu
erziehen. Man fchneidet alfo in diefem Fall
den Leitzweig am zweyten, höchftens am
dritten diefer Drillingsaugen ab. Stehen
diefe aber zu weit vorwärts, fo daß das folgende Jahr, wenn an diefen der Schnitt
gefchähe, ein zu langer zweiglofer Aft übrig
bliebe, dann muß der Leitzweig durchaus an
den unterften zwey bis drey Laubaugen
gefchnitten werden.

2) Genau die Fruchtruthen betrachten. Sind diefe nur mit einfachen Blüthknospen befetzt, fo müffen fie ohne Barmher-
zigkeit bis auf ¼ Zoll abgefchnitten werden.
Wir dürfen auf keine Frucht bey ihnen rechnen. Selbft die Zwillingsaugen find faft
immer zwey Blüthknospen, die keine Früchte

anſetzen. Fände aber das Gegentheil Statt, oder ſäße ein Drillingsaug am gehörigen Ort, ſo ſchneidet man die Fruchtruthe wie die Leitzweige.

3) Jeden kleinen Bouquetzweig ſorgſam zu ſchonen. Auf die Erziehung dieſer, durch einen kurzen, ſcharfen Schnitt, beruht alle Kunſt eines prachtvollen Orans geriebäumchens von Pfirſchen. Dieſe nur liefern ſicher ſchöne Früchte.

Während der Blüthe muß der Pfirſchenbaum, vorzüglich vor andern, wohl feucht gehalten werden, wenn die Früchte gut anſetzen ſollen, und unter allen Sorten trägt alsdann keiner reichlicher, als der weiße und rothe biſamartige vortreffliche Frühpfirſche — Pêche avant blanche et rouge, und der' doppelte von Troies.

Zur zweyten Klaſſe, wo ſich nämlich nur ein einziges Laubaug vornen an der Spitze des Zweigs findet, gehören eigentlich nur verſchiedene Sorten von Kirſchen. Dieſe vertragen durchaus keinen Frühlings schnitt, wenn nicht jeder Zweig absterben soll. Hier giebt uns aber die schnellere Entwickelung der Blüthen als bey dem Kernobst, und die allgemeine Harmonie der Blätter mit der Blüthe, den Kunstgriff und die Vortheile des Sommerschnitts an die Hand (*), wodurch wir die Blüthe in Laub und Zweige verwandlen können.

Von diesem Sommerschnitt finden wir selbst in den Hauptbüchern von dem Baumschnitt sehr weniges, und über seinen wahren Zweck nichts Bestimmtes. Indessen ist doch derselbe sehr wichtig, und bey manchen Kirschensorten unentbehrlich. Die wahre Zeit dazu ist vor Johannis, so lange der Frühlingstrieb noch in seiner Entwickelung fortgeht, und kein stillstehendes geschlossenes Aug gebildet hat; das aber oft auch nach Johannis wieder von neuem treibt, — der bekannte

---

(*) Der gewöhnliche so häufig gebräuchliche Sommerschnitt an allen Baumarten, beweist die große Unbekanntschaft der Gärtner mit den Gesetzen der Vegetation, und dem wahren Zweck dieses Schnitts.

Johannistrieb —, und der den Grund
des zweymaligen Tragens in heißen Ländern
enthält. Vor Johannis sind die Fruchtaugen
noch nicht ausgebildet, wozu erst nach dieser
Zeit der stillere Umlauf des Baumsafts, und
die größere Vollkommenheit der Blätter erfordert wird. Sucht man deshalb einen stärkeren Antrieb des roheren Baumsafts in diese
sich erst ausbildende Augen zu leiten, so werden die Blüthentheile zu Blättern und fort-
wachsenden Zweigen.

Aus dieser Ursache schneidet man solche
Kirschen vor Johannis auf drey, höchstens fünf gebildete Augen, oder was hier
ebenso viel ist, auf drey — fünf vollkommene Blätter, welches durch die Stärke des
Triebes bestimmt wird, und wir bekommen
nun einen, oft zwey neue kurze Leitzweige,
unter diesen aber nicht selten schöne Bouquets-
zweige. Dadurch wird der Baum schöner
belaubt, und im Frühjahr lassen sich diese
Johannistriebe oft wieder beschneiden, da
sich ihre Augen nicht immer zu lauter Blüth-

knospen ausbilden. — Fänden sich aber auch
diese wieder, bis auf das vorderste, mit
Fruchtaugen besetzt, so findet kein Schnitt
Statt, und wir müssen nur die gedrängt,
oder zu häufig und unordentlich stehenden
Zweige rein ausschneiden. — Bey solchen
Sorten müssen wir uns begnügen, durch den
Sommerschnitt ihren etwa zu starken Wuchs
zu hemmen, und ihre Zweige dadurch zu
vervielfältigen.

Zur dritten Klasse, wo die Laubaugen
mit den Blüthknospen an den vorjährigen
Zweigen vertheilt sitzen, gehören ebenfalls
mancherley Kirschensorten, z. B. die große
Maykirsche, die Portugiesische, die
Montmorency, die große Glas-
kirsche, die Oranienkirsche, die ächte
Englische u. s. w. — Für diese ist der
Sommerschnitt vortrefflich, und wir können
solche auch im Frühjahr, wenn die Blüthe
entwickelt, und das Laubaug jedem kenntlich
ist, oft nach den bey den Pfirschen gegebenen
Regeln schneiden.

Werden die Orangeriebäumchen zu alt, so treiben sie, oft nur sehr kurze Sommerzweige, oft gar keine, und sind bloß mit Fruchtaugen besetzt.

Das Kernobst entwickelt jetzt aus seinen Ringelwüchsen nur die schlafenden Augen, und treibt keine neue Zweige mehr, wodurch aber das Bäumchen bald erschöpft wird. In diesem Fall kann man dasselbe auf dreyerley Art verjüngern. — 1) Man beschneidet die Wurzeln nach den gegebenen Regeln und setzt es wieder in eine größere Scherbe, wobey alle Zweige scharf zugeschnitten werden müssen. — 2) Man setzt dasselbe nach beschnittenem Erdballen wieder in die nämliche Scherbe, stutzt aber die höher stehenden alten Aeste, auf die näher nach dem Stamm hin scharf an diesen ab, d. i. man schneidet sie zurück, wodurch die letzteren wieder munter austreiben. Oder — 3) man beschneidet den Erdballen sehr stark, schneidet alle alte Aeste auf die untersten zurück, setzt das Bäumchen in das Land, so erhalten wir sicher wieder ein ganz junges Bäumchen, mit den schönsten Zweigen, die nach der Regel, bey dem Einsetzen in die Scherbe wieder beschnitten werden.

Schon oben ist erinnert worden, daß sobald die Leitzweige kurz sind, dieselben stets nur auf ein sichtbares Aug beschnitten werden müssen.

Bey dem Steinobst geht dieses alles eigentlich nicht an, da wir hier mit schlafenden Augen nichts zu thun haben, und das Entwickeln der Zweige aus alter Rinde nur bey den Pflaumensorten sicher gelingt, und doch selten außerhalb dem Lande. Hier ist das Versetzen in größere Scherben, und das jährliche Einschneiden der vorstehenden Sommertriebe auf die unterhalb stehenden, das einzige Mittel, diese Bäumchen in einer kleinen, schön belaubten Krone zu erhalten.

Dieses wird Nichtkennern leicht begreiflich werden, wenn ich einmal Muße genug habe, meine Zeichnungen über den Baumschnitt überhaupt vollenden zu können. Ich hoffe aber,

aber das bisherige wird hinreichen, jeden Liebhaber sicher zu leiten, wenn er mit richtiger Kenntniß aller Zweige, seine Obstorangeriebäumchen genau betrachtet, und dann die gegebenen Regeln anwendet.

R

Sechstes Kapitel.

Von der Größe des Obstes in Scherben.

Wer sich nicht gewöhnt hat, nach physischen Gesetzen der Vegetation, über so manche Erscheinungen bey den Gewächsen, z. B. nur über die Ursache der früheren oder späteren Fruchtbarkeit der Obstsorten, nachzudenken, der würde sicher zum voraus schon glauben, daß kleine Bäumchen auch kleines Obst liefern müßten. — Dieser Glaube würde bey Scherbenbäumchen nun gerade das Gegentheil seyn. — Nur schlechte Pflege und zu hohes Alter bringt die Scherbenbäumchen dahin, daß sie, wie jeder Hochstamm zu einem Krüppel werden, wenn bey letzteren die fortschreitende Vegetation aufhört, oder ein schlechter, beschränkter Boden seinem Wurzelvermögen zu große Gränzen setzt.

Der Wuchs eines jeden Baumes steht mit seinem Vermögen, jedes Jahr neue Wurzeln

zu treiben, und dadurch auch neuen Bast für
die neuen Sommerzweige anzulegen, in gera=
dem Verhältniß, und hängt von letzterem
ab. — Die jährlichen neuen Wurzeln sind
weiß, dick, sehr weich und voll Saft, daß
man sie mit den Fingern leicht zerdrücken kann.
Erst im folgenden Jahr verholzen sie sich, und
die neue Verlängerung schreitet weiter. Dieses
zarte, weiche Organ ist gleichsam ein Schwamm
zur Einsaugung und ersten Vorbereitung des
Baumsafts. Oft ist diese neue wachsende
Wurzel 3 bis 6 mal dicker, als das schon
verholzte braune Würzelchen, aus dem es aus=
treibt, und das Ende besteht in einer Kegelspitze
wie bey dem Spargel. Auf ihrer Länge hin
entspringen wieder eine Menge ebenso gestalte=
ter Spitzen, die wieder neue Wurzelzweige
bilden. — Aber wie entstehen die jährlichen
neuen Wurzelfortsätze? — Durch Ansetzung
von Außen, oder durch eine vom Stamm
gegen die Wurzelenden hin rückwärts gehende
Vegetation? Auch die bekannte Thatsache aller
Stecklinge, die neue Wurzeln treiben, wider=

legt schon empirisch die erste Frage. — Ueber-
legen wir aber, daß der Keim einer Pflanze
nicht ehender Entwickelung erhält, als bis
schon das Wurzelchen entfaltet, zu einem
thätigen Organ geworden ist, so müssen wir
vernünftiger Weise schließen, daß die durch
die Frühlingswärme u. s. w. thätiger gewordene
Lebenskraft erst anfänglich ihre Vegetation in
den Wurzeln anfange, und dieselben verlän-
gere, oder aber, d a ß j e d e r P u n k t e i n e s
o r g a n i s c h e n W e s e n s, bey vorhandenen
nothwendigen Stoffen, i n s i c h s e l b s t d a s
V e r m ö g e n h a b e, n i c h t n u r s e i n
L e b e n z u e r h a l t e n, s o n d e r n a u c h
s e i n e K r a f t z u s e i n e m W a c h s t h u m
ä u ß e r n z u k ö n n e n. Folglich sind die
Wurzelenden ebensoviele Knospen, wie die
Augen an den Zweigen selbsten: Diese mir
wahrscheinlichste Meynung, die ich hier indessen nicht weiter verfolgen kann, erklärt die
Erscheinungen der Vegetation am ungezwun-
gensten, und am meisten analogisch mit denen
im Thierreich.

-Jedes Gewächs hat aber zu seinem unwan= delbaren Gesetz das Bestreben, sich erst selbst zu vervollkommnen, ehe es Früchte trägt, sich anschickt, sein Individuum der Nachwelt zu überliefern. Wenn deshalb das Lebensprincip in dem Wurzelvermögen groß, **stark wirkend** ist, so trägt der Baum erst spat,= seine Jugend verwendet er für seinen Wachs= thum. Daher der Unterschied zwischen ein= heimischen und ausländischen Obstbäumen. — Daher blühen und tragen versetzte junge Bäume oft im zweyten, dritten Jahr, und, wenn sich ihr Wurzelvermögen erst wieder ausgebreitet hat, nachher oft in vielen Jah= ren nicht. Auf diesem Naturgesetze beruht der Rath, unfruchtbare Wucherbäume durch Ab= schneiden starker Wurzeln zu ihrer Schuldig= keit zu bringen, oder die Herzwurzel bey dem Setzen den Bäumen zu nehmen u. d. g. m. Hört das Wurzelvermögen auf, so trägt sich der Baum, wie man sagt, zu tode.

Die frühe Tragbarkeit der Bäumchen in den Scherben, beruht einzig auf der Ein=

schränkung dieses Wurzelvermögens, wodurch
der Baumsaft gemäßigter in seinem Umlauf
wird, und also der langsamere Wachsthum
der Sommertriebe den Fruchtaugen eine frü=
here und schnellere Entwickelung gestattet. —
Die Menge der Nahrungswurzeln bestimmt
aber die Schönheit, die Munterkeit des Wachs=
thums und die Größe der Früchte. Daher
sind solche Stämmchen zur Veredlung so
nothwendig, die leicht einen Wald von Wur=
zeln bilden, und dadurch überflüssige Nah=
rung herbeyführen können.

Ein beständig gehörig feucht gehaltenes
Scherbenbäumchen, das in einer guten Erde
steht, jedes Jahr die halbe Versetzung, und
alle vier, fünf Jahre die ganze Versetzung
bekommt, liefert Früchte, die so groß, und
oft größer sind, als die ausgesuchten Stücke
eines völlig tragenden Hochstammes. Sicher,
und nach meinen tausendfachen Erfahrungen,
erreichen die Früchte in Scherbenbäumchen,
auch bey einer gewöhnlichen Blumenpflege,
gewiß stets die Größe der Mittelsorten, und

gerade diese sind es, die ihrer wahren und eigenthümlichen Bildung am ähnlichsten bleiben. Nie sollte man zu Zeichnungen und Beschreibungen die ausgesucht großen Sorten, zumalen nicht von Spalieren wählen, denn fast immer haben diese etwas Fremdes in der Form. — Der Flügelmann von vierzehen Zoll ist selten proportionirt, und nicht das wahre Muster seiner Menschenrace. — Ebenso verhält es sich auch mit den Blättern. Die von Blüth- und Fruchtaugen sind zu Zeichnungen stets zu verwerfen, und die regelmäßigsten, dem Baum am originellsten, findet man in der Mitte der Sommertriebe, wo eben diese auch die vollkommensten Augen bilden.

Für den Kenner sind die Früchte gut und sorgfältig unterhaltenerObstorangeriebäumchen zuverlässige Muster; ja, hat ein solches kraftvolles Bäumchen nur eine oder zwey Früchte, fehlt es den Sommer über nie an der gehörigen Feuchtigkeit, und giebt man dem Bäumchen einigemal das Dungwasser: so

werden diese wenigen Früchte größer, als sie
ihrer Natur nach seyn sollten, und kommen
den schönsten Spalierfrüchten gleich. — Noch
dieses Jahr wog ein einzelner Carline d'Angleterre an einem vierjährigen Scherbenbäumchen 36 Loth!

Ueberdenkt man aber auch nur bloß analogisch, daß ein solches Bäumchen stark beschnitten wird, die Wurzeln in der Scherbe hingegen einen Wald bilden, der bey gehörigem
Begießen, Nahrung zum Ueberfluß herbey-
schaffen kann, so läßt sich schon ohne Kenntniß der Gesetze von den Quellen der Vegetation muthmaßen, daß die Früchte an einem
solchen Bäumchen Zufuhr genug haben müssen,
um sich zu ihrer natürlichen Größe ausbilden
zu können. — Wollen wir nun noch über-
dieses berechnen, daß der Vorrath von Wurzeln an einem großen Baum, der nie geschnitten wurde, allen Aesten sammt dem Stamm
gleich komme, — welches aber doch große
Ausnahmen leidet —, so würde ein Zweig
von einem Hochstamm, der die Größe eines

Obſtorangeriebäumchens hätte, nicht nur ſo
viele Wurzeln zu ſeinem Antheil nicht haben,
ſondern die dazu gehörige Erde, mit ihrem
Vorrath von Nahrungsſtoffen, gegen die
Erde in der Scherbe in gar keinen Vergleich
kommen.

Iſt ein Zwerg- und Hochſtamm mit Früchten überladen, ſein Standort mager, der
Sommer dürre, ſo bleiben ſie klein, und
daher die große Nothwendigkeit des Aus-
pflückens, wenn man ſchöne Früchte haben
will. Die beſte Regel bey den Obſtorangerie-
bäumchen iſt, ihnen nicht mehr Früchte zu
laſſen, als ein verhältnißmäßiger, gleich großer,
und gehörig behangener Zweig eines Hoch-
ſtammes liefert. — Meine Regel iſt, dem
zwey- oder dreyjährigen, zum erſtenmal tragenden, Kernobſtbäumchen, in einer gegen
einen halben Cubikfuß Erde haltenden Scherbe
von Obſtſorten, die zwey bis dritthalb Zoll
im Durchmeſſer haben, nur zwey oder drey
Stück, dem mehrjährigen Stämmchen nachher 4—6—nie aber über 10 Stück zu laſſen,

Bey noch größeren Früchten , z. B. von der
Größe des englischen Königsapfels , noch
weniger , und bey kleineren Sorten , den
dritten Theil mehr. — Indessen stößt auch
hier das Bäumchen, besonders bey dem
Steinobst, seine ihm lästigen Früchte gewöhnlich ab , und behält, so viel es ernähren
kann. Nie muß man aber zwey Stück von
Aepfeln, Birnen, Apricosen und Pfirschen
beysammen stehen lassen. Ausnahmen hiervon machen nur die an Büscheln tragenden
Obstsorten, z.B. Sucre vert, petit blanquet,
Muscat petit u. s. w. der Pomme d'Api,
Blanke Rabauw, kleiner prachtvoller Herrnapfel, u. d. m.

Das in Scherben erzogene Obst ist auch
jedesmal zärter , schmackhafter und früher
reif, als an Hochstämmen. Die Ursache hiervon
liegt natürlich darinn, daß die Wurzeln den
ganzen Sommer über in einer gleichsam durch-
wärmten Erde stehen, in der die Verwesung
und Entwickelung der neuen Nahrungsstoffe
schnell geschehen , und die Feuchtigkeit sich

leicht in Dünste auflöst. — Man treibt jetzt
sogar in England den Luxus mit dem Obst
so weit, daß man die Früchte., besonders die
Trauben, in Treibhäusern zu einer monströsen
Größe, und einer mit nichts zu vergleichen=
den Saftfülle, durch die Dämpfe des kochen=
den·Wassers, die durch Röhren in das Treib=
haus geleitet werden, für Guineen zu
erzwingen weiß.

Aber nicht nur diese Treibhauskunst, son=
dern auch das Begreifbare, daß in einer Scherbe
das Obst von der schönsten natürlichen Größe
werden kann, wird uns dann erst recht ein=
leuchtend, wenn wir die Ursachen, und die
wahren äußeren und innerlichen Quellen der
Vegetation durchdenken, und alsdann finden,
daß die eigentliche Erde den Gewächsen viel=
leicht nichts mittheilt, und die Wurzeln ihnen
die Nahrung nicht allein zuführen.

Für manche, die hierauf vielleicht noch
wenig achteten, dient vielleicht das Folgende
zu weiterem Nachdenken, Versuchen und
Anwendung.

Siebentes Kapitel.

Von den Gesetzen und den Quellen der Vegetation.

Staunend stehen wir da, umgeben mit organischen Geschöpfen, die sich gleichsam vor unsern Füßen aus der todten, unorganischen Materie, aus dem sogenannten Mineralreich, emporheben, leben, sich fortpflanzen und sterben; und vermögen dennoch nicht in das Wesen dieser ewig fortlaufenden Schöpfungsgeschichte einzudringen, nicht einmal die Gränzen zwischen der Thier und Pflanzenwelt (*)

(*) Der große Pflanzenphysiker Hedwig, setzt deshalb den Unterschied der Thiere und Pflanzen darinnen, daß letztere ihre männlichen und weiblichen Zeugungswerkzeuge nach vollendeter Fortpflanzung abwerfen, und zu jeder erneuerten Fortpflanzung auch wieder neue Werkzeuge treiben müssen, Thiere hingegen dieselben behalten, und damit das Zeugungsgeschäft wiederholen können. S. Leipz. Magazin zur Naturkunde u. s. w. 1784. St. 2. S. 26.

abzustecken! — Staunen und Bewundern
können aber nur, wie Bonnet.sagt, den
Gegenstand erheben, selten erklären. Nur
das wissen wir, was unsern Sinnen erreich»
bar ist, und wir fallen auf eitle Hypothesen»
sucht, Unsinnliches sinnlich erklären zu wollen.
Dieses ist der Irrweg, auf dem so manche
Philosophie scheiterte. Durch Denken allein
läßt sich keine wahre praktisch»nutzbare Ein»
sicht gewinnen, und unser Verstand, indem
er sich so leicht das Mögliche, als ein Wirk»
liches denkt, spielt statt Etwas mit einem
Nichts, und förderte dadurch Aberglauben
und Irrthum in die Welt.

Also, Fähigkeit den Ort zu verändern, Empfin;
dungskraft, Beseeltseyn u. s. w. reichen nicht hin,
Thier von Pflanze zu unterscheiden. Aber selbst der
so scharfsinnigen Gränzlinie von Hedwig stehen
vielleicht die Polypen, die Schwämme u. s. w. ent»
gegen. — Mit welchem Rechte sagt alsdann Sulli»
van, — „weißt uns nicht vielmehr alles darauf
„hin, daß Pflanzen und Thiere, welche man bis
„jetzt durchaus von einander hat trennen wollen,
„zusammen nur Ein Naturreich ausmachen?" S.
dessen Uebersicht der Natur, u. s. w. B. 5. S. 8.

Also nur Thatsachen, unterstützt und bewiesen durch unsere Sinnen und Versuche, — die Catecheten der Natur, — wollen wir hier aufstellen, nicht aber den Prozeß, das Princip der Vegetation zu erklären suchen. Der Mensch ist nur da, den Gesetzen der Natur nachzuspühren, und das Wie und Warum der ersten selbstständigen Ursache zu überlassen.

So viel wissen wir;

1) Daß das Pflanzenreich sich von den Stoffen der todten Natur, den Mineralien nährt (*) und

2) Daß kein lebendes, oder organisches Wesen sich entwikkeln kann, wenn nicht sein individueller Keim von seinen Eltern erst vorher erzeugt, und mit schlummern-

_____

(*) S. z. B. Fourcroy chemische Philosophie u. s. w. S. 149.

der Lebenskraft, die oft viele
Jahre ohne Schaden ruhen
kann, ist begabt worden (*).

Diesen Keim nennen wir im Pflanzenreich den Saamen, die Fruchtkerne. —
In diesem Keim liegt der von den Eltern
mitgetheilte Atom des Lebens, der durch äußere
günstige Ursachen erst in sein eigenes Selbst-
wirken geräth, und durch neue, ihm nothwendige Nahrungsstoffe sich zu einem lebenden, oder organischen Individuum entwickelt.

Wie indessen diese Kraft des Lebens
in den organischen Wesen des Pflanzenreichs,

_____

(*) Seitdem Hedwig nun auch evident den Moosen
die Geschlechtstheile vindicirt hat, kann man an
der Allgemeinheit dieses Satzes nicht mehr zweifeln.
E. dessen so pracht- als mühvolles Meisterwerk —
Histor. muscorum frondosorum P. 1., und dessen Sammlung von Abb. und Beobacht. B. 1.
E. 1. — Eine Ausnahme hiervon machen solche
Thiere und Pflanzen, die sich gleichsam nur durch
Keime von ihrem Stamm lostrennen, und ein selbst-
ständiges Individuum bilden, z. B. Polypen und
unvollkommene Pflanzen.

die todte Materie des Mineralreichs sich zu
veraͤhnlichen im Stand ist, ganz neue spezifische Materien daraus bilden zu koͤnnen, das
ist eine Operation jenseits den Graͤnzen mensch-
licher Begriffe. Die Ernaͤhrung im Thier- und
Pflanzenreich einzusehen, wuͤrde Erklaͤrung des
Lebensprincips selbsten seyn, und dieses bleibt
so lange ohnmoͤglich, als kein Chemiker, weder
Pflanzen noch thierische Substanzen, nach-
zuahmen im Stand ist, wie ihm dieses bey
so vielen mineralischen Substanzen gelingt. —
Weiter unten wird von dieser **Lebens-**
kraft und den **Bestandtheilen der**
Pflanzen die Rede weiter seyn.

Jeder Pflanze sind zu ihrer Entwickelung und Wachsthum die aͤußeren sie umgebenden Stoffe, oder Materien in einer dop-
pelten Ruͤcksicht nothwendig:

1) Als bloßer Reiz, wodurch der schlummernde Keim des Lebens in Thaͤtigkeit gesetzt,
und in der Folge darinnen erhalten wird.

2) Als eine Materie, die sich durch die
Kraft des Lebens zu einer spezifischen Pflanzen-
substanz

substanz verähnlichen läßt, wodurch die Pflanze,
wie das Thier, wächst und ernährt wird.

Noch ist es aber nicht ausgemacht, ob es
irgend eine den Pflanzen nothwendige Materie
giebt, die nur als bloßer Reiz auf sie wirke,
und nicht auch zugleich mit ihr in ihre Substanz verkörpert werde, wie dieses z. B. der
Fall mit der Lichtmaterie ist. — Hier ist,
wie in der ganzen Natur, jedes Wesen bald
Mittel bald Zweck. Die umlaufenden Säfte
sind der Reiz, das Leben in Thätigkeit zu erhalten, sie dagegen werden dadurch fortbewegt,
und sind zuletzt die Quelle der Ernährung.
In diesem Gesetz: vieles mit Einem zu thun,
und die größeste Mannichfaltigkeit an ein
zwangloses Einerley zu knüpfen, liegt eben
der Apfel der Schönheit (*).

Der Satz steht jetzt in der Pflanzenphysik
unerschütterlich gegründet, daß die Nahrungsstoffe und Reizmittel der Pflanzen, nicht

---

(*) Herder's Ideen zur Philos. der Gesch. der Menschheit, B. 1. S. 27.

Oele sind, oder mancherley Salze und spezifische Erden, wie unsere Vorgänger glaubten (*), sondern Wasser, Wärmestoff, Lichtstoff, Luft und der Stoff der firen Luft, jetzt Kohlenstoff genannt.

Aller dieser Stoffe bedarf eine vollkommen organisirte Pflanze, an der wir Wurzeln und Stamm finden, zu ihrer wahren Vollkommenheit. Da aber das ganze Naturreich nur eine, auch den schärfsten Beobachtungen sich entziehende Stufenleiter ist, auf der jedes Individuum seine Eigenheiten in seiner Lebensweise hat, und wodurch eben ewig die Eiche nicht zur Fichte wird, so finden sich denn auch immer uns anschauliche Ausnahmen allge-

---

(*) Nichts ist deshalb lächerlicher als der Glaube an die vielen spezifischen Urstoffe für jedes einzelne Gewachs. So suchte z. B. Jemand im ökonomischen Forstmagazin, B. 2. S. 31. das Ausgehen der Waldungen, sogar in dieser Ursache, den aber C. Schlevogt im Journal für Forst- und Jagdwesen B. 3. Abschn. 1. S. 89. ziemlich widerlegte.

meiner Regeln. Viele Moose wachsen auf
den härtesten Felsen ohne Erde; — der Mistel
nie in derselben; — die Trüffel ohne Lichtmaterie in der Erde. Viele Moose blühen
im Schnee ohne Wärme; aber ohne Waſſer
und Luft wächſt keine Pflanze. „Diese beyde
„sind die Körper, sagt Uslar, aus welchen
„die Pflanzen alles dasjenige nehmen, was
„sie zur Vegetation im weiteſten Verſtande
„bedürfen; und so einfach diese Körper zu
„seyn scheinen, so wiſſen wir doch, daß sie
„nicht allein von den wirkſamſten Stoffen
„zuſammengeſetzt sind, sondern auch eine
„unendliche Menge ihnen nicht eigenthüm-
„licher fremdartiger Beſtandtheile mit sich füh-
„ren können (*).“

Die Einfachheit (**) der Stoffe, wodurch

***

(*) von Uslar Fragmente neuerer Pflanzenkunde,
S. 111.

(**) Wenn man sich nur 10 Elementarstoffe denkt, und
dieselben nach der Combinationsregel berechnet, so
läßt sich schon die Mannichfaltigkeit der ſpezifiſch
componirten Pflanzenstoffe begreifen.

S 2

die Pflanzen ernährt werden, läßt uns eben
begreifen, warum der wilde Stamm dem edlern
Zweig doch solche Nahrung zu liefern im Stand
ist, die derselbe nach seiner ihm eigenthümlichen
Lebenskraft verarbeitet, und in seine Natur
verwandelt. Ist deshalb der Wildling zu
generisch verschieden, die Composition seiner
Säfte schon in der Wurzel zu sehr von denen
des Edelreises abweichend, so ist dieses nicht
im Stand die Zersetzung der zugeführten
Nahrung so weit zu treiben, um seine ihm
eigenthümlichen Stoffe zu erhalten.
Das Edelreis stirbt also, oder bleibt ein
Siechling. Den ersten Fall zeigt uns das Kernobst auf Steinobst; den zweyten, Aepfel
auf Quitten, oder Birnen. — Die
Pflanzen sind in der Natur die großen und
unentbehrlichen Vorarbeiter, aus Elementar-
theilen des Mineralreichs, organische
Materien zu bilden, wovon sich erst nachher die vollkommenen Thiere nähren können.
Vielleicht ist es das Pflanzenreich nur allein,

das blos aus Luftmaſſen (*) zuſammengeſetzte
Nahrungsſtoffe bilden kann. Das Thier hin:
gegen iſt oft an ſeine Nahrung ſo individuell
geheftet, als es ſelbſten iſt, z. B. das Renn:
thier (**), viele Raupen.

Dieſe einfachen Nahrungsſtoffe wollen wir
nun einzeln durchgehen, und der erſte ſey die
zur Ernährung der Pflanzen ſo vielen wichtig
geſchienene Erde.

Die Erde.

Hätte man ſich einen richtigen Begriff von
den wahren Elementarerden, deren
wir vielleicht neune beſitzen (***), gemacht,
und überlegt, daß dieſelben ganz unauflösliche
Subſtanzen ſind, ſo würde man ſchon gefühlt

(*) Man behauptet zwar auch, daß manche Thiere lange
von Luft leben könnten, z. B. Spinnen u. ſ. w.

(**) Das Rennthier wird im Sommer gerade mager,
wenn es allerley Pflanzen frißt, und fett bey ſeinem
Moos. Siehe Göze's Europ. Fauna B. 3. S. 109.

(***) S. Eurleben's Naturlehre, Auflage 6. S. 156,
oder Gehler's phyſical. Wörterbuch, B. 5. S. 559.

haben, daß reine, oder einfache Erden
für die Pflanzen keine Nahrungsſſtoffe ſeyn
könnten. Was wir aber Dammerde, die
große Quelle aller Fruchtbarkeit, nennen, und
die erſt das Produkt der zerſtöhrenden
Natur iſt, macht nur eine Compoſition von
Stoffen aus, die ſich ihrer endlichen Auf-
löſung in Dunſtgeſtalt nähern, und ihren
unfruchtbaren Rückſtand der Erde wieder überlaſſen. — Die Entſtehung dieſer Dammerde iſt für den Naturforſcher ſo wichtig als
folgenreich! Luft, Waſſer und Licht, mußten
vielleicht lange an den Felſenmaſſen nagen,
bis ſie ihre Oberfläche verwitterten, und die
Stoffe zum Anfang der Vegetation für Kruſten-
mooſe bildeten, die alsdann erſt durch ihre
Verweſung vollkommenere Stoffe für eine
edlere Pflanzenwelt liefern konnten. So ent-
ſtand die erſte Dammerde (*), ſo entſteht ſie

(*) De Lüc, Briefe über die Geſchichte der Erde n. ſ. w.
B. 1. S. 185. Linné Diss. de telluris habitabilis
incremento. Ups. 1743.

noch), und wer berechnet das Maaß der Zeit,
bis aus diesen Uranfängen unsere unerschöpflich fruchtbaren Thäler für eine wohllustvolle
Vegetation zu einem Bette wurden?

Die Dammerde, Gartenerde (*),
vegetabilische Erde, Terra vegeta-
bilis, ist also ein Gemisch unorganischer,
oder todter Erde, mit den noch verwesen-
den Substanzen der thierischen und vegetabilischen Körper vermischt. Aus dieser Ursache
liefert dieselbe bey der Destillation einen ölich-
ten und fetten Kohlenstoff, die eigentliche
Panacee für das Gewächsreich, und das
Wasser extrahirt aus derselben einige salzige
Substanzen und etwas Extractivstoff. Sind
aber in dieser Dammerde keine Stoffe mehr
enthalten, die ihrer endlichen Auflösung ent-
gegeneilen, so wird sie kraftlos, endlich
unfruchtbar, und daher die Nothwendigkeit

(*) Nach Muschenbrock ist das eigenthümliche Gewicht einer guten Gartenerde, gegen das Gewicht
des Regenwassers wie 1,630 ⊐ 1.

des Düngens (*), um durch Verwesung neue
Nahrungsstoffe dieser Dammerde wieder zu
geben. Daher concentrirt die Gartenkunst,
durch aufgehäufte Verwesung vegetabilischer
und thierischer Körper, den kraftvollsten Dung,
die Erden der Mistbeete, die aber erst die Stoffe
der sauren Gährung müssen verlohren haben,
wenn sie nicht beizend, oder schädlich seyn
sollen.

———

(*) Alle Dungmittel, — die eben die Idee von Dung-
salzen und Oelen aufbrachten —, sind es mittelbar
oder unmittelbar. Die letzteren enthalten selbst die
Nahrungsstoffe für die Pflanzen, und müssen alle
erst faulen und Luftarten bilden, die vom Wasser
eingeschluckt, und in die Pflanzen geführt werden.
Ja sie liefern vielleicht nichts als Kohlenstoff. Die
mittelbaren Dungmittel beziehen sich entweder auf
bloß mechanische, z. B. Sand im Thonland,
wodurch Luft und Wasser besser eindringen können,
oder auf solche, welche die Verwesung vorhandener
Substanzen befördern, beschleunigen. Dahin rechne
ich den Gyps, Mergel, Kalch, Asche. Alle diese
zerstöhren das Moos u. a. d. und oft gebraucht, wird
das Land dadurch unfruchtbar, daß sie die Verwe-
sungen anticipiren. — Cavendish, Cote, Riche,
Home u. s. w. haben die schönsten Aufschlüsse über

Wir finden zwar nach Verwesung der
Pflanzen auch einige Elementarerden in ihnen,
aber theils sind solche nur zufällig, oder wie
z. B. die Kalcherde in mehreren cryptogami-
schen Gewächsen, das wahre Product der
Pflanze selbst. Dagegen haben die sorgfäl-
tigsten Versuche, z. B. in vielen Schwämmen,
nicht eine Spur von Erde auffinden können! —

die Dungmittel mitgetheilt; und letzterer hat, mit
sehr vernünftigen Gründen, in seinen Principles
of Vegetation S. 162, die Vortheile des Abwech-
selns mit den Früchten, in den verschiedenen Wirkungen der Wurzeln gesucht, daher schicken sich
Erbsen so vortrefflich nach Carotten. Noch licht-
voller wird dieses dunkle Feld, wenn man, seit
der wichtigen Entdeckung des scharfsinnigen Brug-
mann's weiß, daß auch die Pflanzen, wie die
Thiere, ihren Unrath durch die äußersten Enden
der Wurzelchen aussondern, der andern Gewächsen
nachtheilig ist. — Richtung, Tiefe, und Menge der
Wurzeln, die Quantität ihres Bedürfnisses, die
Masse der Erde, wie viel Wasser sie fassen kann,
ihre verminderte oder vermehrte Cohäsion durch
manche Gewächse u. s. w. sind alles Rücksichten,
die wir bey der Abwechselung, Harmonie und
Antipathie der Gewächse in Anschlag bringen müssen.

Welch ein großer Beweis, daß der Proceß des sinnlichen Verkörperns organischer Wesen weit über die Gränzen unserer Begriffe reicht, und unsere Sinnen für Härte und Festigkeit der Körper, uns zu Täuschungen, um auf ähnliche anschauliche Nahrungsstoffe zu schließ‍sen, verleiteten, und uns für das atomistische System geneigt machten.

Wie wenig, oder eigentlich wohl gar keinen Antheil die wahre Erde zur Bildung der Gewächse hat, und wie also nur die D y n a‍s m i k, die B e w e g u n g e n der L e b e n s‍k r a f t in den Gewächsen, aus unsichtbaren und sichtbar flüssigen Substanzen, dem Meisel des Künstlers trotzendes Holz zu bilden im Stande sind, davon mußten uns erst Versuche überzeugen. Dieses zeigte schon der berufene tiefblickende H e l m o n t. Er pflanzte einen Weidenast von 50 Pfund in einen Kübel, der h u n d e r t Pfund trockene gesiebte Erde ent‍hielt, und bedeckte denselben sorgfältig mit einem Zinnblech. Nichts kam in der Folge hinzu als Wasser. Nach f ü n f Jahren wog

die stark getriebene Weide 169 Pfund und
6 Loth, ohne die Blätter die in dieser Zeit
abfielen. Die nun von neuem wieder getrock-
nete Erde hatte nur vier Loth an Gewicht
verlohren.

Der große englische Physiker Boyle (*)
steckte einen Kürbiskern in eine im Backofen
wohl gedörrte Erde, und begoß denselben
mit sehr reinem Wasser. Er bekam zwey
Kürbisse, einen von vier und einen andern
von vierzehn Pfund. Die von neuem
ausgetrocknete Erde hatte fast nichts an
Gewicht verlohren.

Der liebenswürdige Naturforscher Bonnet erzog in bloß befeuchtetem reinem Mooß
sehr wohlriechende Blumen, und sehr gut
schmeckende Pflanzenfrüchte. — De la Metherie (**) erhielt aus Saamen, die er in
destillirtes Wasser legte, Hülsenfrüchte von

(*) Bonnet Betracht. über die Natur. B. 1. S. 229.
(**) S. dessen Abh., über die reine Luft u. s. w.
Th. 1. S. 333.

dem besten Geschmack. — Abernetty (*)
erzog auf Flanell mit destillirtem Wasser, Lattig
und Kohl, und fütterte damit ein Kaninchen,
welches in vierzehn Tagen davon vier Loth
schwerer wurde. Auch verbrannte er auf diese
Art erzogene Pflanzen, und sie lieferten Kalcherde, Eisen und etwas Kohle, wie Pflanzen
die in der Erde gewachsen sind.

„Ich habe Pflanzen, sagt Uslar (**)
„einzig in gepuchtem Quarz erzogen, nicht
„allein Kräuter, wie z. B. Gartengresse,
„oder die so wohlriechende Reseda, sondern
„auch Stauden, und unter diesen erhielt ich
„geraume Zeit freudig fortwachsend und blü-

_____

(*) S. dessen chirurg. und physiologische Versuche.

(**) Siehe das 1. B. S. 112. — Noch könnte ich die
Versuche von Hofmann, Marum, Hales
u. a. m. zur Vergewisserung anführen, wenn die
erzählten nicht schon völlig hinreichten. Ueberzeugt
bin ich aber noch nicht, ob dieses auch bey den
unvollkommenen Thieren, wie bey Pflanzen, der Fall
ist. Fordyce, über das Verdauungsgeschäft, S.58.
unterhielte zwar, 15 Monate lang Goldfische blos
in destillirtem Wasser, und sie nahmen zu, und

„hend, das unseren modernen Blumengöt:
„tinnen so angenehme Heliotropium. —
„Die im Wasser unauflösbare reine Kieselerde
„diente also zu weiter nichts, als zum Stand:
„ort, und war nur ein Rezeptakulum für die
„Pflanzennahrung, Wasser" —.

Die Wasserlinse schwimmt ja nur im rein:
sten Wasser, und wer trieb nicht schon Blu:
menzwiebeln auf reinem Wasser? — Hinter
meinem Hause ist ein metallharter senkrecht
über 100 Fuß in die Höhe emporsteigender
Felsen mit feinen Spalten, die oft nicht eine
Linie breit sind, und dieser ganze Felsen ist
mit froh = und hochwachsenden gelben Violen —
Cheiranthus Cheiri —, die deßhalb auch
in England Wallflower heißt —, besetzt.

---

machten Excremente, aber wir wissen noch zu wenig
über die Bildung des vegetabilischen Stoffs im
Wasser, um hier keine Fehlschlüsse zu thun. — Welche
ungeheure Menge bildet sich nicht, als grüner Schlamm
in stehenden Wassern, und wie fruchtbar macht nicht
seine Verwesung die Erde, z. B. in Teichen! Bey
solchen Versuchen müßte man das destillirte Wasser
täglich mehrmalen erneuern.

Den Uebergang der Erde in die Gewächse
zu ihrer Ernährung, durch den fremden oder
edleren Geschmack der Früchte beweisen zu
wollen, ist nur eine Täuschung. Der Geschmack
des Weins auf frisch gedüngten Weinbergen,
der Rüben auf gedüngten Feldern u. s. w.
beweißt nur, daß bey der Verwesung des
Düngers luftförmige Stoffe in die Pflanzen
dringen, die sie eben so wenig in ihre Natur
verwandeln und sich verähnlichen können, wie
der Jude seinen Knoblauch. Der edlere Geschmack des Obstes aber in manchem Erdboden,
dem mergelartigen z. B., ist eben ein Beweis,
daß die wahren Nahrungsstoffe in diesen
Boden leichter und reichlicher eindringen und
zu ihrer Verflüchtigung gebracht werden, wodurch also die Frucht zu einer größeren Vollkommenheit gedeihen muß. Außerdem sind
ja reine Erden ohne Geschmack, und die
Geschmacksstoffe der Pflanzen nur Producte der Gewächse selbst, so individuell
wie sie. — Die Kalcherde, welche nur vorzüglich in den Gewächsen angetroffen wird,

bereitet die Pflanze in ihren Organen, und die Zersetzung vegetabilischer Körper in der freyen Luft, unter dem Wasser und der Erde, liefern wieder so mannichfache, als große noch wenig verstandene Erscheinungen im Mineral: reich. Man denke nur an die Entstehung der mancherley Erdharze, z. B. des Bernsteins, der Erdöle, z. B. der Naphtha, der Stein: kohlen, des Torfs, u. s. w.

Die Erde ist also wohl nur für die Ge: wächse, um

1) den Wurzeln einen festen Standpunct zu geben, daß die Eiche dem Sturm trotzen kann, und das Moos, das die nackenden Gebürge mit ihrer Erde erhalten und zur edleren Vegetation vorbereiten soll, nicht von jedem Regen abgespühlt werde.

2) Der Behälter für die Feuchtigkeit und Nahrungsstoffe zu seyn.

Wie hinreichend würde also die Erde in einer Scherbe für ein Obstorangeriebäumchen seyn, wenn wir nur der Ausbreitung der Wurzeln jenseits der Gränzen der Erde

am Rand der Scherben Schranken setzen
könnten!

Die Luft.

Die Luft war, ist und bleibt das unerschöpfliche Meer zu Untersuchungen für die
Naturforscher aller Zeiten. Schon die Alten
suchten in ihr den Lebensstoff, ein pabu-
lum vitae für organische Wesen. Der
Luftkreis ist der ungeheure Recipient, in
dem die Natur unermeßliche Zersetzungen,
Auflösungen, Niederschläge und neue Compositionen bearbeitet; und alles was sich auf
der Erde verflüchtigt, findet in ihr' seine
Heimath, wo es den ewigen Zirkel der Natur
durchlauft. In der atmosphärischen Luft
schwimmen und brüten Myriaden Keime organischer Wesen, die eine Stelle suchen, um
als lebendes Individuum auf den Schauplatz
der Natur aufzutreten.

Erst den neueren Zeiten war es vorbehal-
ten, dieses scheinbare Chaos von Gemisch in
seiner wahren Natur darzustellen, und das
Wesentliche von dem Zufälligen zu trennen.
Jetzt

Jetzt wissen wir, was noch vor 30 Jahren keinem Physiker gegönnt war, daß das Wesen, die wahren Bestandtheile der atmosphärischen Luft aus d r e y V i e r t h e i l Stickluft und einem V i e r t h e i l reiner Lebensluft besteht, oder genauer zu sagen aus 27 Theilen der letzteren und 72 der ersteren, wobey sich aber e i n Theil kohlengesäuertes Gas befindet (*). — Dieses Gemisch von S t i c k l u f t, — sonst phlogistisirte Luft — von L e b e n s l u f t — dephlogistisirte Luft, Sauerstoffgas —, und k o h l e n g e s ä u e r t e m G a s — fire Luft —, macht das Wesen der Atmosphäre aus (**), in der wir mit Gesundheit leben wollen.

(*) G i r t a n n e r s Anfangsgründe der antiphlogisti-schen Chemie, 1795. S. 51.

(**) Unnachahmlich sagt die L i c h t e n b e r g i s c h e Feder: — „Wie weislich hat daher nicht der Him-„mel der Luft des ewigen Lebens in unserer Atmos-„sphäre die dreyfache Portion Todesluft zugesetzt! „Ohne diesen D ä m p f e r möchten wohl die meisten „Pflanzchen durch allzu geilen Wuchs am Tage der „Erndte mehr in das Bund als in den Scheffel „geben.“ S. d e s s e n Erklär. der Hogarthischen Kupferstiche, 3te Lief. S. 124.

T

Schon Hales (*) dachte sich die Luft als — „der Festigkeit Ursache — “, und wenn man überlegt, daß selbst die Kieselerde in Dunst dargestellt werden kann, wer kann alsdann noch zweifeln, daß alles was wir festes sehen, luftförmig und flüssig war. Das Wasser ein luftförmiges Gemisch, und der Diamant ein Tropfen Wasser, welche Kette von Verbindungen! — Wie wahr und groß sagt einer unserer ersten geliebten Schrift-steller: — „Unzählige Thiere leben allein von „Wasser, Luft und Pflanzen, also von Luft „und festen Körpern, die Luft gewesen sind. „Was sind also diese Thiere selbst gewesen? „Die Antwort ist leicht. So steht also auf „einmal der Elephant mit aller seiner Majestät „und seinem Elfenbein da aus Dunst zusam-„men geronnen, wie Franklin's Welt. „Thiere aber, die keine Pflanzen fressen, „fressen Thiere, die endlich Pflanzen fressen, „und hier sind wir am Ende. Alles was

_____

(*) Am a. O. S. 170.

„lebt, ist aus Dunst zusammen geronnen,
„also gerade der Theil unsers Erdballs, und
„den der übrige nicht werth wäre, (und das ist
„viel gesagt) ... in einem Taschenkalender über
„ihn zu phantasiren" (*). — Dieses ganze
Compendium von Wahrheit, zu welchen
Reflexionen zwingt es nicht Jeden, der mit der
Natur nicht Blindekuh spielt! Das Studium
der Luft, an der Hand des Beobachtungs=
geistes geleitet, verspricht uns über die Vege=
tation der Gewächse die tiefsten Aufschlüsse,
und bey allen äußerst wichtigen Entdeckungen
der neueren Zeit, stehen wir doch nur noch
im Vorhof des Tempels, zu zerstreut durch
die gränzenlose Mannigfaltigkeit organischer
Wesen, die sich uns erst zu einer die Sinnen
nichts mehr rührenden Einfachheit am Altar
der Wahrheit auflösen wird.

Ohne Luft lebt kein Thier,
wächst keine Pflanze! Und diese Noth=
wendigkeit bey letzteren besteht,

(*) Göttinger Taschenkalender 1796. S. 97.

T 2

1) Als wirklich elastische Luft in ihnen zu wirken; und

2) einen wahren Bestandtheil der Pflanzenmasse, durch Ablegung der Elasticität, auszumachen.

Hales u. a. bewiesen durch Versuche, wie leicht, und in welcher Menge die Luft von Gewächsen eingesogen wird. Sie dringt selbst durch das Holz, und wird vorzüglich des Nachts aufgenommen. — Schon aus der wunderbaren Bauart der Pflanzenorganen, die zur Luft bestimmt sind, die uns der größte aller Pflanzenphysiologen, Hedwig (*) erst richtig beschrieb, und sie vasa pnevmatochymifera Luft- oder Spiralgefäße, Luftsaftgänge nannte, läßt sich errathen, wie wichtig die elastische Luft für die Pflanzen seyn müsse. Jeder kennt diese Luftgänge schon z. B. an den Mineralien, dem spanischen Rohr, wo man durch Blasen den Speichel an dem andern Ende zischen macht. Vorzüglich

---

(*) Hist. natur. muscor. frondos. P. 1. Tab. 2. fig. 9.

häufig sind die Blätter mit diesen Luftgängen besetzt, wodurch die Pflanzen, als durch wahre Lungen, wie sie Hales und Bonnet nannten (*), ununterbrochen ein- und aus- athmen. Der Nutzen dieser elastischen Luft ist vielleicht für die Pflanzen, was das Herz für die Thiere ist.

Aber die Luft ist auch zur Verkörpe- rung der Pflanzen, nämlich, den Pflanzen- stoff selbst bilden zu helfen, ein unentbehrliches Bedürfniß, ja nebst dem Wasser, vielleicht die einzige Basis aller Pflanzenstoffe. Die Luft muß also ihre Elasticität ablegen, und zu einer festen Materie werden, das heißt, die Lebenskraft der Pflanze muß jede Luftart zersetzen, und ihren Grundstoff — Basis — sich aneignen können. Hieraus entstand ein- stens der verwirrte Begriff von figirter — fixer Luft, wobey man sich diese als unelas- tisch in den Zwischenräumen der Materie zusammengepreßt dachte. Ein wahrer Wider-

---

(*) Bonnet im a. B. Th. 1. S. 262.

spruch, das Wesen einer Sache lassen, und
doch die Haupteigenschaft wegdenken. — Man
sah, daß, z. B. bey der Gährung, sich so
ungeheuer viele Luft entwickelte, und weil
man sich die Luft als ein Element dachte,
folglich als unveränderlich, so mußte solche
sehr zusammengepreßt präexistirt haben. —
Jezt wissen wir aber, daß die Atmosphäre
aus drey Luftarten besteht, deren jede eine
eigenthümliche Grundlage — Basis —
hat, und nur bloß durch den Wärmestoff
als diejenige elastische Materie, die wir Luft, —
Gas —, nennen, erscheint. Eine jede
Luftart ist die Auflösung eines
Körpers im Wärmestoff. Dieses kann
man sich durch das Auflösen des Wassers in
elastische Dämpfe begreiflicher machen, und
diese Dämpfe sind Wasserluft. Wir benennen
nämlich die Luftarten nach der Basis des Körpers, der luftartig wird, und Wärmestoff ist
hierzu allen so gemeinschaftlich als nothwendig.

Die Pflanzen können also aus der gewöhnlichen Atmosphäre drey Grundlagen zu ihrer

feften und flüffigen Maffe verwenden,
fobald fie in ihren Organen den Wärmeftoff
von ihnen trennen. Diefe drey Grundlagen
find — der Sauerftoff, der Stickftoff
und der Kohlenftoff, die mittelft des
Wärmeftoffs fo viele Luftarten bildeten und
unfern Lebensozean ausmachen.

Werden die gebildeten fo vielfachen Sub-
ftanzen der Pflanzen in ihre Urftoffe zerlegt,
fo finden wir, daß fie durch Wärmematerie
wieder in Luftgeftalt verwandelt, zu Waffer-
ftoff, — Kohlenftoff— und Sauer-
ftoffgas von neuem übergehen, und alfo
aus den Grundlagen diefer Stoffe beftanden.
Der füße Moft der Traube wird Wein, Effig,
und geht zulegt faulend faft ganz in Luftgeftalt fort, um wieder zu neuen Verbindungen
brauchbar zu feyn. Alles diefes gefchieht, bey
einer gewiffen Temperatur von Wärme, durch
Entziehen oder Zuthun der obigen wenigen
Stoffe. Wie unbegreifbar einfach find alfo
die Operationen der Natur!

Aber die Pflanzen hauchen nun auch

immerwährend mehrere Gasarten aus, welche
wir nun noch etwas näher betrachten wollen.

Das Sauerstoffgas.

Das Sauerstoffgas der neuern Chemie, sonst auch dephlogistisirte Luft,
Feuerluft, Lebensluft, reine Luft
genannt, wurde von dem großen Physiker
Priestley (*) den 1ten August 1774, und
fast zu gleicher Zeit von Scheele, Ingenhouß und Senebier entdeckt. — Dieses
Gas ist der einzige Theil in unserer Atmosphäre, wodurch Thiere in ihr zu leben im
Stande sind. Es ist die Mutter alles Verbrennens, und Thiere leben in ihm unter
einer Glocke viel länger, so wie ein Licht in
dieser Luftart auch viel länger und heller
brennt. Sie ist schwerer als die atmosphärische Luft, und durch ihren Beytritt werden
die Körper schwerer. — „Man kann sie

_____

(*) S. dessen Vers. und Beob. über verschied. Gattungen der Luft, Th. 1. S. 42.

„meſſen und wiegen: und Gewicht, ſagt
„Girtanner, iſt allemal ein ſicherer Be-
„weis der Gegenwart der Materie (*)." —
In dieſer Luft allein liegt das einzige pabu-
lum vitae der Thiere und des Feuers.

So unumgänglich nothwendig aber dieſes
Sauerſtoffgas, oder eigentlich ſeine Baſis, —
der Sauerſtoff — für das Leben der Thiere
iſt, ſo wichtig wird er uns auch, nach tieferer,
und fortgeſetzter Beobachtung, für das Leben
der Pflanzen werden. Senebier, Ingenhouß, und ganz vorzüglich von Humboldt, deſſen wichtige Verſuche ich vielfältig
nachahmte, haben uns ſchon hierüber wichtige
Aufſchlüſſe mitgetheilt. — Gewiß wiſſen wir,
daß jeder Körper, der keinen Sauerſtoff
enthält, oder abgeben kann, auch das Keimen
der Pflanzen entweder ganz verhindert, oder
nicht befördert. Subſtanzen hingegen, die
dieſen Stoff ſo häufig enthalten, daß ſie ihn

(*) S. deſſen Anfangsgr. der antiphlogiſtiſchen Chemie, S. 51.

leicht an die Pflanzen abgeben können, befördern das Keimen der Saamen bis zum Erstaunen. Von Humboldt legte Erbsen —
pisum sativum — in Wasser, welches mit
Sauerstoff überladener Kochsalzsäure geschwängert war, und erstaunte nicht wenig, dieselben
kurz darauf keimend zu finden. — Er legte
ferner die Saamen von der Gartenkresse —
lepidium sativum — in Wasser mit sauer-
gestoffter, oder oxygenirter Kochsalzsäure, und
in ein anderes Glas Saamen in Wasser mit
gemeiner Salzsäure, drittens Saamen in
reines Wasser. In der ersteren Mischung
keimten die Saamen schon nach sechs bis sieben
Stunden, und in einer Stunde wuchsen diese
Keime eine Pariser Linie lang. In der zweyten Mischung keimten die Saamen nie, und
im gemeinen Wasser erst in sechs bis acht und
dreyßig Stunden. — Eine ungeheure Differenz wie $1 = 6$ (*). Ich legte voriges Jahr

---

(*) Siehe dessen so meisterhafte Aphorismen aus der
chemischen Physiologie der Pflanzen, S. 61.

sechsjährigen Salatsaamen — lactuca sativa —, wovon auf einem großen Land fast nichts gekommen war, in Wasser mit oxygenirter Kochsalzsäure, und nun keimten in 30 Stunden mehr als die Hälfte von dem Saamen! — Welche wichtige Erwartungen für die Gartenkunst! — Ja von Hum= boldt (*) fand, gegen Bonnet und du Hamel, daß selbst die für die Vegetation schädlich gehaltene Metallkalche, das Keimen der Saamen befördern, wenn sie Sauerstoff in der Menge enthalten, daß sie solchen abge= ben, wie z. B. die Mennig. — Auch fand von Humboldt mit Ingenhouß, gegen Priestley u. a. m., daß selbst im Sauerstoffgas die Pflanzen leichter keimten, stärker und grüner wurden, als in der atmos= sphärischen Luft.

Dieser Sauerstoff — Oxygene — spielt in der ganzen Natur eine so wichtige Rolle, daß Girtanner ihn, mit vielem Scharfsinn,

_____

(*) Am a. O. S. 66.

selbst zum Princip des Lebens erheben
wollte, wodurch aber nichts bewiesen wurde,
als daß dieser Stoff auf die Faser der Thiere
und Pflanzen ein mächtiger kraftvoller Lebensreiz sey, der aber auch, in zu großer Menge
angewendet, das Leben bald erschöpft, wenn
die Todesluft ihn nicht milderte.

Auf die Farben wirkt dieser Sauerstoff
mächtig; und daher jetzt das künstliche schnelle
Bleichen des Tuchs durch übersaure Kochsalzsäure, wovon Tenner ein eigenes Werk
geliefert hat.

Der in der Atmosphäre befindliche Sauerstoff wirkt also höchstwahrscheinlich nur als
mächtiger Lebensreiz auf die Pflanzen, aber
diese bereiten denselben in ihren Organen selbst
in großer Menge, und hauchen ihn im Sonnenlicht aus, welches auch Priestley schon
entdeckte. Dieses ist ein unzuberechnender
Vortheil in der großen Oeconomie der Natur,
wodurch die Pflanzen die Luft reinigen.
Welches unendlich weise Ineinandergreifen
von Wohlthat ist hier zwischen Thier und

Pflanze. — Alles was das Thier lebend
ausstößt, alles was jedes organische Wesen
bey der Fäulniß, oder bey dem Verbrennen
entwickelt, sind ebenso viele Operationen in
der Natur, die die Luft verderben, und sie
für das Athemholen der Thiere unbrauchbar
machen. Die Pflanze hingegen lebt von diesem
Todesstoff, und liefert dem Thier Lebensluft,
die, wie Girtanner schön sagt, das Excre-
ment der Verdauung ist, das die Pflanze im
Licht ausstößt (*). Pflanzen und Thiere
arbeiten also zu wechselseitiger Fortdauer ihres
Lebens, die Pflanze giebt es, und das Thier
zerstört es wieder, indem es seine Fortdauer
dadurch sichert.

Das Ausströhmen der Lebensluft, des
Sauerstoffgases, geschieht aber nur durch
die gesunden, grünen Blätter, und
die übrigen grünen Theile der Pflanzen.
Selbst aus den Früchten und Saamen, solange
sie unreif, erhalten wir dieses Gas, aber

_____

(*) S. am a. O. Seite 552.

nicht mehr, wenn sie zeitig sind. Alle anders
gefärbten Theile hingegen z. B. die Blumen,
die reifen Früchte (*), die Schwämme (**)
der Brand an den Bäumen (***) u. s. w.
hauchen Luftarten aus, welche den Thieren
nachtheilig sind. — Wie manche ehemalige
Siegwartin litt wohl empfindsam seyn
sollendes Kopfweh, aber nicht von Empfind-
samkeit, nein, von einem Bouquet auf der
Toilette. —

Das Ausströhmen des Sauerstoffgases, so
wie überhaupt daß die Pflanzen Luft aushauchen, kann Jeder zu seiner Ueberzeugung
dadurch sehen, wenn man vorzüglich Linden-
blätter (†) unter eine mit Wasser angefüllte
Glasglocke bringt, und sie in den Sonnenschein

(*) De la Metherie a. a. O. B. 1. S. 362.
(**) Ueber das Aushauchen der Schwämme ist noch
vieles dunkel. S. von Humbold's Aphor.
S. 122.
(***) Der Brand entsteht, wenn sich der Sauerstoff in
der Holzfaser anhäuft, den Kohlenstoff entwickelt,
und also das Holz langsam verkohlt.
(†) De la Metherie, a. a. O. B. 1. S. 360.

seßt. Es entwickeln sich alsdann aus der unteren Blattfläche eine Menge Luftbläschen, die sich losreissen, sich auf die Oberfläche ansetzen, und endlich die Glocke mit der reinsten Lebensluft anfüllen (*). Das Sonnenlicht ist hierbey, wie Ingenhouß zuerst entdeckte, eine nothwendige Bedingniß, denn steht die Glocke im Schatten, so geben sie weniger und verdorbene Luft. Doch hat hiergegen Senebier Einwendungen gemacht, und es nur von kranken Pflanzen zugegeben. Soviel ist indessen gewiß, daß selbst die Blätter des Nachts keine Lebensluft liefern, und nach Ingenhouß, de la Metherie u. m. fixe Luft, wie die Thiere aushauchen sollen.

Daß die Pflanzen aber auch die Luft einathmen, bewieß Priestley (**) durch viele Versuche. Er ließ durch Fäulniß, oder das Athmen der Thiere, die Luft so verderben, daß kein Licht mehr in ihr brannte,

---

(*) Ingenhouß Versuche mit Pflanzen. Leipzig 1730.
(**) S. dessen Versuche ic. B. 1. S. 85.

und Thiere, z. B. Mäuſe, augenblicklich in
ihr erſtickten. In dieſe Luft, unter einer
Glocke mit Waſſer, ſteckte er einen Stengel
mit Münze — mentha —, und nach 9 Tagen
konnte eine Maus wieder munter in derſelben
leben, die aber in der Probeflaſche von eben
der Luft, die ebenſo aufbehalten wurde, augenblicklich ſtarb. — Der Pflanzenſtengel hatte
alſo durch ſeinen Wachsthum das kohlenſaure
Gas und die Stickluft eingeſogen, und durch
Aushauchen von Sauerſtoffgas die Todesluft
wieder zu einer atmoſphäriſchen gemacht.
Aeußerſt merkwürdig hierbey iſt aber, daß
viele Inſecten, vorzüglich die Blattläuſe (*)
in dieſer höchſtſchädlichen Luft geſund und
munter lebten. — Wo iſt Gränzlinie in der
Natur zwiſchen Thier und Pflanze? —
Sehr wichtig für die Vegetation ſind aber
die neuen Verſuche des von Humboldt (**).
Man glaubte nämlich, daß nur das Sonnen-

(*) A. a. O. B. 1. S. 85.
(**) Im a. B. S. 126.

licht,

licht, aus den Theilen der Pflanzen, aus
denen es Sauerstoffgas entwickele, die grüne
Farbe erzeuge. Von Humboldt aber
fand, daß auch in der dickſten Finſterniß die
Kreſſe bey dem bloßen Licht einer
Lampe in atmoſphäriſcher Luft grün wurde.
Ja daß auch ſchon der Waſſerſtoff, in
tiefen Gruben zu Freyberg, bey keimenden
Zwiebeln des Saffrans — crocus sativus —
die Blätter grün und die Geſchlechtshülle
gelb färbte. Hieraus ſchloß der Verfaſſer
ſehr ſcharfſinnig, daß der Lichtſtoff nicht in
Verbindung mit der Pflanzenmaterie trete,
ſondern nur als äußerlicher Reiz, der alſo
auch durch andere Reitze könnte ſubſtituirt
werden, wirke. Wenn aber nach des großen
Chemikers Gren (*) ſo ſcharfſinniger Erklä-
rung, der problematiſche Stickſtoff nur luftförmiges Waſſer mit viel Lichtſtoff, und alſo
das Waſſerſtoffgas durch Modification Stickgas
würde, ſo ließe ſich der Zutritt der Lichtmaterie in der tiefſten Grube nicht ausſchließen.

(*) Deſſen Grundriß der Naturlehre 1793. §. 761. 762.

U

So nothwendig aber auch das Sauerstoffgas für vollkommene Pflanzen ist, so
giebt es doch Vegetabilien wie Insecten, die
nur die höchstkleinste Menge davon ertragen,
und an die atmosphärische Luft in Sonnenschein gebracht, nach wenig Stunden zerstört
werden. Hieher gehören viele unterirdische
Schwämme und Moos. Aber wir sehen dieses
auch an manchen Schwämmen auf der Erde.
Man findet deshalb nur die Morchel — Phal-
lus esculentus — vor Sonnenaufgang am
schönsten!

Der Sauerstoff macht einen Bestandtheil
aller übrigen Gasarten aus, und deshalb
kann das Wasser, indem es die Grundlagen
der verdorbenen Luftarten verschluckt, jedes
Gas wieder zu atmosphärischer Luft umbil-
den. — Die Pflanzen haben also Gelegen-
heit, den Sauerstoff in großer Menge, und
vorzüglich durch Zersetzung des Wassers,
wovon nachher, zu erhalten. — Eine Menge,
vielleicht alle, vegetabilische Compositionen
werden nur durch seinen Beytritt gebildet.

Er ist die Quelle aller Säuren, der den Pflanzen eigenthümlichen Wärme, und ohne sie
ist keine Vegetation möglich. — In der
Physiologie und Pathologie der Pflanzen,
lassen sich von dieser Lebensluft wichtige Aufschlüsse erwarten. So ist es z. B. wichtig,
bey dem Pfirschen- und Apricosenbaum, die
so sehr dem Gummifluß ausgesetzt sind,
hierüber Beobachtungen anzustellen, da das
Gummi eine zu große Entziehung des Sauer-
stoffs, durch eine zu lebhafte Vegetation zu
seyn scheint.

In der Natur findet sich das Sauerstoffgas nie rein, sondern wir erhalten dasselbe
erst durch die Kunst, z. B. durch das Aushauchen der Blätter im Sonnenschein, aus
dem Salpeter, dem Braunstein, verschiedenen
Metallkalchen, durch starkes Erhitzen, durch
Aussetzung des Brunnenwassers an die Sonne
u. s. w. (*).

(*) S. Gehler's physic. Wörterbuch, Th. II. und
V. Art. Gas.

Das kohlengesäuerte Gas.

Dieses Gas ist unter dem Namen der
fixen Luft sehr bekannt. Andere nannten
diese Luftart auch mephitisches Gas,
luftsaures Gas u. s. w. — Lichter
löschen in demselben augenblicklich aus, und
Thiere, die es einathmen, sterben, so wohl-
thätig dasselbe hingegen dem Magen ist, wie
wir dieses von den Mineralwässern wissen.
In unterirdischen Höhlen findet man diese Luft
rein, daher die bösen Wetter, die erstik-
kenden Schwaden den Bergleuten so furcht-
bar, und Gährungsprocesse in Kellern so
gefährlich. Unter allen Luftarten kennen diese
die Menschen, außer der Atmosphäre, am
längsten. Sie macht nur $\frac{1}{16}$ der gemeinen
Luft aus, ist viel schwerer als diese, und
senkt sich deshalb leicht zur Erde nieder, um
von den Pflanzen verzehrt zu werden. Das
Wasser verschluckt von dieser Luft, bey 41°
Temperatur, fast mehr, als sein eigenes
Volumen ist, und immer weniger, je wärmer
das Wasser ist. Daher das Sprudeln der

Gesundbrunnen in einer wärmeren Temperatur an freyer Luft.

Ohne kohlengesäuertes Gas und Wasser
ist gar kein Wachsthum der Pflanzen möglich.
So wie der Sauerstoff das Leben erst in
Thätigkeit setzen und unterhalten muß, so
müssen die beyden ersteren Substanzen die
Materie hergeben, die als Nahrung den
Wachsthum möglich macht. — Die Grundlage von diesem kohlengesäuerten Gas —
der Kohlenstoff —, ist der Hauptbestandtheil der Pflanzen, und die Festigkeit
steht mit seiner Menge in Verhältniß, so wie
auch das schnellere oder langsamere Wachsthum, z. B. der Eiche gegen die Weide. —
Wegen seiner geringen Verwandtschaft mit
der Materie der Wärme, bleibt derselbe als
Kohle zurück, indeß alle übrige Bestandtheile
luftförmig — als Gasarten —, davon
gehen. Jedoch ist die gemeine Holzkohle noch
nicht ganz reiner Kohlenstoff. — In diesem
beruht der Grund alles Düngers, der bey
seiner Verwesung in fixe Luft aufgelöst,

vom Waſſer verſchluckt, in der Pflanze zer-
ſetzt, und als Hauptbeſtandtheil der vegeta-
biliſchen Verkörperung verwendet wird. Vorzüglich iſt dieſer Kohlenſtoff zur Bildung der
Oele, ſowohl der fetten, als der flüchtigen,
nothwendig, denn ſie beſtehen nur aus
Kohlen- und Waſſerſtoff. Tritt Sauerſtoff
hinzu, ſo giebt es Harze. Hierinnen beruht
der Grund aller Firniſſe, wenn wir durch
Bleykalche u. ſ. w. die viel Sauerſtoff
enthalten, dieſen den Oelen mittheilen.

Durch die Einſaugung dieſes Kohlenſtoffs
zur Nahrung reinigen die Pflanzen die Luft.

Ingenhouß hat gegen Senebier
bewieſen, daß die Blätter zu allen Zeiten,
und nicht bloß wenn ſie Fehler haben, im
Dunklen kohlengeſäuertes Gas, — fixe
Luft —, aushauchen, und Sauerſtoffgas
einathmen. Alle gefärbte Theile der
Pflanzen hingegen, vorzüglich die Blumen,
geben Tag und Nacht nur kohlengeſäuertes
Gas von ſich, welches vorzüglich Achard
durch eine Menge Verſuche bewies. — Blumen

sind keine Theile die dauerhaft verkörpert
werden sollen, deshalb geht der Kohlenstoff
fort; aber die Lichtmaterie soll mit dem Sauer,
stoff Leben und hohe Kraft für die kurzdauernde
Zeit der Liebe in ihnen aufreitzen, worauf
sie erschöpft so schnell dahin sterben. — Daß
die Pflanzen aber das kohlengesäuerte Gas —
die fixe Luft — in ihren Organen zerlegen,
die Basis davon, den Kohlenstoff, in
sich aufnehmen, und den Sauerstoff aus,
hauchen, hat Senebier evident bewiesen;
denn Zweige in Wasser, das mit fixer Luft
geschwängert war, lieferte mehr Lebensluft,
als Zweige in gemeinem Wasser (*).

Die' fixe Luft ist also für die Vegetation
das nothwendigste Bedingniß, und der wich,
tigste Grundstoff zur Bildung aller Pflan;
zenbestandtheile, welche verbrenn;
lich sind. Wie freut uns dieser Stoff im

(*) S. Senebier, Physiologie végétale 1791. und
mit neuen Beweisen belegt in Gren's neuem
Journal der Physik B. 1. Heft 2. S. 229.

Winter und fliegt davon, um wieder zu Holz zu werden!

Ohne Zerstörung gäbe es keinen Kohlen: stoff, keinen Dünger, ohne diese kein vege: tabilisches Leben. O! Thier, dein erster Urstoff ist Verwesung! — Mit welcher Herzensfülle sagt Sullivan: — „So wird „durch Tod und Verwesung, Vegetation und „thierisches Leben aufrecht erhalten; und auf „scheinbarer Unvollkommenheit der einzelnen „Wesen, beruht die Harmonie und Vollkom: „menheit des Ganzen. ——— Zerstörung ist „ein wesentliches Erforderniß zur Erhaltung „des Lebens in der Natur. Thiere und Pflan: „zen existiren und vermehren sich nur durch „gegenseitige Auflösung. Die Totalsumme „des Lebens bleibt immer dieselbe, und der „Tod, ob er gleich alles zu vernichten scheint, „vermag doch nichts gegen die lebendige „Urkraft, welche allen organisirten Geschöpfen „gemein ist" (*).

_____

(*) Im angef. B. B. III. S. 79. und 85.

Das Studium der Luftarten, und ihr
Nutzen oder Nachtheil, ihr wesentlicher Zweck
oder Entbehrlichkeit bey der Vegetation der
Gewächse, und der Bildung der so mancherley
Bestandtheile der Pflanzen, ist unerschöpflich, unendlich wichtig, und leider noch so
wenig erschöpft. Die neuere Chemie eines so
unglücklichen Lavoisier u. a., hat uns erst
das Ziel ausgesteckt, die wichtigsten Aufschlüsse
über Vegetation der Gewächse erwarten zu
dürfen, zu dem wir um so mehr berechtigt
sind, da wir diesen Gegenstand von den tief-
denkendsten Naturforschern jetzt so eifrig bearbeitet sehen.

Aber schon einiges Nachdenken über die
Wichtigkeit der ausströmenden Lebensluft
aus den Pflanzen im Sonnenlicht, die Nothwendigkeit der fixen Luft zur soliden
Pflanzenfaser, läßt schon errathen, daß blühende Bäume nicht der Luft und dem Sonnenlicht entzogen werden dürfen, wenn die Blüthe
einen befruchteten gesunden Keim liefern soll.
Schon die löffelförmige Form der Blumen-

blätter um die Geschlechtswerkzeuge herum,
sind schon ein Fingerzeig, daß die, gleichsam
auf einen Brennpunct zurückgestrahlte Lichtmaterie auf diese Zeugungsorgane äußerst
wichtig seyn muß, um die geistige Kraft der
männlichen Staubgefäße, und den Honigsaft
des weiblichen Stempels zu erhöhen.

Außerdem lehrt uns die nähere Kenntniß
von dem wahren Wesen des Düngers, wie
leicht wir eine kühle reichliche Nahrung,
mittelst des Kohlenstoffs, jedem Scherbenbäumchen geben können, und wie nöthig
deshalb das halbe Versetzen ist.

Der Wasserstoff. Das Wasser.

Lebt und wächst schon ohne Sauer- und
Kohlenstoff keine Pflanze, so ist das
Wasser noch nothwendiger, um auch nur
auf Minuten die Existenz des Lebens zu
sichern.

Die Luft löst Wasser in sich auf, und
es wird auf der andern Seite das Wasser
durch den Wärmestoff und Licht, nach

de Luc (*), wieder zu einer permanenten
Luft. Nach diesem großen Physiker ist Wasser
die Basis aller Luftarten. Indessen glaubt
man doch jetzt immer allgemeiner, daß das
Wasser selbst aus zwey Bestandtheilen zusam̃
mengesetzt, und folglich ein Product von
Luftarten sey. Diese Entdeckung von Lavoisier nennt Girtanner (**) eine der wichtigsten unsers Jahrhunderts. Hundert
Theile Wasser bestehen, nach den Versuchen, —
aus 85 Theilen Sauerstoff und
15 Theilen Wasserstoff. Letzterer ist
die Basis, — die Grundlage — der brennbaren Luft. Der Sauerstoff hat nämlich
eine große Verwandtschaft zu dem Wasserstoff,
und verbindet sich mit demselben in einer
höheren Temperatur von Wärme, wodurch
der Wärmestoff dieser beyden Gasarten
frey wird, und mit Hitze und Licht davon
geht. Die Verbindung des Sauer- und

(*) Gren's Journal der Physik B. 11. S. 254.
(**) Girtanners antiphl. Chemie S. 85.

Wasserstoffe aber bilden tropfbares Wasser. Auf diesem Proceß beruhen unendlich viele Vorgänge in der Natur, und Erfindungen der Kunst: Die berühmte Voltasche Luftpistole, die Irrlichter, Stern= schnuppen, die Feuerschwaden in Höhlen, das Anzünden der Sumpf= luft, u. s. w.

Aber der Wasserstoff ist auch ein Haupt= bestandtheil der Pflanzen, und das Wasser ist ihnen in vielen Rücksichten nothwendig:

1) Als Auflösungsmittel der fixen Luft, um diese durch die Wurzeln, oder im Thau u. s. w., mittelst der Blätter, zur Ernährung der Pflanzen beyzuführen.

2) Den Wasserstoff, als eine noth= wendige Substanz für die Pflanze selbst, um mehrere ihrer Bestandtheile zu bilden, abzu= geben.

3) Die Säfte in den Pflanzen flüssig zu erhalten, und den Verlust durch die Ausdün= stung immerwährend zu ersetzen.

4) Höchstwahrscheinlich den Pflanzen auch

noch verschiedene andere Luftarten mitzutheilen, die dann entweder wesentlich oder zufällig seyn können. Indessen ist es noch eine Frage, ob z. B. die wenige Kalch= und Eisenerde nicht reine Producte der Organisation selbst sind. Braunstein, Kieselerde, ja Zinn u. s. w. sind wohl Zufälligkeiten. Die Soda und die Potasche hingegen offenbar entweder Produkte des Verbrennens, oder von den Pflanzen selbst fabricirte Stoffe.

Die Pflanzen haben höchstwahrscheinlich das Vermögen, mit Hülfe des Sonnenlichts, in ihren grünen Theilen, das Wasser in seine zwey Bestandtheile zu zerlegen. Der Sauerstoff geht in Verbindung mit der Lichtmaterie als Lebensluft fort, und der Wasserstoff wird frey, wodurch in der Pflanze Wärme unterhalten, und der Wasserstoff selbst, mit dem Kohlenstoff aus der fixen Luft vereinigt wird, um die mancherley festen und flüssigen Theile der Vegetabilien zu bilden. Fette und flüchtige Oele bestehen bloß aus Wasser= und Kohlenstoff.

Der Wasserstoff liefert den Pflanzen, wie der Kohlenstoff, viele brennbare Materie, welches schon Newton ahndete, und das Wasser als das Mittel zwischen verbrennlichen und unverbrennlichen Körpern ansahe. Wegen der außerordentlichen Verwandtschaft des Wasserstoffs zum Wärmestoff, kennt man denselben nie anders als in Gasgestalt, welche unter dem Namen der brennbaren Luft bekannt ist, und wovon eben die Rede war. — Löscht man glühende Kohlen in Wasser aus, so erhält man Wasserstoffgas. — Dieses Gas löst den Kohlenstoff, den Schwefel, den Phosphor u. s. w. auf, bildet damit verschiedene Gasarten, die alle einen unerträglichen Geruch haben. Daher das unleidliche der Exkrementen und der faulenden Thiere und Pflanzen. Entzieht man diesen stinkenden Gasarten den Wärmestoff, so bleibt ein Oel zurück, das um so stinkender ist, je mehr es Wasserstoff enthält.

Thiere sterben im Wasserstoffgas, und den Saamen wird in ihm alle Kraft zum Keimen

geraubt. Setzt man aber Pflanzen in diesem
Gas dem Sonnenlicht aus, so bildet die
Lebensluft mit demselben Wasser, oder der
Wasserstoff wird nach Ingenhouß von der
Pflanze eingesaugt, und letztere liefert durch
Zersetzung des Wassers Lebensluft.

Wie wichtig ist also dieser Wasserstoff für
die Vegetation, und wie viele Erscheinungen
in derselben werden dadurch aufgeklärt, seitdem
das Wasser kein Element mehr ist! Aus
der Verbindung des Wasserstoffs mit dem
Kohlenstoff entsteht die Kohle, die Oele,
und alle übrigen verbrennlichen Theile der
Pflanzen (*). Blitz und Donner sind wohl
nichts anders als Verbrennung des Wasser:
stoffgases mit der Lebensluft (**);

Aber auch reines Wasser ist den Pflanzen
nothwendig, um ihre Säfte flüssig zu erhalten,
und den Verlust durch die Ausdünstung zu
ersetzen. Das Zuführen der Nahrungsstoffe

(*) Girtanner im a. B. S. 235. Fourcroy chem.
Philosophie S. 32.
(**) Fourcroy am a. O. S. 35.

durch das Wasser macht dessen große Menge
nothwendig, und die so sehr geringe Portion,
welche die Pflanze zu ihrer eigenen Oeconomie davon bedarf, deshalb ein fast gleich
starkes Ausdünsten absolut erforderlich, um
der Ankunft neuer Nahrungsstoffe Raum zu
gestatten. Ja in der Sonnenhitze ist die
Ausdünstung oft größer, als das Einsaugen
des Wassers, daher das Welkseyn der Blätter
in glühenden Sommertagen. Der große
Beobachter Guettart fand deshalb, daß
sich die Ausdünstung der Pflanzen im October
zu der im August verhalte wie $2\frac{1}{2}$ zu 9. —
Der Laye lächelt, wenn man ihm sagt, daß
der Mensch, auch ohne sich feucht zu fühlen,
in 24 Stunden mehrere Pfunde, als Dunst
transpirirt; oder daß hundert Millionen Menschen jährlich 1280 Millionen Cubikfuß Feuchtigkeit ausdünsten!! — Aber wie weit größer
ist noch die Ausdünstung der Gewächse, gegen
die der Thiere! — Die Quantität derselben
bey den Pflanzen reicht an das Unglaubliche.
Woodward hat gefunden, daß die Pflanzen
fast

faſt alle Feuchtigkeit, die ſie einſaugen, auch
wieder ausdünſten. Von 50 Theilen bleiben
kaum 10, ja von 500 Theilen nur ein Theil
zur Nahrung zurück. Daher die Nebel
in den Waldgegenden. Man hat z. B.
berechnet, daß ein einziges Baumblatt in
24 Stunden 10 Gran Waſſer ausdünſtet,
und nun berechne man das Quantum einer
Million von Blättern an einer einzigen ſchön
belaubten Buche. — Die Feuchtigkeit, welche
aber von den Pflanzen ausgedünſtet wird,
iſt kein reines Waſſer, ſie enthält noch fremde
Theile, und vorzüglich den noch ſo wenig
unterſuchten Geruchſtoff der Pflanzen,
wodurch die Ausdünſtung mancher Gewächſe
ſogar für Thiere tödtend wird.

Aus den mehr als ſinnreichen Verſuchen
eines unſterblichen Hales erhellt:

1) Daß die Ausdünſtung der Pflanzen
mit ihren ausdünſtenden Oberflächen im Verhältniß ſteht, und eine Pflanze um ſo mehr
ausdünſtet, je größer die Blätter, und je
mehr ihre Menge iſt.

x

2) Daß die Ausdünstung sich nach dem Grad der Temperatur der Luft richtet, und um so kleiner ist, je kälter die Luft wird.

3) Daß die Pflanze desto mehr ausdünstet, je stärker ihr Wachsthum ist.

4) Daß die eigentliche Materie der Ausdünstung reines Wasser, und beynahe dasselbe in allen Pflanzenarten ist.

5) Daß stets grünende Bäume, in einer gleichen Zeit, weniger ausdünsten, als die, welche ihre Blätter abwerfen (*).

Hales (**) zeigte ferner durch Versuche, daß eine Sonnenblume von 3 Pfund gegen einen Menschen von 160 Pfund, siebenzehen mal mehr als der letztere einsaugt und ausdünstet! — Wie unendlich wenig muß also zu verkörpernde Materie in der fixen Luft und dem Wasserstoffgas enthalten seyn, gegen die schon aus diesen Urstoffen zusammen-

_____

(*) Hales Statik der Gewächse, S. 12. 25. 50. 198. und a. a. O.
(**) Im a. B. S. 6.

gesetzte Nahrung der Thiere! Und außerdem hat das Thier noch zwey andere Wege seinen Unrath fortzuschaffen, die Pflanze aber nur die Ausdünstung. Welcher große Zweck ruht hier in den Blättern! Und um deshalb stehen sie alle so regelmäßig, damit keins das Geschäft des andern hindere!

Die Pflanzen dünsten aber mehr aus, als die Wurzeln ihnen zu liefern im Stande sind. Diesen Mangel ersetzen schon wieder die Blätter durch das Einsaugen der Feuchtigkeit aus der stets mit Wasser angefüllten atmosphä= rischen Luft. Dieses Einsaugen geschieht aber wohl nur einzig, wenn es nicht regnet, in der Nacht. Daher stehen die Pflanzen nach einem Thau so kraftvoll da. Hales (*) beobachtete, daß seine drey Pfund schwere Sonnenblume nach dem geringsten Thau um 4 bis 6 Loth schwerer würde. — Dieses Ein= saugen geschieht durch die untere Fläche der Blätter, wie dieses der Versuch beweißt,

_____

(*) Am a. O. S. 2.

daß, wenn man Blätter mit der Oberfläche
auf Waſſer legt, ſo ſterben ſie bald, legt
man ſie aber mit der Unterfläche darauf, ſo
erhalten ſie ſich lange friſch (*). — Gegen
die Wahrheit des Einſaugens könnte man
zwar einwenden, daß b l o ß die g e h e m m t e
Ausdünſtung ſchon die Säften in der Pflanze
wieder in der Nacht anhäufen könnte, und
dieſes kann auch wirklich der Fall ſeyn. Aber
daß das Einſaugen durch die Blätter nicht
groß und äußerſt wichtig ſeyn müſſe, lehren
uns fröhwachſende Bäume auf Felſen, die
ihnen ohnmöglich ſo viel Ausdünſtungsmaterie
mittheilen können: — die ſaftvollen Pflanzen
des H a u s l a u c h s — sedum acre —, der
f e t t e n H e n n e — sedum telephium —
auf dürren Mauern und Dächern: — das
matte — welke Ausſehen ſaftvoller Gewächſe
nach t h a u l o ſ e n Nächten. Es ſind als;
dann Wetterpropheten — H y g r o m e t e r —,
die uns nahen Regen verkünden, weil das

_____

(*) B o n n e t im a. B. B. 1. 242.

Waſſer durch die Intenſität des Sonnenlichts in der Luft gänzlich aufgelöſt iſt, und in kälteren, höheren Regionen bald einen Nieberſchlag erleiden muß. — Das Einſaugen der Feuchtigkeiten beweißt aber wohl nichts ſo ſehr, als das Aufſchwellen eines Stamms über den Verband. In jeder Baumſchule kann man dieſes ſehen. Wird der Verband, z. B. bey dem Propfen, zu löſen vergeſſen, und giebt derſelbe nicht nach, ſo findet man im Herbſt, daß die Stelle über demſelben nach dem Pfropfreiß zu, um vieles ſtärker und aufgeſchwollen iſt, als das Stämmchen unter dem Verband. Dieſes beweißt doch das Einſaugen einer Materie durch die Blätter unumſtößlich. Aber es beweißt auch das bezweifelte Herabſteigen der Säfte in den Gewächſen, welches aber nur im Baſt geſchehen kann. Das Aufſteigen der Säfte geſchieht aber auch im Holz. Daher wächſt ein Zweig noch den ganzen Sommer über, wenn man ihm auch alle Rinde auf einen Zoll breit rein abgelößt hat. Der Zweig ſtirbt erſt, wenn

von dem Sauerstoff erst das Holz ist getödtet
worden. Dieser Versuch ist wichtig. Am
oberen und unteren Rand der Rinde, wo das
Mittelstück ausgeschält ist, bilden sich Aus-
wüchse — callus —, die das Holz wieder
überkleiden wollen, und die Augen am vor-
dern Ende des Zweigs, vor der ausgeschälten
Rinde, treiben ebenso schöne Sommertriebe,
als die Augen gleich hinter derselben, welche
ohne diese Operation gar nicht würden getrieben haben (*). Beweißt dieser Versuch nicht
das Aufsteigen des Baumsafts im Holz, und
das Absteigen der Säfte in der Rinde, denn
woher sonst die Saftverhärtung am vorderen
Rand der Rinde?

Die große Ausdünstung unbrauchbar
gewordener Feuchtigkeiten, und der Ersatz
derselben durch die Wurzeln, ist also nicht
allein das Wesen der Vegetation, nein, das

(*) Diesen Versuch lernte ich an Zweigen der Spalierbäume, wenn sie am regelmäßigen Ort des Schnitts
zu kurz waren, und ich sie doch in der gehörigen
Richtung anbinden wollte.

Einsaugen ist gewiß zur Ernährung der Pflanzen eben so wichtig, und zur vollkommenen
Ausarbeitung der Säften durchaus nothwendig, wie wir bald bey der Lichtmaterie, sehen
werden.

Berauben wir den Baum seiner Blätter,
so fängt er sogleich an krank zu werden, ja
bestreicht man ein Blatt mit Oel, so stirbt es
ab. Die Wurzeln stehen im Wachsthum still,
die Säfte stocken, weil die Ausdünstung aufgehoben ist, und ein solcher Baum erstickt,
was Smellie (*) artig mit einer Engbrü-
stigkeit vergleicht. Daher der fürchterliche
Schaden des Raupenfraßes, der jetzt so
große Aufmerksamkeit erregt: daher das
leichte Absterben der Bäume, wenn die
Blattläuse alle Blätter unorganisch machen.
Wie fürchterlich ist nicht für Pfirschenbäume
die Glocke, die offenbar von gehemmter
Ausdünstung herrührt, so daß der heftig
reizende Sauerstoff sich in ihnen anhäuft,

_____

(*) S. dessen Philos. der Naturgeschichte B. 1. S. 32.

und sie bleich und roth macht. Hales (*)
fand, daß Zweige ohne Blätter in 12 Stun:
den nur 2 Loth einsaugten, und Abends
schwerer als Morgens waren, indessen andere
Zweige mit Blättern, in der nämlichen Zeit,
30 bis 60 Loth einsaugten, und noch mehr
ausdünsteten.

Da nun alle Luftarten etwas Wasser in
sich aufgelößt enthalten, oder nach De Luc
das Wasser die Basis aller Luftgattungen
ausmachen soll, so sieht man auch hieraus,
wie die Pflanzen durch Einsaugen der Luft,
indem sie diese von ihrem Wärmestoff entbin:
det, den Kohlenstoff zu ihrer Nahrung ver:
wendet, und den Sauerstoff dagegen aus:
haucht, ebenfalls Wasser erhält.

Die im Wasser aufgelößten Salze, Erden
u. d. g. m. tragen zur Nahrung der
Gewächse nichts bey, denn die Pflanzen
wachsen im reinen Wasser am besten. Die
Salze können nur als Reitz auf die Lebenskraft

_____

(*) Im a. B. S. 17. Erfahr. 7.

wirken, und wären etwa für die Pflanzen, was der Wein für den Menschen ist. Die Pflanze braucht nur Urstoffe, und bildet erst aus diesen, mittelst ihrer Lebenskraft, ihre näheren specifischen Bestandtheile.

Aus allem diesem erhellt, daß man ehedem nicht so Unrecht hatte, das Wasser als die einzige Nahrung der Pflanzen anzusehen. Es ist aber nicht das Wasser als Element, sondern die ganze physische und chemische Mischung desselben, die wir erst in den neuesten Zeiten näher, aber doch noch nicht durchaus haben kennen lernen.

Wer deshalb gesunde und seine Früchte behaltende Scherbenbäumchen erziehen will, muß sorgfältig in dem Feuchthalten der Erde seyn: aber sie auch nie zu feucht halten. Zieht deshalb die Scherbe nicht gut ab, und das Wasser stockt in der Erde, so wird es durch Gährung beißend, und das Bäumchen stirbt bald ab.

Die Lichtmaterie.

Das allmächtige Wort, — es werde Licht —, gab erst der Schöpfung ihren erhabenen Werth, und ohne welches, wie de Luc (*) sagt, — „nichts von allem, was „wir auf unserer Erde bemerken, hätte her: „vorgebracht werden können, wenn nicht das „Licht zu den übrigen Elementen, aus „welchen die Masse derselben zusammengesetzt „war, hinzugefügt worden wäre; daß aber „sogleich nach diesem Beytritt des Lichts die „chemischen Operationen beginnen muß: „ten, welche dieses große Ganze von Phä: „nomenen hervorgebracht haben.“

Newton's Bescheidenheit erlaubte ihm nicht die Materialität des Lichts als eine sichere Wahrheit zu behaupten. Euler läugnete eine eigene Lichtmaterie, und ihm waren die Schwingungen des Aethers das Licht. Bewie: fen wird wohl zwar das Daseyn einer eigenen

---

(*) Voigt's Magaz. für das Neueste aus der Phyfik. B. VIII. IX.

Materie des Lichts nie werden, aber die
Chemiker beobachten so viele Erscheinungen
in der Natur, die uns gleichsam zwingen,
einen Lichtstoff anzunehmen, der chemisch
auf die Körper wirkt, Trennungen und Ver=
bindungen in ihnen bewerkstelligt, und daß
es seine Strahlung verliert, wenn es
von Körpern eingesogen, und körperlich mit
ihnen verbunden wird. Seine Verwandtschaft
zum Sauerstoff, zum Stickstoff in
der Luft, und zur Wärmematerie ist
groß. Nach Gren ist Lichtstoff eine eigene
Basis mit freyem Wärmestoff, und ist der
Brennstoff — das Phlogiston — in der
Natur. Dieser so scharfdenkende Physiker (*)
sagt deshalb so gedrängt als wahr: — "Das
„Licht ist das vorzüglichste Agens in der
„Natur, das durch seinen Beytritt die Ver=
„hältnisse anderer Grundstoffe mannichfaltig
„abändert, und das bey der Bildung und

(*) S. dessen Grundriß der Naturlehre 1793. §. 650.
und system. Handbuch der Chemie 1794. B. 1. §. 224.

„Zerſtöhrung unzähliger Weſen bald frey, bald
„gebunden wird. Die Nothwendigkeit des
„Lichts zum Gedeihen der Gewächſe, die
„Verbrennlichkeit aller Körper und aller
„ihrer näheren Beſtandtheile in dieſem uner-
„meßlichen Reiche der Natur; die Nothwen-
„digkeit des Lichtes zur Bildung der mehre-
„ſten, wo nicht aller luftförmigen Stoffe,
„u. ſ. w. beweiſen die Fähigkeit der Licht-
„materie, durch ihre Affinität mit anderer
„Materie, den Zuſtand ihrer Strahlung zu
„verlieren, und zum chemiſchen Beſtand-
„theil derſelben zu werden.‟

Alſo tauſend Phänomene der Natur führen
uns zur Ueberzeugung von der Exiſtenz der
Materialität des Lichts. Weil ſich aber der
Lichtſtoff ſo leicht mit dem Wärmeſtoff verbindet, und Erleuchtung und Erhitzung ſo oft
beyſammen ſind, ſo haben viele das Licht und
den freyen Wärmeſtoff für eins und eben-
daſſelb gehalten. Da beyde aber zu oft
getrennet ſind, die Geſetze, denen ſie folgen,
zu ſehr abweichen, und da wir aus Körpern,

die sonst für sich selbst keine Helligkeit hervor;
bringen, Licht entwickeln können: so ist man
genöthigt, den Lichtstoff als eine von dem
Wärmestoff verschiedene Materie anzusehen.

Senebier (*), der sich um die Vege;
tation so große Verdienste erworben, hat durch
eine Menge Versuche die Nothwendigkeit des
Lichts zum Gedeihen der Pflanzen bewiesen. —
Aber schon die gemeine Erfahrung zeigt uns
dieses, ob wir gleich den Antheil des Licht;
stoffs in der Vegetation, und die Art und
Weise wie er wirkt, nicht kennen. Wir wissen
nur, daß dessen Beytritt zur Bildung und
Erzeugung, bey vielen der näheren Bestand;
theile der Pflanzen und Früchten, durchaus
nothwendig ist; ja es ist sogar nicht unwahr;
scheinlich, daß sich ohne gebundene, und
freye Lichtmaterie, kein einziger vollkom;
mener Bestandtheil der Gewächse ausbilden

(*) S. dessen physic. chemische Abhandl. über den
Einfluß des Sonnenlichts auf alle drey Reiche der
Natur, Th. 1. IV.

könnte, und daß erst der Beytritt der Lichtmaterie zu andern Stoffen, Scheidungen
und Bindungen bewirkt, die ohne diesen
Vorgang roh, unvollendet, oder ganz und
gar nicht zugegen sind. Der Gedanke eines
mir unbekannten Schriftstellers (*), war schön
und wahr, wenn er sagt: — „Die Bäume
„scheinen mit der unteren Fläche
„ihrer Blätter den Duft der Erde,
„und mit der oberen das Licht des
„Himmels zu trinken.‟

Das Licht bringt eine Menge Erscheinungen hervor, die sich ohnmöglich aus Schwingungen des Aethers erklären lassen, und die
auch bloße dunkle Wärme nicht erzeugen kann,
zum großen Beweis, daß das Licht eine von
der Wärme verschiedene Materie ist. Die
grüne Tinctur, welche man durch Weingeist
z. B. aus Kirschen- oder Feigenblättern extrahirt, verliert am Sonnenlicht in 20 Minuten

_____

(*) Gedanken über die Luft und ihren Einfluß 2c.
Hamburg 1787.

ihre Farbe, erhält sich aber in einem undurch‡
sichtigen Gefäß, oder das nur mit schwarzem
Papier umgeben ist, mehrere Monate! —
Das Sonnenlicht entwickelt aus grünen
Blättern im WasserLebensluft, aber die näm‡
lichen Blätter, das nämliche Wasser, und
die nämliche Wärme, liefern, ohne
Licht, nichts. Die von Natur gelbe dephlo‡
gistisirte Salzsäure, wird im Sonnenschein
wasserhell, und entwickelt Lebensluft: wird
aber das Glas mit schwarzem Papier umge‡
ben, so erfolgt keine Veränderung. Die
Salpetersäure wird in der Sonne gelb, im
Schatten aber, und in der Ofenwärme bleibt
sie weiß. Dieses sind also offenbare Zersetzun‡
gen von der Lichtmaterie, wobey sie also kör‡
perlich einwirken muß. — Im Pflanzenreich
sind aber die Wirkungen des Lichts noch
anschaulicher! — Nimmt man hierbey an,
daß die Lichtmaterie, die zur Bildung der
mehresten Luftarten unentbehrlich ist, eine
größere Verwandtschaft zum Wasser‡ und
Kohlenstoff, als zum Sauerstoff hat,

so laſſen ſich zwey große Erſcheinungen daraus leicht erklären. — 1) Daß ſich die Lichtmaterie mit dieſen beyden Stoffen figirt, dieſelben brennfähig macht, und den Pflanzen dadurch ihre wahre Verkörperung und eigenthümliche Miſchung verſchafft. — 2) Daß die Abweſenheit des Lichts den Sauerſtoff in ihnen anhäuft, wodurch die Pflanze in einen weißen, oder eigentlich farbenloſen, zärtlichen Zuſtand geräth. — Alſo Feſtigkeit, Dauerhaftigkeit, Farbe und Geſchmack, ſind Kinder des Lichts.

Hieraus erklärt ſich dann, warum Gewächſe, denen es an Feuchtigkeit, und Luft und Wärme nicht fehlt, dennoch fade, und farbenlos bleiben; — warum die Pflanzen auch bey bloßem Lampenlicht und Stickluft grün werden. — Alle im Keller wachſende Gewächſe ſind weiß, gelblich, geſchmacklos und ohne Conſiſtenz, ohne wahren Geruch.— Alle ſich von Natur oder durch Kunſt zugeſchloſſene Gewächſe, Salat, Weißkohl,

Endi:

Endivien u. f. w. find von innen weiß, zart
und von milderem Geschmack. — Der Gärtner
zieht zärteren, aber auch faderen Spargel,
wenn er, wie in Holland, durch Pfeiffen-
köpfe denselben gleich bey dem Hervorkeimen
bedeckt. — Jede erst aufkeimende Pflanze
ist zwischen den Saamenlappen weiß, verträgt
starkes Licht, als zu heftig reitzend, nicht,
und würde dadurch zu früh, gegen das Bestreben der Vergrößerung, durch eine härtere
Consistenz zurückbleiben. — Die Früchte
haben nur Farbe auf der Sonnenseite. —
Die jährlichen Triebe haben eine sie oft für
Kenner auszeichnende Farbe gegen die Licht-
seite. — Zu bloß hängende Früchte werden
zu consistent, nicht saftvoll genug, ein Kunstgriff bey Pfirschen.

Noch unerklärbarer ist aber auch die Liebe
der Pflanzen gegen das Sonnenlicht. Darwin überzeugt sich dadurch sogar, daß dieselben Ideen und Willen haben müßten (*) ? —

_____

(*) Sullivan sagt in seinen Briefen — Uebersicht
der Natur nebst einigen Bemerkungen

Y

Gewiſſe Pflanzen drehen ſich ſtets nach der
Sonne. Die Blätter drehen ſich am meiſten
dahin, wo das Licht auf ſie fallen kann, und
ich glaube, daß dieſes bloß durch einen Reiz
des Lichts auf die Blattſtiele geſchieht,
und dadurch, ohne Idee und Willen, doch
der große Zweck von der Nothwendigkeit des
Lichtes durch den Schöpfer erreicht wurde (*).
Stellt man z. B. das ſo ſtärkend riechende

über den Atheismus, in Beziehung auf
deſſen Verbreitung im neueren Frankreich, B. 3. S. 77., ſehr frappant: — „Wenn
„man nach den oben aufgeſtellten Gründen, den
„Pflanzen etwas mehr, als Organiſation und
„todte? Reizbarkeit zugeſtehen muß; wenn auch
„in ihnen Leben und eine Art von Empfindungs-
„vermögen herrſcht, ſo wird dadurch der Menſch
„gewiſſermaßen gerechtfertigt, wenn er Thiere töd-
„tet, um ſich von ihrem Fleiſche zu nähren. Denn
„ſo iſt es nun nichts grauſameres, ein Schaaf zu
„ſchlachten, oder einen Haaſen zu ſchießen, als eine
„Wurzel aus der Erde graben, oder eine Frucht
„vom Baume abzubrechen." — Sullivan's
Werk ſollte jeder ſtudiren, dem die Natur eine
Freundin iſt!!
(*) Siehe die vorhergehende Note.

geranium odoratissimum, oder auch triste, in einem Topf hinter ein Fenster, so kehren die Blätter ihre Fläche sämtlich dem Licht entgegen. Dreht man den Topf jetzt so, daß die Blätter in die Stube gekehrt sind, so bemerkt man allmählig solche Krümmungen an den Blätterstielen, wodurch die Oberfläche des Blatts wieder nach und nach gegen die Sonne kommt. Findet hier nicht etwas mehr als Reiz auf sich unbewußte Lebenskraft Statt? Aber nicht so leicht zu erklären sind die Erscheinungen, daß Gewächse im Schatten die Spalten aufsuchen, wo Licht hereinkommt, und durch diese Spalten hindurchwachsen! Ist es Zufall? Liegt hier nicht vieles für den Forscher noch verschleyert?

Die Lichtmaterie ist also schon in ihrem freyen Zustand, als bloßer Reiz, das wichtigste Agens in der Natur zur Unterhaltung des Lebens der Gewächse. Indem sie aber auch von diesen eingesaugt wird, und sich mit dem Wasser- und Kohlenstoff derselben körperlich vereinigt, wodurch erst höchstwahrscheinlich die Lebensluft entwickelt wird, erzeugt die Luftmaterie nun im Pflanzenreich die Farben, die Geruch- und Geschmackstoffe, die Oele, die Harze, den Kampher, u. s. w. Sie ist die Ursache, daß die Pflanzensäuren (*), durch das Reifen der Früchte, süß werden. Wie merkwürdig sind nicht die Farbenveränderungen in den Pflanzen, je nachdem die Lichtmaterie noch Verbindungen mit denselben einzugehen, und Lebensluft daraus zu entwickeln im Stand ist. So hat die grüne Farbe der Blätter die blaue und gelbe Farbe zu ihrer Grundfarbe, wie dieses bey der Bereitung des Indigo erhellet. Wird der blaue Theil mit Sauerstoffgas übersättigt, so wird die Farbe roth, oder ist die blaue Farbe, als die wandelbarste der Luft, nicht so fest verbun-

---

(*) Alle Pflanzensäuren haben den Sauerstoff zur Grundlage, daher auch alle noch grüne Früchte Lebensluft anshauchen. Die Verbindung des Lichts mit dem Wasser- und Stickstoff, entsäuert endlich die Früchte.

ten, so verschwindet sie schnell, und das Blatt wird gelb (*).

Wie so äußerst wichtig ist also der Einfluß des Sonnenlichts auf Gesundheit und Krankheit der Gewächse! Nur in ihm liegt das große Triebwerk der Ausdünstung, und dem so nothwendigen Aushauchen der Lebensluft. Schon Hales (**) glaubte, daß die meisten Krankheiten von gehemmter Transpiration wegen übel beschaffener Luft herrührten. — Gewiß ist es, daß die wechselsweise Einwirkung des Lichtes auf den Sauerstoff, die Untersuchung eines jeden Naturforschers aufreißen sollte. Wie viele wichtige Entdeckungen würden hieraus entspringen! Der Honigthau, die Manna, der Mehlthau sind höchstwahrscheinlich nur Producte, die zu ihrer Basis den Sauerstoff haben. — Welches sind die Umstände, die ihre Erzeu-

---

(*) S. E. A. Riche Chemie der Pflanzen, S. 101. Auch v. Usar a. a. O. S. 59

(**) Im a. B. S. 7.

gung begünstigen? — Die Wahrheit müßte
hier können ausgemittelt werden! — Die
Natur arbeitet nur an Transformationen,
und anderen Umständen, anderen Erzeugnissen,
wobey, wie schon der nie sterbende Newton (*) ahndete, das Licht stets eine wichtige
Rolle spielt. — Welch ein großes Feld zu
den nützlichsten Untersuchungen für die Agricultur liegt hier für uns! Aber Niemand
wage sich daran, der nicht Vertrauter der
chemischen Lufttheorie ist, und die
Einfachheit kennt, mit der die Natur die
Schöpfung dennoch zur gränzenlosen Mannichfaltigkeit erhebt. Es bedarf nur des Stachels
einer kleinen Schlupfwespe, die ihr Ey mit
einem specifischen Saft in die Rinde eines
Zweigs legt. Die Lebenskraft dieses Punctes
wirkt nun nach andern Gesetzen, und welche
Schmarotzer einer neuen Vegetation sind nicht
die Rosenschwämme — Bedeguar —,
die Galläpfel u. s. w. — Aber leider

_____

(*) Opticar. quaestion 50.

haben die allergemeinsten Dinge bis zum ver#
ächtlichen Schimmel ihr eigenes Eigenthum
von Dunkelheit, welches auch dem tiefsten
Forscher zu oft verborgen bleibt, obgleich
derselbe mit dem innigsten Mißtrauen gegen
allgemeine Behauptungen, den Faden seiner
Beurtheilung über Wahr und Falsch anzu#
spinnen sucht.

Bis hierher waren die w e n i g e n Urstoffe
unser Gegenstand, aus denen das Pflanzen#
reich seine körperliche Masse zusammensetzt,
und zu lebenden oder organischen Materien
bildet. Ich habe hierbey den S t i c k s t o f f
der Luft übergangen, weil derselbe noch nicht
genug als ein e i g e n e r Urstoff bewiesen ist,
und wohl gar nur ein Gemisch von Wasser#
stoff mit Lichtmaterie ist (*), dem etwas
Kohlenstoff beygemischt seyn kann. Also nur
aus v i e r Urstoffen bildet die L e b e n s k r a f t
in den Pflanzen die näheren anschaulichen

_____

(*) Gren's Grundriß der Naturl. 1795. S. 566.
§. 761. 762.

oder sinnlichen Bestandtheile derselben, und deren wir 16 zählen, die wir durch einfache, das Wesen der Substanz nicht ändernde Mittel, in fester oder flüssiger Gestalt, aus ihnen erhalten. Diese sind

1) **Extractivstoff**; bekannt unter dem Namen der Extracte. Das Wesen des chinesischen Thees!

2) **Pflanzenschleim.**

3) **Zucker.**

4) **Wesentliches Salz.** Alle Pflanzensäuren.

5) **Feuerbeständiges Oel.** Rüböl. Mohnöl. Cacaobutter.

6) **Flüchtiges Oel.** Aetherische Oele. Bekannt den Damen und — —

7) **Gewürzstoff.** Sonst Spiritus rector. Das Wesen aller destillirten Wässer. Vielleicht kein eigener Stoff.

8) **Kampher.**

9) **Harz.**

10) **Balsam.**

11) **Gummiharz.**

12) **Stärke.**

13) **Kleber. Leim.** Ist die Annäherung der Pflanzen an das Thier. Giebt dem Mehl die Eigenschaft den Teig zu bilden. **Beccari** bestimmte ihn genau. Weitzen enthält den mehresten Kleber, und stinkt bey der Fäulniß wie Thiere, wenn die Essiggährung vorüber ist.

14) **Färbender Stoff.**

15) **Federharz.** Bekannt unter dem Namen des elastischen Gummi.

16) **Der holzige Theil. Das Holz.** Ist das letzte Product der Vegetation, und das fälschlich für Erde gehalten wurde. Sein Hauptbestandtheil ist **Kohlenstoff.**

Noch will man einige andere gefunden haben, und rechnet z. B. hierher den Stoff, wodurch Häute gegerbt werden (*).

(*) S. **Hermstaedts** kurze Anleit. zur chemischen Zergliederung der Vegetabilien. Im Berliner Jahrbuch der Pharmacie 1796. **Fourcroy** chemische Philosophie, S. 152,

Alle diese Bestandtheile sind nur durch die verschiedenen Verhältnisse der wenigen Urstoffe verschieden; und wir verdanken es bloß der neueren Chemie, daß wir hiervon in Gewißheit sind. Es versteht sich aber von selbst, daß nicht jede Pflanze diese Bestand-theile mit einander besitzt. Es giebt Gewächse, die davon nur 4—5, andere die sie alle haben.

Bey allen diesen Urstoffen würde indes-sen die ganze Natur eine öde, leblose, feste Masse seyn, nicht einmal geordnet nach den Gesetzen der Verwandtschaft. Zu diesen Stof-fen, deren ewiges Bestreben ist, sich zu festen Massen zu bilden, mußte der Schöpfer noch einen Stoff in das Chaos gießen, der durch gleich ewiges Gegenwirken jeder Affinität der andern Stoffe Gränzen setzte, und dadurch Wirkung und Gegenwirkung, Bewegung und Leben in der Natur hervorrufen. Dieses Anziehen und Zurückstoßen sind die schöpferisch-erhaltenden Kräfte, die aus der Fülle der Gottheit ströhmten. Jetzt erst konnte Pythagoras sagen:

Cuncta fluunt: omnisque vagans formatur imago.
Ipsa quoque assiduo labuntur tempora motu
Non secus ac flumen. Neque enim consistere flumen
Nec levis hora potest: sed unda impellitur unda,
Urgeturque prior venienti, urgetque priorem.

O v i d. Metamorph. L. XV. vers. 178.

Dieſer Stoff iſt

die Wärmematerie.

Alles berechtigt uns eine beſondere Materie
anzunehmen, welche wir Wärmeſtoff
nennen, denn er iſt vermögend, andere Materien aus ihrer Stelle zu treiben, muß alſo
ſelbſt ein Körper ſeyn. . Ob derſelbe aber ein
Elementarſtoff iſt, daran wird noch gegen
S a u ſ ſ ü r e z. B. gezweifelt. Gewiß aber
wiſſen wir, daß der Wärmeſtoff die Baſis
und die Grundurſache aller F l ü ſ ſ i g k e i t
in der Natur, und daß das Sonnenlicht eine
n o t h w e n d i g e Bedingniß zur Entwickelung
der Wärme auf der Oberfläche unſerer Erde iſt.

Die vielen Theorien der ſcharfſinnigſten
Phyſiker, was Wärme ſey, und woher ſie
entſpringe, gehören in die allgemeine Natur-

fehre, wo man indeſſen dem ſcholaſtiſchen
Syſtem, als ob Wärme nur eine bloße Quaſ
lität ſey, längſt den Abſchied gegeben hat.
Nicht weit von dieſem entfernt iſt aber auch
das Fibrationsſyſtem, das noch jetzt
manche annehmen. Auch die Sonnenſtrahlen
ſind nicht die Quelle, das Princip der Wärme,
wie de Luc (*) bewieſen hat, ſondern ſie
entwickeln dieſelbe nur, und wir haben deßhalb
vorhin die Lichtmaterie als eine von dem
Wärmeſtoff verſchiedene Subſtanz angenommen, obgleich noch von manchen dieſes Emaſ
nationsſyſtem angenommen, und auch
mit vielem Scharfſinn von Sauſſüre,
Sullivan u. a. vertheidigt wird. — Aber
auch hier gebührt den Chemikern, gegen die
bloßen Phyſiker, das Lob, daß ſie, wie bey
der Lichtmaterie, chemiſche Erſcheinungen aufſ
ſtellten, die die irrdiſche und vom Licht
verſchiedene Abkunft des Wärmeſtoffs,
wie ſchon Boerhaave glaubte, unbezweiſ

(*) Leipz. Sammlungen zur Phyſ. und Naturg. II. B.
  6. St. S. 645.

felt laffen. Auch daß die Wärme nicht durch
Friction entwickelt würde, bewieß die Chemie,
indem sie zeigte, daß bey Vermischung von
Materien, wo ein starkes Reiben statt finden
muß, sogar Kälte erzeugt würde.

Also, der Wärmestoff ist in der ganzen
Natur verbreitet, und existirt unter zweyer=
ley Formen, nämlich, in einem ver=
borgenen, nicht fühlbaren, oder in
einem fühlbaren Zustand. Ersteres nennt
man gewöhnlich latente und gebundene,
letzteres freye, empfindbare, oder Ther=
mometerwärme. Daß aber der Wärmestoff,
wie die Stahlianer, und seitdem alle Che=
miker glaubten, in den festen Körpern selbst
chemisch gebunden wohne, das sie Phlogiston
nannten, und aus ihnen entwickelt werde, ist
jetzt ein ganz widerlegter Irrthum: sondern die
neueren Chemisten in Frankreich, und vorzüg=
lich die Versuche der Deutschen, besonders
eines Göttling (*), haben bis zur Evidenz

(*) Beytr. zur Berichtigung der antiphlog. Chemie.
Weimar 1794.

bewiesen, daß bey dem Verbrennen die Wärme aus der Luft, das Licht aber aus dem brennenden Körper selbst komme. Verbrennliche Körper erhalten nur den Stoff, der zu dem Sauerstoff in der Lebensluft, bey einer höheren Temperatur, oder mehr fühlbaren Wärme, als die Atmosphäre besitzt, eine größere Verwandtschaft hat, wodurch sich aus der Lebensluft, die deshalb der tiefforschende Scheele Feuerluft nannte, und ohne die kein Brennen möglich ist, der Sauerstoff mit dem Kohlenstoff in den Körpern verbindet, und die Wärmematerie als fühlbare Wärme davon geht, mit der Lichtmaterie Feuer bildet, den Körper zerstört, und alles was sich verflüchtigen läßt, in Luftgestalt verwandelt.

Das ewige Bestreben des Wärmestoffs ist Trennung, sich mit allen Körpern in ein Gleichgewicht zu setzen, und alles durch seine außerordentliche Elasticität in Luftgestalt aufzulösen. Wegen seiner so dünnen Flüssigkeit scheint er fast keine Schwere zu haben, ja er

sollte sogar **negativ** schwer seyn, das
heißt, eine von der Erde sich entfernende
Kraft haben. Unter allen Materien in der
ganzen Natur, ist der Wärmestoff der feinste.
Er durchdringt die Körper in allen ihren
Berührungspuncten, treibt sie aus einander,
macht sie fließend, wie z. B. Metalle, flüssig,
wie z. B. das Wasser, das Quecksilber, oder
luftartig; wozu, wie schon oben gesagt, der
Wärmestoff eine nothwendige Bedingniß
ist. — Dem fürchterlichen Bestreben dieses
revolutionairen Stoffs arbeiten zwey
Kräfte in der Natur entgegen, 1) die der übrigen
Materie inhärirende Kraft der **Attrac-**
tion, und 2) der Druck der Atmosphäre,
der nur allein schuld ist, daß es flüssige Körper
giebt. Ohne diesen würde alles **fest,** oder
luftförmig seyn.

Wir haben deßhalb den Wärmestoff als
einen zur körperlichen Masse der Pflanzen
gehörigen Bestandtheil nicht angeführt, da
es höchst unwahrscheinlich ist, daß er sich weder
in ihren festen, noch in ihren flüssigen Theilen

verkörpert, d. i. — chemisch, oder orga=
nisch gebunden aufhält. Er wohnt frey
in ihnen, wie in den Thieren, ist zu ihrem
Leben eine absolute Bedingniß, und
es ist nur ein relativer Begriff, wenn wir die
Pflanze kalt gegen uns fühlen. Die kühle
Quelle macht uns schaudern, und dennoch
enthält sie schon so vielen freyen Wärme=
stoff, um nicht Eis zu seyn, daß eine noch
gleich große Menge davon, das Wasser schon
kochend machen würde.

Die Luftarten sind nur die einzigen gewisse
Substanzen, in denen er nach Wahlverwandt=
schaft permanent und chemisch gebun=
den ist. Alle übrigen Körper der todten
Natur durchströhmt er nur nach den Gesetzen
des Gleichgewichts, und ist ihnen also nur
beygemischt. — Aber die organischen
oder lebenden Körper, welches ich immer mit
Girtanner (*), von Humboldt (**)

(*) Gren's Journal der Physik, 3. B. S. 35.
(**) Am angef. O. S. 3.

Reil

Reil (*) u. a. m., gegen die Meynung so vieler Anderer, für identische Worte annehme —, haben das Vermögen in sich selbsten Wärme zu erzeugen, und dadurch das nothwendige Triebrad ihres Lebens zu sichern. — Von dieser Kraft, die schon das graueste Alterthum in Staunen, Nachforsschen, und nach dem Pfund, womit es wuchern konnte, in Hypothesenhunger setzte, noch nachher, wenn wir erst einer andern Kraft unsere Aufmerksamkeit gewidmet haben, wodurch und was Wärme im Körper wirkt.

Von dem Lebensprincip der Pflanzen.

Die Betrachtung über das Leben, und das tiefste Nachforschen seiner Quellen, Gesetze, Entstehung und Fortdauer ist die edelste Beschäftigung eines denkenden Mannes, und in unseren Zeiten das fast allgemeine Object

---

(*) Archiv für die Physiologie 1. B. S. 8.

des Forschungsgeistes in der organischen Nas
turlehre. — Die erste Bedingniß, ohne
alle Ausnahme, zum Leben ist, daß ein
Körper organisirt sey. Organisation
setzt aber schon eine specifische Structur
eines Werkzeugs von einer ganz eigen:
thümlichen Materie voraus, die erst durch
diese Structur Kräfte zu äußern im Stand
ist. — Ein, aus einer solchen, vor:
her vom lebenden Wesen ausgebil:
dete, Materie, nach einer bestimm:
ten Structur geformtes Werkzeug
nenne ich ein Organ, das vermöge
dieser eigenthümlichen Materie
Leben besitzt. Hier ist die Gränzlinie
zwischen todten und lebenden Körpern —,
dem Mineralreich und den organi:
schen Wesen! Unbelebte Körper entwik:
keln sich durch die Attraction, ohne Eltern,
aus Urstoffen. Organische Wesen aus spe:
cifisch zusammengesetzter Materie von Eltern
erzeugt. — Leben ist also das Resultat
eines Werkzeugs, das aus organischer,

zu Lebensäußerungen fähiger Materie, mittelst einer besonderen Structur, gebildet wird. Das Urſächliche des Lebensprincips liegt demnach ſchon in der flüſſigen organiſchen Materie, die aber erſt durch Structur Erſcheinungen, d. i. Leben, äußern kann. Die kleinſte Zerrüttung im Zuſammenhang (*) dieſer Materie, in ihrer Configuration, kann ihr dieſe Lebenseigenſchaft rauben, wie der Schlag eines Hammers dem Magnet ſeine Ziehkraft. Unſeren Sinnen kann dieſes nicht anſchaulich ſeyn, und daher erfolgt der Tod, wo wir keine Zerrüttung ſehen; wie bey Erſtickten im Kohlendampf, getödteten Pflanzen durch electriſche Schläge. Ein eigenes von der organiſchen Materie getrenntes Lebensprincip, oder gar noch mehrere anzunehmen, erklärt nichts; ſetzt immer eine Fähigkeit zur Reaction in der organiſchen

---

(*) S. ganz vorzüglich hierüber Gallini Betr. über die neueren Fortſchritte in der Kenntniß des menſchlichen Körpers.

Materie voraus, giebt einer irrdischen Materie eine Kraft, die nirgends existirt, und
läßt unbestimmt, welche verborgene Qualität
erst diesen Lebensgeist wieder zu seinem
Wirken bestimmt. Alles was man über eigene
Lebensprincipe, Lebensgeister noch
so scharfsinnig phantasirt hat, sind nichts als
Reize, wodurch die Kraft der organisirten
Materie in Bewegung gesetzt wird, und so
betrachtete der unsterbliche Haller selbst das
nie erwiesene Nervenfluidum.

Diejenige Kraft der Werkzeuge
von organischer Materie, wodurch
sie auf äußere angebrachte Reize,
Bewegungen hervorbringen können, nennen wir Lebenskraft.

Lebenskraft ist das allgemeine Eigenthümliche des Thier- und Pflanzenreichs, und in beyden sicher eine Identität,
nur durch Formen der Structur in ihren
Aeußerungen mannichfaltig verschieden. Dieses ist die Grundkraft der ganzen organischen
Natur, worauf sich alle Erscheinungen in

derselben zurückführen lassen, „über die
„aber — wie Kant (*) sagt —, unsere
„Vernunft nicht hinaus kann.“

Kein Theil der ernährt wird, oder Säfte
leitet, ist ohne diese Lebenskraft, nur die
Structur eines Theils macht sie mehr oder
weniger anschaulich. Holz und Knochen lösen
sich auf, sobald ihre Lebenskraft zerstört ist.

Schnellkraft, Elasticität, ist zwar
auch in organischen Wesen vorhanden, hat
aber mit der Lebenskraft keine Gemeinschaft,
selbst wenn sie in einem Theil coexistiren.

Die Lebenskraft äußert sich bey Thieren
unter zwey sehr auffallenden Verschiedenheiten,
Einmal als Ursache sehr sichtlicher
Bewegungen, und zweytens als Con-
ducteur der Empfindung. Die erstere Kraft
suchte Haller allein in der Muskelfaser,
und nannte sie Reitzbarkeit, Irritabilität, die zweyte bloß in den Nerven,

***

(*) Dessen metaph. Anfangsgr. der Naturwissenschaft,
1787. S. 104.

und gab ihr den Namen Senfibilität, Nervenkraft. Nach ihm waren beydes ganz verschiedene Grundkräfte, keine bloße Modificationen der Lebenskraft. — Neuere Pflanzenphysiker z. B. Schaeffer (*), Darwin (**) u. a. m. vindiciren nun auch den Pflanzen noch die Nervenkraft.

Lebenskraft ist aber nur identisch, und Nerven und Muskelerscheinungen nur durch den specifischen Bau des Organs verschieden. Alles was wir gewiß wissen, ist, daß es in Pflanzen und Thieren Fasern giebt, die auf Eindrücke zurückwirken. Unser Auge sieht diese Bewegung, oder unser Verstand muß sich solche hinzudenken, da doch nichts ohne Bewegung geschehen kann, folglich die soge‐ nannten Muskeln, und die Nerven im Ulti‐ mat zusammentreffen müssen. —

Reitzbarkeit, Irritabilität, ist

(*) Ueber Senfibilität als Lebensprincip in der organi‐ schen Natur S. 52.

(**) S. dessen Zoonomie, 1. B. S. 189.

also der schönste Ausdruck für die Eigenschaft
der Lebenskraft, auf Eindrücke zurückzuwir=
ken, das heißt, in wahres Leben und
Thätigkeit versetzt zu werden. Und
diese Irritabilität muß bey Nerven so gut,
wie bey den Muskelfasern Statt haben, denn
Sensibilität ist erst Seelenwirkung.

Tausend Erscheinungen im Pflanzenreich
zeigen uns deutlich diese Reizbarkeit,
als eine Eigenschaft der Lebenskraft in den
Pflanzen, wodurch in ihnen, wie in den
Thieren, alle Verrichtungen vollführt werden.
Ellis, Medicus, Girtanner, Gme=
lin, Gahagan, Marum, Covolo,
u. a. m. haben diese Reizbarkeit für die Pflan=
zen unwidersprechlich bewiesen, und so die
große Kette eröffnet, wie Thier und Pflanze
so sehr verwandt sind. Durch diese Lebens=
kraft stoßen beyde organische Naturreiche so
nahe aneinander, daß es sich sehr leicht begrei=
fen läßt, warum in der Gradation, — in
den Uebergängen zwischen beyden, — keine
Scheidewand in der Natur, sondern nur in

System der Kunst statt findet. — Es ist für den Philosophen gewiß eine unerschöpfliche Quelle des Nachforschens, eine ununterbrochene Sippschaft, vom Eigendünkel des menschlichen Ichs, bis zur fast unsichtbaren Flechte am Felsen, in der **physischen Natur** zu finden, und überall auf Gemeinschaft, oder Aehnlichkeit zu stoßen: **Leben, Reizbarkeit, Einsaugung, Ausdünstung, Gefäße, Absonderungen, specifische Säfte, männliche und weibliche Zeugungstheile, Begattungstrieb, Krankheit und Tod!**

Lange schon kannte man einzelne Pflanzen, die durch Erscheinungen der Reizbarkeit ihrer Blätter jedes Auge frappirten. Wer kennt nicht schon lange das angestaunte der **Sinnpflanzen,** Mimosa pudica, sensitiva, u. s. w. — Hierher gehören aber noch sehr viele, als, Oxalis sensitiva, Onoclea sensibilis, Dionaea muscipula, Hedysarum gyrans, der berühmte

Baum des noch berühmteren Brüce, der
Averrhoa Carambola, wo die Reizbarkeit in den Zweigen sogar sehr sinnlich ist. —
Mit dem Hedysarum gyrans hat man
über die reizbaren Fasern wohl die
mehresten Versuche in den neuern Zeiten ange-
stellt. Seine kleine Blättchen, den Afterblättern ähnlich, bewegen sich Tag und Nacht
willkührlich. Die größeren Oberblätter
hingegen, bewegen sich beym Reitz der Sonnenstrahlen, und ruhen, wenn die Sonne mit
Wolken bedeckt ist (*). Ihre Bewegungen
werden durch Wärme im Treibhaus, durch
Electricität lebhafter, in der Kälte träger. —
Welche Uebereinstimmung mit den
Gesetzen der thierischen Reizbarkeit!

Auch bey den Staubfäden der Blüthen
finden wir diese Reitzbarkeit. Das älteste
und allbekannteste Beyspiel hiervon ist der
Saurach — Berberis vulgaris —.

(*) v. Humboldt, a. a. O. S. 42. 49. 75. 79.

Sticht man mit einer feinen Stecknadel die rückwärts liegenden Staubfäden, so fahren sie schnell nach dem Staubweg in die Höhe. Nach der Befruchtung ist diese Reitzbarkeit fort, also mit Ovid das laeta Venus venire ꝛc.! — Hieher gehören noch eine Menge von Pflanzen, und jeder fleißige Forscher würde neue entdecken. — Zur Zeit der Befruchtung bemerkt man indessen die merkwürdigsten Arten von einer eigenthümlichen, vielleicht willkührlichen?? Bewegung, wie mehrere glauben, und eine der merkwürdigsten ist vielleicht bey der Gratiola zu sehen (*), wo man diese Bewegung fast wohllüstig nennen könnte. Das größte Beyspiel wären aber wohl die Blüthen der Valisneria, einer Wasserpflanze in der Rhone. Nach Darwin (**) sollen sich die männlichen

---

(*) Linne sagt so schön als richtig: — Gratiola aestu venereo agitata pistillum stigmati hiat, rapacis instar draconis, nil nisi masculinum pulverem affectans, at satiata rictum claudit.

(**) Im ang. B. B. 1. S. 133.

Blüthen von ihrem Mutterstamm trennen, und auf dem Wasser nach den weiblichen Blüthen hinschwimmen??? Also auch getrennt von der Pflanze sollte noch willkührlicher Trieb fortdauern? Das ist zu arg!! Weit glaub= licher von dieser Erscheinung ist alsdann doch die Erzählung von Bernhardin de St. Pierre (*), daß dieses Polypen wären.

(*) Dieser so manche Schönheiten der Natur darstel=
lende Verfasser, in seinem Werk von IV Bänden —
Etudes de la nature, erzählt nach einem anonymen
Engländer, aus deffen Voyage de France, en Italie
et aux Iles de l'Archipel 4. petits vol. T. II. —
von der Valisneria Folgendes. — „La Valisneria,
qui croit dans les eaux du Rhone, et qui porte
sa fleur sur une tige en spirale, qu'elle allonge
à proportion de la rapidité des crues subites
de ce fleuve, a des trous percés à la base de
ses feuilles, dont l'usage est bien plus extraor-
dinaire. Si on déracine cette plante, et qu'on
la mette dans un grand vase plein d'eau, on
apperçoit à la base de ses feuilles des masses
d'une gelée bleuâtre, qui s'allongent insensi-
blement en pyramides d'un beau rouge. Bientot
ces pyramides se sillonnent de cannelures qui
se détachent du sommet, se renversent tout
autour, et présentent par leur épanouissement

Nach Graf Covolo's und Gmelin's
Versuchen (*) behalten die Staubfäden ihre
Reitzbarkeit noch, wenn sie schon aus den
Blumen heraus genommen, und in Stücken
zerschnitten worden, ebenso wie das Kind sich
mit dem noch lange zuckenden Spinnenfuß
vom Opilio unterhält.

---

de très jolies fleurs formées de rayons pour-
prées, jaunes et bleues. Peu à peu chacune
de ces fleurs sort de la cavité où elle
est contenue en partie, et s'écarte
à quelque distance de la plante, en y
restant cependant attachée par un
filet. On voit alors chacun des rayons, dont
ces fleurs sont composées, se mouvoir d'un
mouvement particulier, qui communique un
mouvement circulaire à l'eau, et précipite au
centre de chacune d'elles tous les petits corps,
qui nagent aux environs. Si on sécousse ces
développemens merveilleux, sur le champ chaque
fil se retire, tous les rayons se ferment, et toutes
les pyramides rentrent dans leurs cavités; car
ces prétendues fleurs sont des poly-
pes." — Tom. II. p. 4,8.

(*) De irritabilitate vegetabilium §. 50.

Am mannichfaltigsten und sichtbarsten
sehen wir aber diese Reizbarkeit der Pflanzen
an ihren Blumen und Blättern, bey demjenigen Zustand, den wir Pflanzenschlaf
nennen. Ohne Reizbarkeit wäre
dieser nicht erklärbar. Das Thier
wird an Kräften erschöpft, und hat des Schlafs
nothwendig. Ebenso die Pflanze, ob wir
gleich bey allen die Form nicht bemerken.
Linne war der erste, der diese dunkel geahn-
dete Sache ins Licht setzte. — Man kann es
aber als ein Naturgesetz annehmen, daß
alles was reizbar ist, ermüdet,
wird, und des Schlafs bedarf.
Viele Pflanzen schlafen des Nachts, manche
den Tag über. Dieses scheint von der größeren oder geringeren eigenthümlichen Reizbarkeit der Pflanzen gegen das Licht herzurühren.
Aber nicht das bloße Licht, oder Feuchtigkeit,
sondern jeder Reiz von allen Luftarten, welche
die Lebenskraft erschöpft, sind alles Mittel den
Pflanzenschlaf herbeyzuführen. Ja wir können

denſelben willkührlich dirigiren (*). — Die
Ordnung in den Stunden, womit die Pflanzen ſchlafen und wachen, zeigte Linne den
Weg, eine Stundenuhr — horologium
Florae — hiernach anzugeben (**). — Verſchieden hiervon ſind aber diejenigen Pflanzen,
deren ihre Reitzbarkeit auch gegen die Veränderungen der Witterungen ſehr ſichtbar iſt,
und Wetterpflanzen — plantae oder
flores meteorici — genannt werden. So
ſchließt die violettblühende Haberwurzel —
scorzonera purpurea — beym Regen und
trübem Wetter ihre Blüthe, die ſpaniſche
gelbblühende — scorzon. hispanica — hingegen nicht.

Dieſe Lebenskraft, deren ſichtliche
Aeußerungen wir als Reitzbarkeit erkennen, und deren unſichtbare Wirkungen wir

---

(*) S. Hill's Meiſterwerk, über den Schlaf
der Pflanzen.
(**) S. deſſen Philos. botan., und Amoen. acad.
T. IV.

uns ebenfalls als Bewegungen, Rückwir-
kungen, denken müssen, die durch äußere,
nicht zur soliden, lebenden Organisation gehörige Stoffe erregt werden, und die wir uns deshalb als Reitze vorstellen, würde schlummern, unthätig seyn,
wenn keine Stoffe diese Kraft in Thätigkeit
setzten. Einwirkung und Gegenwirkung ist Leben der allgemeinen Natur; also
Disharmonie zweyer Kräfte, die sich zu
einem harmonischen Zweck auflösen.

Daß vielleicht schon kein physisches, soge-
nanntes todtes Ineinanderwirken, ohne
Feuchtigkeit, — ohne Wasser — möglich
ist, ist sehr wahrscheinlich, aber organisches
Leben entwickelt sich und existirt ohne Wasser
nicht in der Natur. Indeß ohne Wärme
vermag dasselbe dennoch nicht das geringste.
Nur diese ist der schaffende, alles bewir-
kende, und deshalb auch der allgemein verbreitete Reitz in der ganzen Natur, um jede
schlummernde Kraft hervorzurufen, und Leben,
so wie Zerstörung zu bewirken. — Mit allem,

was da ist, steht Wärme im engsten Bündniß, und jedes Wesen, jede Pflanze, jedes Thier, erfordert mehr oder weniger davon, wenn es leben, und gesund leben soll. Diese unzähligen und so wenig erforschten Verhältnisse gegen den Grad der Wärme, beruhen bloß auf der Stufenleiter der Lebenskraft, folglich, in der specifischen Bildung der organischen Materie. Deshalb trotzt die wenig ausdünstende Fichte mit ihrer Harzmaterie dem Norden, indeß die fürchterlich aushauchende Musa nur der Liebling glühender Sonnenhitze ist. — Daher die Nothwendigkeit künstlicher Treibhäuser mit verschiedenen Graden der Wärme, daher so manche Pflanze so manches Thier, das Gewinnsüchtige ausgenommen, mit der Fortdauer ihres Lebens nur geheftet an ihr eigenthümliches Klima.

Wärme ist das nothwendige Princip, nur unterstützt durch andere Stoffe, das jeden Keim der Pflanze entwickelt, und ihn nach seiner specifischen Organisation zu einem

lebens

lebenden Individuum emporwachsen läßt. —
„Sobald auf das Saamenkorn" — sagt mein
Liebling Hedwig (*) — „alle seiner Ent;
„wickelung angemessene Umstände auf ihn
„wirken, und durch die angezogene Feuchtig;
„keit und gehörige Wärme die Gährung
„des in den Saamenlappen enthaltenen Nah;
„rungssaftes angeht: sobald werden auch alle
„darinnen enthaltene Theile auseinander
„getrieben."

Die Wärme ist hier anfänglich auf das
Saamenkorn nur ein von außen angebrachter
Reitz, der alles mit seiner Expansionskraft
durchdringt, die schlummernde Materie aus;
einander treibt, in Thätigkeit setzt, und mit
Hülfe der Feuchtigkeit und der Luft, den Keim,
von Eltern schon gebohren, in lebende Vege;
tation, in Wachsthum bringt. Aus dem
Saamen entwickelt sich zuerst das Schnä;
belchen — rostellum, und bildet die

(*) Dessen Beobachtung vom Saamenlappen. In
Samml. seiner zerstreuten Abhandl. und Beobacht.
B. I. S. 51.

Wurzel. Nur zu diesem findet sich ein unmit=
telbarer Weg für die Feuchtigkeit, und aus
diesem Würzelchen dringen erst nachher die
Säfte in den Sprößling, den Keim
— plumula —. Die Saamenlappen sind,
wie Vastell (*) zeigte, bey den Pflanzen
ganz dasjenige, was der Mutterkuchen dem
Thier ist, und unser Hedwig hat uns die
Gemeinschaft des Saamenlappens mit dem
Schnäbelchen durch unübertreffliche Zeich=
nungen dargestellt (**).

Sobald aber die wirkliche Vegetation der
Pflanze anhebt, die Lebensverrichtungen im
Gange sind, dann liegt aber auch in der thätig
gemachten Lebenskraft die Fähigkeit, eigene
Wärme in den Gewächsen selbst zu erzeugen,
und dadurch nicht nur in sich den ihr so
höchst nothwendigen Reitz zu ihrem Leben zu
unterhalten, sondern auch durch diesen inneren

(*) Observat. sur la physique, l'histoire naturelle
et sur les arts, T. XV.

(**) Im angeführten Buch, B. 1. S. 28. Tab. II. fig.
1. 2. 3.

erzeugenden Proceß der Wärme, im Winter
der Kälte zu widerstehen. Schon Aristoteles kannte diese Wärme (*), und Büffon,
Hunter, Schöpf **) u. v. m. haben die-

(*) Aristoteles Werke von den Pflanzen sind zwar
verlohren, aber in andern Stellen finden wir hierüber seine Meynung. Z. B. im 2. Buch de parti-
bus animalinm et eorum causis, sagt
er — sed cum omne, quod augetur, capiat alimentum, necesse sit, alimentum autem omnibus
ex humido et sicco suppeditetur, quorum con-
coctio et mutatio non nisi per caloris
vim agitur, fit, ut tam animalia, quam stirpes,
principium caloris naturalis habeant, necesse
sit. Auch sagt derselbe im Buch de sensu et sen-
silibus, daß der calor insitus stirpium den Geschmack mittheile. — Auch in den untergeschobenen
2 Büchern de Plantis wird gesagt: libr. I. — in
omni autem plantarum specie est calor, et humor
naturalis, qui ubi absumptus fuerit, valetu-
dinem incurrunt plantae, et senescunt, intor-
euntque et marcescunt. Edit. m. L. B. 1549. Tom.
II. p. 1661. l. 20. — Was wir Lebenskraft nennen, nannte Anaxagoras, Empedocles,
Democritus, Aristoteles u. a. anima ve-
getativa, und dachten sich alles das von Willen,
Ideen, Appetiten, u. s. w. was ganz neulich
der Dritte Darwin.
(*) Naturforscher. 1788. St. 23.

ſelbe genau unterſucht. — Hunter (*) ſagt, —
„Gewächſe haben in ſich ſelbſt eine Kraft,
„Hitze hervorzubringen, und dieſes Vermögen
„ſcheint Pflanzen und Thieren eigen zu ſeyn,
„ſo lange ſie Leben haben.“ — Woher aber dieſe
freye Wärme komme, iſt bis jetzt eine noch
nicht ganz entſchiedene Sache. Viele haben
behauptet, die Pflanzen erhielten ihre Wärme
nur von außen, und ſie ſtünde mit derjenigen
in der Atmoſphäre faſt gleich, ſo daß Vegetabilien und unvollkommene Thiere wohl keine
eigenthümliche Wärme erzeugten (**). Haſ-
ſenfratz (***) glaubte ſogar nach Hypotheſen
gegen Senebier (****), daß die Pflanzen
durch Zerſetzung der fixen Luft ehender Kälte

(*) S. die ſo berufenen Verſuche über das Vermögen der Pflanzen und Thiere Wärme
zu erzeugen. 1778. S. 27.

(**) Rooſe, Grundzüge von der Lebenskraft. S. 274.

(***) Annales de Chymie, Tom. XIII. XIV. 1792.
Juin etc.

(****) Gren's neues Journal der Phyſik. B. 1. Heft
2. S. 229.

erzeugen müßten. Mit Recht ſagt aber Senebier: — „wenn von Thatſachen die „Rede iſt, ſo können ſie nur durch Thatſachen „widerlegt oder beſtättigt werden. (*)" — Schöpf hat deutlich bewieſen, daß die Pflan‐ zen im Winter wärmer, und vom May bis in den October, kälter als die Atmoſphäre ſind. Sie haben demnach einen ihnen eben ſo eigen‐ thümlichen Wärmegrad wie die Thiere, und dieſe kann ihnen nur von einer in ihnen ſelbſt wohnenden Kraft mitgetheilt, und mit dem Grade dieſer Kraft auch in gleichmäßigem Ver‐ hältniß erhalten werden. Dieſes ſind Geſetze einer jeden Kraft. — Der Eng‐ länder Blagden (**) bemerkt deshalb ſo richtig als wahr: — „daß man im Winter „feuchte todte Zweige ganz hart gefroren findet, „wenn im nämlichen Garten die zarten leben‐ „den Zweige am Baum nicht das geringſte

---

(*) Gren's neues Journal der Phyſik. B. 1. Heft 2. S. 233.

(**) Verſuche über das Vermögen der Thiere und Pflan‐ zen ꝛc. S. 14.

„leiden. — Solche Zweige brechen wie Glas,
„und die am Baum sind biegsam. Woburch?
„Durch Wärme!" Hieraus schließt denn
Hunter(*) ganz richtig, — „daß Pflanzen,
„wenn sie sich in dem wirklichen Zustand des
„Wachsthums befinden, oder nur in einem
„solchen Zustande, wo sie unter gewis-
„sen Umständen zu wachsen fähig
„sind, ihrer Quelle des Wachs-
„thums beraubt seyn müssen, ehe
„sie frieren können."

Wer erklärte ohne Wärme in den Pflanzen das schnellere Schmelzen des Schnees auf
einer Wiese, als auf bloßem Felde? — Die
Chrysalide — Puppen der Schmetterlinge—
bleiben flüssig, bewegen sich lebhaft bey der
größten Kälte, und schneidet man sie durch,
so frieren sie augenblicklich; so auch jedes Ey!
Das Schmelzen des Schnees geschieht immer
am ersten um die Pflanzen herum. — Kurz,
eine Menge Erscheinungen überzeugen uns,

***

(*) Im angef. B. S. 24.

daß die Pflanzen, wie die unvollkommenen Thiere, das Vermögen haben, in sich selbst Wärme zu erzeugen.

Wie aber die Pflanzen die Wärme in sich entwickeln, ist noch immer eine wichtige Frage. Durch mechanisches Reiben, wie man auch von den Thieren glaubte? Hiergegen sind der Einwürfe zu viele, als daß man dieser Meynung noch huldigen dürfte. Wir haben bisher gesehen, daß die ganze Vegetation ein chemischer Proceß von Zersetzungen und Bindungen ist, die durch die Lebenskraft so geleitet sind, daß die Affinitäten der Stoffe in der leblosen Natur dadurch modificirt, und zu anderm Zweck geleitet werden. Die Erzeugung der Wärme in den Pflanzen ist also auch höchst wahrscheinlich ein chemischer Proceß, und wohl gerade der einfachste nach physischer Verwandtschaft der Stoffe. Die Pflanzen leben von Luftarten und Wasser, jede Luftart hat aber zu ihrem Princip den Wärmestoff, die Basis davon war vorher verkörperte Materie, und kann wieder zu festen und fließenden Theilen

werden, sobald der Wärmestoff abgeschieden
wird. Die fixe Luft ist, wie wir gesehen
haben, ein wesentliches Material zur Nahrung
der Pflanze. Sie zersetzt dieselbe, eignet sich
den Kohlenstoff zu, haucht, mittelst der Sonne,
den Sauerstoff aus, und erhält dadurch freye
Wärme. Auch durch Zersetzung des Wassers
fließt ihr derjenige Theil der Wärme zu, der
dieses flüssig machte. Erst auf der Oberfläche
der Pflanzen wird Kohlen- und Sauerstoff, indem sie sich mit dem Wärmestoff der
Atmosphäre verbinden, wieder zu Luftarten,
und daher rührt, meines Erachtens, die
wahre Ursache von der Kühle des Baumschat-
tens. Diese Stoffe entreißen der Atmosphäre
die freye Wärme, verbinden sich chemisch
mit ihm, und die Temperatur der Luft
wird geringer. Auf diese Weise ist die Nahrung der Pflanzen, auch die Quelle ihrer
Wärme; und da die Masse der Zersetzung dieser Nahrung immer mit der Wirksamkeit der
Lebenskraft im Verhältniß stehen muß, so begreift sich hieraus, daß die Masse der frey

gemachten, der entbundenen Wärme, sich
nicht nur immer gleich), sondern auch in jedem
Gewächs verschieden seyn müsse.

Wärme und Leben sind unzertrennliche
Gefährden, und sie nur ist die Quelle, wodurch die Lebenskraft, die Reißbar-
keit der Pflanzenfaser, in lebendiger wir-
kender Thätigkeit, und durch beyde vereint, die
Säfte flüssig, zum Umlauf, zu neuen Verbindungen fähig, und das Gewächs in seiner
so nöthigen Biegsamkeit erhalten wird.

So wie die Wärme aber erst der allgemeine
Reitz zum Leben ist, so theilt sie nun auch den
Gewächsen erst die Fähigkeit mit, von andern
Stoffen ebenfalls afficirt werden zu können.
Wir kennen indessen die Eindrücke, die als
Reitze auf die Lebenskraft der Gewächse wir-
ken, noch lange nicht alle, und von den schäd-
lichen, krankmachenden, — pathologi-
schen —, wissen wir noch fast nichts. In
einer fast völligen Dunkelheit leben wir aber,
sobald wir uns über die Art und Weise ihrer
Einwirkung unterrichten wollen. Und hier

wird es uns ganz helle werden. Kraft und Reiß sind uns ja nur Bilder für Erscheinungen, wofür uns der Begriff fehlt.

Hauptreitze, welche die Lebenskraft der Pflanzen in ununterbrochener Thätigkeit erhalten, sind die bisher schon angeführten nöthigen Substanzen zu ihrer Nahrung, als die fixe Luft, der Sauerstoff, das Wasser, die Lichtmaterie, aber die alle erst durch Wärme ihren Einfluß äußern können. — Wir kennen aber auch, außer diesen, noch Substanzen in der Natur, die auf die Vegetation den mächtigsten Einfluß haben. Die neuesten Entdeckungen mit dem Sauerstoff sind bereits oben erwähnt. Hierher gehören aber noch z. B. Salpeter, Ammoniak, Zucker, Schwefel, Electricität, u. d. m. Wie viele sind uns aber wohl noch unbekannt? — Alles dieses sind aber keine Nahrungsstoffe, sondern Magenessenzen, die die Lebenskraft in größere Thätigkeit setzen, und also indirect den Wachsthum beför̈dern, mißbraucht, schaden. — Ueber keine

Materie sind indessen die Phytophysiker noch
so wenig einverstanden, als über die elec=
trische. Ihre Wirkungen kennen wir lange,
staunen sie an, und von ihr selbst wissen wir
— — — — noch nichts! — Hier, wie in
allem, scheint uns Allvater zuzurufen: — „für
„euch giebt es nur Erkenntniß der Gesetze,
„nicht Forschen nach dem Wesen!" — Wir
leiten den Blitz, und Franklin!
weiß nicht, was er uns zu beherr=
schen lernt! — Eine Menge Naturforscher
glaubten mit Ueberzeugung, daß die Electri=
cität das Keimen und den Wachsthum der
Pflanzen befördere. Dieses behaupteten Nol=
let (*), Jallabert, Achard, Ca=
vallo, Bertholon de St. Lazare (**)
u. v. a. m. Dagegen will Ingenhouß (***)

(*) Recherches sur les causes des phénom. electri-
ques. 1749. 4. S. 356.

(**) Ueber die Electricität in Beziehung auf die Pflan=
zen. 1785. S. 177.

(***) Versuche mit Pflanzen, 3. B. Abschn. 7. 8.

durch genaue Versuche beweisen, daß zwischen
dem Wachsthum electrisirter und unelectrisirter
Pflanzen nicht der mindeste Unterschied statt
finde. Alles was bisher also über diesen Ge;
genstand verhandelt worden, hat diese Sache
noch nicht völlig entschieden, und machen noch
neue ausführliche genaue Prüfungen noth;
wendig. Ingenhouß schreibt das bessere
Keimen der Saamen dem Umstand zu, daß
man solche ins Dunkle gestellt habe, die andern
hingegen in das Licht, das jungen Pflänzchen
sehr nachtheilig sey. Wenn aber mäßige Elec;
tricität die Reitzbarkeit der Pflanzenfaser er;
höht, heftige hingegen ihr Leben zerstöhrt, so
muß von erhöhter Reitzbarkeit auch größere
Thätigkeit die Folge seyn. Ja, ist die elec;
trische Materie nur ein Resultat von an;
dern einfachen Stoffen, und ein Product
von Zersetzung der Luft, das mit der Wärme
vielleicht einen Ursprung hat, so sieht man,
daß electrische Materie nur überhingehende
Erscheinung von Bindung und Zersetzung ein;
facher Stoffe ist, und folglich nicht als eigen;

thümliche Materie für sich exiſtirt. Marum
hat die Uebereinkunft der Erſcheinungen der
Electricität mit denen der Wärme in ein helles
Licht geſetzt (*). Lichtenberg (**) muth⸗
maßt, daß ſie wohl aus Sauerſtoff,
Waſſerſtoff und Wärmeſtoff beſtehen
könnte. — Verkörpern kann ſich alſo electriſche
Materie mit den Pflanzen nicht, aber ein
flüchtiger überhingehender Reitz ſeyn, der die
Lebenskraft thätiger macht. Man glaubte ſogar
Gewitterregen führte electriſche Materie auf
die Erde! — Indeſſen — „wer Hypotheſen
„ſchafft, giebt bloß ſein unmaßgebliches Gut⸗
„achten, und das iſt niemanden verwehrt,
„wer ſie der Sprache aufzwingt, publicirt
„Mandate, und da gehört ſchon was dazu, ſie
„durchzuſetzen. Man geſtehe lieber offenher⸗
„zig, unſere ganze Naturlehre beſtehe nur aus
„Bruchſtücken, die der Menſch noch nicht zu

(*) Gren's neues Journal der Phyſik. B. 5. St. 1.
S. 1 — 17.
(**) S. deſſen herrliche Vorrede zur VI. Auflage der
Naturlehre von Erxleben.

„einem einförmigen Ganzen zu vereinigen wiſſe.
„Vor Gott iſt nur Eine Naturwiſſenſchaft,
„der Menſch macht daraus iſolirte Capitel,
„und muß ſie nach ſeiner Eingeſchränkt=
„heit machen." — (*)

Die übrigen angeführten Stoffe, als Sal=
peter u. ſ. m. ſind ebenfalls nur Reitze für die
Lebenskraft, aber permanenter als Electricität.
Die Vortrefflichkeit des Ofenrußes zur Dün=
gung der Bäume wird hieraus begreifbar, da
der verdickte Kohlenſtoff als Nahrung, auch
noch Salze als Reitz enthält.

Krankmachend werden alle Reitze,
ſobald ſie zu heftig und anhaltend wirken. Zu
viel Dung ſchadet bekanntlich den Gewächſen
eben ſo ſehr, als ſie bey dem Mangel deſſelben
nie gedeihen, und auszehrend dahinſterben.
Fehlt dem Gewächs ein nothwendiger Lebens=
reitz z. B. die Wärme, ſo iſt und bleibt es
kraftlos. Iſt der Wärme zu viel, ſo welkt die

(*) Siehe die ebenangeführte Vorrede.

Pflan=

Pflanze. Dieses ist ein Gesetz aller Reitze für die organischen Wesen. Gesundheit ist nur gehörige Verhältniß der Lebenskraft gegen die auf sie wirkenden Reitze, und ein Mißverhältniß zwischen beyden, ist das Princip der Krankheit. Wir haben aber auch Reitze, die dem Leben in sich tödtlich sind, z. B. Stickluft. In ihr keimt kein Saame! — Noch sind wir indessen mit diesen pathologischen Reitzen so viel als nicht bekannt, und doch ist ihr Studium für die Agricultur unendlich wichtig. Was erzeugt den Brand im Weizen, das berufene Mutterkorn, den Brand an den Bäumen, das Bemooßen derselben; das oft schnelle gänzliche, oder theilweise Absterben eines Baumes mitten in der schönsten Vegetation; den Gummifluß, die Läusesucht, den Kornbrand, den Rost?? u. s. w. Alles dieses gehört indessen in die philosophische Pathologie der Pflanzen, die uns noch gänzlich fehlt, und wovon ich vielleicht bald Bruchstücke liefere. — Ohne Studium der Lebenskraft und der natür-

lichen und widernatürlichen Reitze, kann diese
Lehre nicht aufgeklärt werden.

Die Lebenskraft ist im Pflanzenreich,
wie im Thierreich, der Erhöhung und der
Erschöpfung unterworfen. Wer lange
sehr helle Gegenstände ansieht, verliert auf
eine Zeit die Kraft zu sehen. Die Lebenskraft des Auges ist erschöpft. Wer lange im
dunklen Kerker schmachtet, kann auch bloß
helles Licht nicht ertragen, so empfindlich, so
erhöht ist die Lebenskraft des Auges geworden! — Pflanzen, die der Gärtner zu geschlossen hält, sterben oft schon leicht vom Reiz der
bloßen Luft, so reitzbar sind sie geworden. —
Diese Erscheinungen lassen sich schwer erklären,
und durch ein eigenthümliches, von der organischen Materie getrenntes Lebensprincip,
durch so einen Deus ex machina, bekommen
wir Worte, aber keine Begriffe. — Die organische Materie muß also den Grund selbst enthalten, warum Reitze bald zu heftig, bald
zu schwach, oder gar nicht auf dieselbe einwirken, und auf diese Weise Erscheinungen

einer erhöheten oder erschöpften Lebenskraft bewirken. Man hat sich hierbey gleichsam Congestionen eines Lebensprincips
gedacht, und Girtanner bestimmte hierzu
ausdrücklich den Sauerstoff; wie oben
erwähnt wurde. — Anhäufung der Lebenskraft, d. i., Fähigkeit heftiger gegen
Reitze zurückzuwirken als gewöhnlich, oder
Erschöpfung derselben, — Unfähigkeit
auf gewohnte Reitze Rückwirkung zu äussern, sind mir bloß Modificationen in der
Configuration der organischen Materie. — Es
giebt deshalb zwey große Gesetze in organisirten Wesen, worauf die mehresten Erscheinungen des Lebens beruhen, und wovon erst
die übrigen Gesetze Folgen sind.

1) Zu heftig, oder zu anhaltend wirkende Reitze, erschöpfen die organische Materie, daß sie aufhört Erscheinungen des Lebens zu äußern.

2) Ein Mangel an Reitzen hingegen, wobey also weniger Gegenwirkung in
der organischen Materie statt findet,

erhöht in ihr die Reitzbarkeit, die
Lebenskraft, so daß nachher die
gewöhnlichen Reitze, heftige Lebensäußerungen verursachen, und heftige Reitze in diesem Zustand das
Leben schnell vernichten.

In diesen beyden Gesetzen beruhen als
Folgen die nothwendigen Gesetze bey organischen, — lebenden — Wesen, wenn sie
gesund seyn sollen; nämlich die

1) der **Ruhe,**

2) des **Verhältnisses** der Lebensreitze
zur Lebenskraft, damit diese gehörig
wirken könne, kurz einer **gesunden**
Thätigkeit, und

3) des ununterbrochenen **Zuführens**
organischer Materie zu den wirkenden
Organen.

Ohne diese drey Bedingnisse
dauert kein Leben fort.

Die ersten beyden Grundgesetze der Lebenskraft finden wir in unzähligen Erscheinungen der Pflanzenwelt. Glüht die Sonne

zu heiß, so erschlafft jedes Gewächs, und die
gewöhnlichen Nahrungsreitze in ihm selbst
sind unfähig seine Fasern anzuspannen. Zu
viele Wärme im Treibhause treibt, wie man
sagt, die Pflanzen zu todt. Zu fett luxuriös
stehende Gewächse liefern keinen Saamen. —
Jeder Pflanzenschlaf ist Erschöpfung von
Reitzen. Eine Menge Schwämme sterben
plötzlich im Licht durch zu heftigen Reitz. —
Sauerstoff beschleunigt die Vegetation, zu
viel tödtet sie. — Eine stark elektrisirte Pflanze
wird eine Zeitlang welk, oder bleibt todt. —
Der Lichtreitz ist für das keimende Pflänzchen
zu heftig. — — Mangel an Reitzen hingegen
macht schwächlich, eine organische Materie
von keiner gehörigen Consistenz, daher heftige, aber bald vernichtete Lebensäußerung.
Der Schlaf ist Mangel an Reitz, oder Erschöpfung von Reitzen. Deshalb schlafen die
starken Pflanzen in der Nacht, wenn der Reitz
des Lichtes fehlt. — Daher alle im Dunklen
wachsende Gewächse so leicht in freyer Luft
dahin welken. Deshalb schadet in Zimmern

überwinterten Gewächsen schon eine rauhe Luft, wenn sie im Herbst sogar Frost vertragen. — In zu fetter Erde erzogene Gewächse sterben, oder kümmern in magerem reißloßem Boden. Im Winter wirken auf den Baum wenigere Reitze, daher sein lebhaftes Wachsen im Früh= jahr, und seine Erschöpfung mitten im Som= mer. Alle Gewächse heißerer Himmelsstriche sind sehr reißbar, erfordern als Reitze heftige Wärme und Sonnenlicht, daher ihr Ange= wöhnen für kältere Gegenden schwer, oder ohnmöglich. Sie kümmern, oder sterben aus Mangel an Reitz, oder wie man sagt, für Kälte, negativer Wärme.

Verhältnißmäßiges Einwirken und Zu= rückwirken bildet also eine solche organische Materie, die dem Wohlseyn entspricht; und diese organische Materie muß einem unauf= hörlichen Wechsel unterworfen seyn, folg= lich beständig erneuert werden, sonst ließ sich weder die Menge, noch die immerwährende Nothwendigkeit der Nahrung begreifen. Das Geschäft der Ernährung, das heißt der Umlauf der Säfte rastet nie bey organischen Wesen. Hier findet kein Moment der Ruhe statt, und warum steht der Aufwand von Kraft, und die Menge der Nahrung stets im Verhältniß? Im Sommer kann man, wenn alle Lebensreize die Pflanze zu ihrem Wachsthum aufreißen, nicht genug gießen! Die Ausdünstung ist also ungeheuer, aber sie ist nicht Zweck, nur Nothwendig- keit, um als unnützer Rest von der zurück- gebliebenen Nahrung fortgeschafft zu wer- den! Weißt uns dieses nicht auf die große Veränderlichkeit der organischen Ma- terie hin, die einer beständigen Erneuerung bedarf, wenn sie lebensfähig bleiben soll? Mit Kraft wirkende Organe bereiten nur diejenige Materie, welche jeden Moment jede Pflanzenfaser erneuert, mit neuem Leben tränkt, und so dasselbe unterhält; die kraftlos, durch Lebensäußerungen zersetzt gewordene Materie hingegen, findet durch die Ausdünstung ihren Ausweg, und kehrt in ewigem Zirkel wieder als Urstoff zurück, um

wieder organiſirt zu werden. — Wie unbe‍
deutend wenig würde für lebende Weſen die
Maſſe der Nahrung ſeyn, wenn nur der Erſatz
m e ch a n i ſch abgeriebener Theile ihr Z w e ck
wäre? Ja dieſe Friction iſt noch ſogar eine
ſelbſt unwahrſcheinliche Hypotheſe! Wenn
deshalb in den Momenten der Ruhe die orga‍
niſche Materie auf jeden Punct der ſoliden
Maſſe, d e r P f l a n z e n f a ſ e r, hingeführt
wird, ſich mit ihr vereinigt, und durch eine
fortgeſetzte Zeugung, das wahre Bild der
Ernährung, neue Kraft in jeden Atom gegoſ‍
ſen hat, wie ſo munter ſind dann die Lebens‍
verrichtungen wieder! So gerüſtet erwartet
die getränkte Flur den Sonnenſtrahl, um
mit ihm vereint, ihrem Zweck zuzueilen.

Aber Pflanzen haben keine N e r v e n; noch
kein Meſſer entdeckte ſie, kein Auge ſah ſie! Alſo
keine Empfindung! Wozu a l ſo Sch l a f? —
Inconſequenter kann wohl kein Schluß ſeyn!
Im vollkommenen Thier iſt W i l l e, und dazu
nothwendiges B e w u ß t ſ e y n ſeines Ichs,
und der äußeren Verhältniſſe gegen ſich erfor‍

derlich. — Ist dieses aber Leben? Ist es bey den Pflanzen nothwendig? Ist dieses einziger Zweck der Nervenmaterie? Lebt das Thier nicht, wenn es schläft? Kann die Pflanze nicht immer in diesem Zustand seyn? — Der Mensch ist nie auf einem so schlüpferigen Punct, als wenn er ausgeht, durch Vernunft= schlüsse über Leben zu denken — zu phanta= siren. Wahr ist es, wir können uns nur schwer Leben, ohne Empfindung, denken! Daß das Thier lebt, ist für uns ein Erfah= rungssatz, weil wir die durch Bewegungen sich äußernde Empfindung erkennen. Aber es ist nur ein reiner Vernunftsatz, wenn wir auch den Pflanzen ein Leben beymessen, und der auf solchen Schlüssen beruht, die wir aus ihrem Wachsthum, Ernährung, Fort= pflanzung und Krankheit herzuleiten berechtigt sind. — Die wesentliche Ursache des Lebens liegt bloß in der Organisation auf körperliche äußere Reitze, körperlich zu reagiren, unab= hängig von einem Bewußtseyn. Diese Grund= kraft ist die Reitzbarkeit, Erregbar=

keit, deren metaphysisches Wesen wir aber
nie entdecken werden. — Alle Erscheinungen
der Pflanzen lassen sich aber noch bis jetzt auf
diese Kraft und äußere Reitzungen zurückbrin-
gen, und die Ideen, das Bewußtseyn, oder der
Wille, so ganz davon wegdenken, als ja das
ganze Nahrungsgeschäft der Thiere ohne allen
Einfluß von diesen ebenfalls geschieht, wenn
man mit Worten nicht spielen will. Die
Auster müßte weniger Ideen haben, als die
von Forster schön benannte Balancier-
pflanze — Hedysarum gyrans — . —
Die Ruhe, oder der Schlaf, ist aber jedem
bloß organischen Wesen, schon aus dem Grund
nothwendig, weil auf jede Faser, die sich zu-
sammengezogen, ein Moment der Ruhe folgen
muß, in der sie sich zur Fähigkeit, sich von
neuem zusammenzuziehen wieder vorbereitet.
Dieser kurze Moment von Ruhe findet aber
nur bey den Circular- und Spiralfa-
sern der Gefäße Statt. Die lange Faser
hingegen, welche zu fortschreitenden Bewegungen, und um denjenigen Zustand der Pflanzen

zu erhalten, welchen wir Anspannung
nennen, bestimmt sind, bedürfen schon nach
todten Naturgesetzen der Ruhe. Was ich hier
Anspannung nenne, und die man mit
Elasticität durchaus nicht verwechseln darf,
wird durch das Bild begreiflich, wenn man
ein z. B. von Hitze erschlafftes Gewächs, gegen
ein anderes durch den Thau erquicktes betrachtet. Dieses Bild giebt uns die Idee von
Mattheit und Kraft, d. i. von Abspan-
nung und Anspannung, wovon die Grund-
ursache nicht in todter Elasticität, sondern in
erschöpfter, oder gestärkter Lebenskraft
liegt. Zur Erhaltung des letzteren Zustandes
ist deshalb Ruhe, ein den Thieren analoger,
aber im Zweck dennoch identischer Schlaf den
Pflanzen nothwendig. Nur in dieser Ruhe
kann die organische Materie die Faser erneuern,
und neue Kraft zur Fortsetzung des Lebens
verleihen.

Da wir uns also in den Gewächsen
keine Nerven denken, deshalb nicht denken,
weil sie als Leiter — Conductoren —, für

den keinen Zweck bey den Pflanzen haben, der sich ein physisches Leben ohne Nerven denken kann; so wollen wir hierdurch doch eine dem Nervenmark der Thiere analoge Materie, verwebt in die Pflanzenfaser, nicht läugnen. Nur demjenigen sind auch in den Pflanzen Nerven nothwendig, der sich ein belebendes Fluidum in denselben träumt, das Empfindung überbringt, den Willen executirt, und nun noch gar, als ein sublunarisches Wesen, die nicht existirende specifische Muskelfaser bele= ben, also das Princip des Lebens ausmachen soll. — Doch diese Theorie hier auszuführen, wäre jetzt zu weitläuftig. Mir ist Leben, das Resultat der Erscheinungen in der organischen Materie, wo= von das Princip in der specifischen Mischung und Form begründet ist, und die Reitzbarkeit ausmacht.

Der Tod erfolgt bey Pflanzen, wie bey Thieren, auf mehr als Eine Weise: als 1) durch Hemmung des Umlaufs der Lebensreitze; 2) durch die, mit dieser Hemmung, so nah

verwandte g å n z l i ch e Entziehung der Lebens=
reitze. So tödten wir die Thiere durch Ver=
bluten, so stirbt die angebohrte Birke. —
Die organische Materie bleibt in Ruhe, und
ihre Mischung eilt schnell der Zersetzung zu.
3) Durch übermäßige Reitze, wodurch die
organische Materie nicht hinreichend erneuert,
und die Zersetzung in ihrer Mischung nicht
abgehalten werden kann. 4) Durch unmit=
telbare Entmischung der organischen Materie,
die zur Unterhaltung des Lebens nothwendig
ist. — Von allen diesen Todesarten haben
wir schon, hier und da Beyspiele angeführt,
und noch weitläufiger zu seyn, verbietet der
Raum. — Nur noch ein Beyspiel, das
Erfrieren, wollen wir näher betrachten.

Der große Naturforscher H a l e s, dem
wir sonst so vieles verdanken, dachte sich die
Gefäße der Pflanzen als bloße Haarröhrchen,
in denen Luft und Wärme das Aufsteigen
des Saftes befördere. Die Anwendung dieser
Lehre von den Haarröhrchen, um dadurch nach
Erscheinungen der todten Natur, diejenigen

bey organischen Wesen zu erklären, hatte den
größten Nachtheil für die Physiologie, und
machte Pflanzen und Thiere zu hydraulischen
Maschinen. Das Aufsteigen der Säfte in den
Pflanzen geschah durch die Anziehungskraft
der Haarröhrchen (*). — Diese ganze Theorie
streitet aber nicht allein gegen alle gesunde
Physiologie, sondern sogar gegen die Möglichkeit: denn durch diese Kraft allein könnte
der Baumsaft nimmermehr von den Wurzelenden bis zur äußersten Spitze der Zweige auf-
gepumpt werden; schon der Druck der Atmosphäre würde eine unüberwindliche Hinderniß
seyn. Reines Wasser steigt in solchen Röhrchen
nicht höher als 27 Linien (**). Ueberlegt man
aber den äußerst schnellen Umlauf der Säfte
im Sommer, so würde dieses nicht zu erklären
seyn, wenn nicht eine innere Kraft in
der Pflanzenfaser selbst läge, den Saft fort-
zutreiben, und dieses ist die oben erwiesene

(*) Hales, im angef. B. S. 187. 200. u. a. a. O.
(**) Muschenbroek Dissert. phys. p. 271.

Lebenskraft. Marum (*) hat hierüber entscheidende Versuche. Zerknickt man eine Pflanze, die milchfarbige Säfte führt, so fließt diese Milch aus. Hier muß doch eine vorwärts stoßende Kraft wirken, wie bey dem Bluten im Thiere. Electrisirt man hingegen die Pflanzen so stark, daß alle Reitzbarkeit vernichtet wird, und schneidet alsdann Stengel ab, z. B. bey der Wolfsmilch — Euphorbia Esula, Peplus etc., so erfolgt kein Ausrinnen der Milch, so wenig als getödtete Thiere bluten. Alle Versuche beweisen uns unwiderleglich, daß diese Kraft des Zusammenhanges in den Gefäßen, wovon der Grund in ihrer Reizbarkeit liegt, evident auch die Ursache des Umlaufs der Säfte ist.

Nach der Theorie der Haarröhrchen machte das Zersprengen derselben, durch den Frost im Winter, das Erfrieren aus; da gefrorne Säfte bekanntlich einen größeren Raum

---

(*) Siehe dessen Dissert. de motu fluidorum in plantis. Groen. 1775.

einnehmen, und verſchloſſene Gefäße zer-
ſprengen.

Zum Glücke dieſer Unwahrheit behalten
unſere Gewächſe im Winter ihr Leben, die
ſonſt ſchon alle bey einer Kälte von 32 oder
33° nach Fahrenheit unrettbar verlohren
wären. — Außerdem ließe ſich auch durchaus
nicht erklären, warum bekanntlich junge
Bäume weit ſchwerer erfrieren, als alte. Wie
oft erfriert nicht der Blaukohl, indeß den
Herbſt geſetzte Pflanzen davon unverſehrt
bleiben! — Der Grund hiervon liegt in der
ſtärkeren Lebenskraft, folglich in dem Vermögen mehr Wärme zu entbinden, und den
Umlauf der Säfte thätiger zu erhalten.

Das wahre Erfrieren der Gewächſe
beruht, nach wahren phyſiſchen Geſetzen, auf
der gänzlichen Beraubung, Entziehung der
nothwendigen Wärme, als des wichtigſten
Lebensreitzes zur Fortdauer der Lebenskraft, der Reitzbarkeit.

Die Pflanze erfriert wie das
Thier, und kein Anatom ſah hier zer-
ſprengte

sprengte Gefäße. Das Aufbersten, dieser Schlagfluß der Bäume in großer Kälte, ist erst Folge, nicht Ursache des Todes. — Die Kälte wirkt, wie man in der Kunstsprache lächerlich genug sagt, betäubend, das heißt, sie ist ein negativer Zustand aus Mangel an Wärme. Daher schwächt im wahren Sinn jede Kälte durch Entziehung eines Lebensreizes, der zum wirklichen Leben, eine unumgängliche Bedingniß ist. Die größere Thätigkeit nach mäßiger Kälte beruht auf der dadurch reizbarer gewordenen Faser, weil keine organische Materie consumirt wurde. — Auf diesem Gesetz beruhen bey organischen Wesen große und wichtige Erscheinungen. — Wenn also ein Zustand in der Luft in einem solchen Grad die zum Leben nothwendige Wärme entzieht, daß das Gefühl der Biegsamkeit abnimmt, so sagen wir, sie betäube. In eben diesem Verhältniß nehmen die Erscheinungen des Lebens ab, die Lebenskraft kann nicht gereizt werden, und geht die Entziehung der Wärme

ihren Schritt fort, so erfolgt ein gänzlicher
Stillstand, und die Säfte gefrieren. Jetzt
ist das Leben unrettbar verlohren; denn bey
dem Aufthauen der gefrornen organischen
Materie muß dieselbe nothwendiger Weise so
z e r s e t z t werden, daß sie sich nach chemischen
Affinitäten auflößt, und zu jeder Lebensver-
richtung unfähig wird. Deutlich sehen wir
dieses an dem s ch n e l l e n Faulen organischer
Wesen nach dem Gefrieren, ebenso schnell wie
nach der gänzlichen Erschöpfung von Reitzen.
Der zu Tode gejagte Hirsch, vergiftet die
Freuden cannibalischer Grausamkeit, mit
augenblicklicher Fäulniß! So die Menschen
die rubente dextra Patris erschlagen werden (*). Wer kennt nicht die große Vorsicht,
womit Thiere und Pflanzen, die vom Frost
nicht ganz getödtet sind, aufgethaut werden
müssen, wenn die zu schnell eindringende
Wärme, den halberstorbenen Lebenskeim nicht
schnell vernichten soll, und dieses geschieht hier

(*) Brandis von der Lebenskraft S. 108.

bloß nach den physischen Gesetzen der Wärme, sich mit allem in ein Gleichgewicht zu setzen, und vermöge ihrer furchtbaren Expansions: kraft, alles zu trennen. Gefrorne leblose Früchte faulen nach dem Aufthauen bald. Daher das schnelle Faulen vergrabener Gemüse, sobald im Frühling die Luftwärme sie berührt.

Kein organisches Wesen kann also erfrieren, wenn nicht erst vor: her das Lebensprincip, und die davon abhangende Reitzbarkeit, oder Lebenskraft, durch gänzliche Beraubung der Wärme, zum Still: stand, zur Unthätigkeit ist gebracht worden. Alsdann erst gefriert es.

Diesen Stillstand nannte man Erschö: pfung. Keine Kraft in der Natur erschöpft sich aber, sondern sie verschwindet, verhallt gleichsam in dem Widerstand. Solange man sich aber, von der organischen sichtbaren Masse, noch ein außer ihr existirendes Lebens: princip, das man aber nie mit Lebens: reitz verwechseln darf, denkt, und das durch

Aufwand an Masse, folglich auch an Kraft,
abnehmen könnte, solange hat das Wort
Erschöpfung auch einen Sinn.

Alle Erscheinungen in der organischen
Natur zeigen uns indessen, daß die Lebenskraft, und die zu ihrer natürlichen Thätigkeit
erforderliche Wärme, nicht nur in den Tausenden verschiedener Gewächse, nein, selbst
in den verschiedenen Theilen ein und ebendes-
selben Gewächses, — wie bey den Thieren, —
ihre mannichfaltigen, noch wenig untersuchten,
und folglich noch weniger bestimmten Stufen-
folgen hat. — Dieses ist aber, wie mich
deucht, ein Hauptbeweis, daß das Lebensprincip nur einzig in der Form und Mischung der totalen organischen Materie,
nicht aber in einem einfachen, durch seine
Gegenwart auch nothwendig immer gleichwir-
kenden Lebensstoff, gegründet seyn müsse (*). —

_____

(*) Ich sagt, bey den Pflanzen stünde die organische Kraft in unmittelbarer, bey den Thieren
aber in mittelbarer Verbindung mit der Materie, und dem in ihr liegenden Mechanismus. Das

Leben ist in Pflanzen und Thieren
Erscheinung von einer Eigenschaft
der componirten organischen Ma‡
terie.

Die verschiedenen Stuffen dieser Lebens‡
kraft sind im Gewächsreich äußerst auffallend;
und selbst nach dem Alter der Pflanze verschie‡
den. — Das Bohnenblatt ‡ stirbt beym ersten
Frosthauch, indeß selbst kein starker Frost die
jungen Nadeln der Fichte kränkt! — Das
edle Leberkraut — Hepaticum nobile — ‡
das Schne‡glöcklein — Levcojum vernum —
und so viele andere blühen freudig in einer
Kälte, die uns die Apricosenblüthe tödtet. —
Die jungen Frühlingstriebe des Nußbaums,
der Buche und der Eiche sterben von Nacht‡
frösten, die der Weide, u. s. w. nichts scha‡
den. — Das junge Pflänzchen erlebt den Tag

Thier soll also zu seinem Leben zwischen der Materie
noch eine Mittelursache haben; und dieses soll die
Reitzbarkeit seyn. Aber diese ist ja nicht Princip,
sondern bloß Eigenschaft der Materie, und Leben ist
ja in beyden Reichen Identität. S. dessen An‡
thropologie. Bern 1794. Th. 1. S. 24.

eines einzigen Nachtfrostes nicht, und wird nachher eine überwinternde Pflanze. — Die einjährigen Triebe der Pfirschen, und so vieler ausländischer Bäume, erfrieren so leicht im Winter, und die zweyjährigen Triebe bleiben schon gesund. — John Hunter (*) steckte eine schottische dreyjährige Fichte in eine Frostmischung zwischen 15° und 17° nach Fahrenheit. Der letzte Schuß fror nicht ohne große Schwierigkeit. Nach dem Aufthauen fand man den jungen Schuß — (den Sommertrieb) — schlaff. Diese Fichte wurde gepflanzt; und der erste und zweyte Schuß, d. i. der drey- und zweyjährige, hatten Leben behalten, der Sommertrieb aber verwelkte.

Jeder zu heftige Reitz, der die Kräfte eines gegenwirkenden Wesens übersteigt, tödtet durch die Zerrüttung der organischen Materie die Lebenskraft. Daher ist der Tod einer zu stark electrisirten Pflanze ein so heftiger

---

(*) S. Verf. über das Vermögen u. s. w. S. 20.

Reitz, daß die Mischung der Materie augenblicklich zersetzt wird, wie der Funke des Stahls das Pulver. Und von dieser Zersetzung rührt das schnelle Faulen. Ebenso erschöpft zu große Hitze, durch allzugroße Anstrengung der Lebenskraft, das Gewächs, und wird sein schnelles, oder langsames Grab. Die Fäulniß erfolgt hier nur deshalb nicht so schnell, weil die Ausdünstung das Gewächs erst fast austrocknete.

Die Kälte hingegen, der Mangel an Wärme und Lebensreitz —, wirkt nicht durch Decomposition der organischen Materie, sondern daß dadurch die Activität der Lebenskraft erst zum Stillstand gebracht wird, wodurch die Säfte gefrieren, und nach dem Aufthauen alsdann erst zersetzt werden. Ein erfrorner Zweig ist deshalb, statt von innerlicher Wärme biegsam zu seyn, starr, und bricht leicht und knackend entzwey. Alle jungen saftvollen Zweige, z. B. bey den Pfirschen, sehen deshalb bey großer Kälte welk und eingeschrumpft aus, wobey wohl keine Gefäße zerspringen können, so sehr zieht sich, durch Mangel der Wärme, die Materie zusammen, und alles Aufsteigen des Baumsafts ist aufgehoben. Die Pflanzen liegen in einer Ohnmacht, und werden eben dadurch so oft gerettet. Dieses geschieht aber nur bey trokkener Kälte, und wir laufen hierbey, nach alter Erfahrung, keine so große Gefahr unsere Bäume und Blüthen zu verlieren.

Der wahre Feind für Thiere und Gewächse, ist große Kälte und schnell darauf erfolgende Wärme, oder umgekehrt noch gefahrvoller, wenn auf starke Wärme heftiger Frost erfolgt. Jedes organische Wesen kämpft hier mit zwey ganz entgegengesetzten Zuständen, mit zwey Extremen. Daher die fürchterlichen Verwüstungen der Frühlingsfröste. Der so aufmerksame Hedwig (*) glaubt deshalb, daß auch eine noch so strenge Kälte, den Bäumen unter einem gewissen Himmelsstrich,

(*) S. Dessen angef. Samml. B. 2. S. 18. Ueber die beste Methode, die Bäume gegen das Erfrieren zu sichern.

an den fie gewöhnt worden find, nicht d u r ch t
a u s tödtlich fey, fondern ihnen nur durch zus
fällige Urfachen tödtlich werde. — „Sollte
„wohl Jemand," fagte derfelbe —: „der auf
„die Ereigniffe der Dinge Achtung giebt, die
„Gefährlichkeit nicht wiffen, der faft alle lebens
„dige Wefen durch eine gählinge Veränderung
„des Wohlftandes in einem diefen entgegens
„gefetzten Zuftand unterworfen find? Die
„Bäume fcheinen zwar, wie das ganze Heers
„von Gewächfen, keine Empfindung
„zu haben, gleichwohl werden fie zu keiner
„Jahreszeit angenehmer erquickt, als durch
„die wiederkehrende mildere Luft des Frühs
„jahrs; zumal wenn fie den Tag über von den
„Strahlen der Sonne mehr Lieblichkeit und
„Wärme erhält. Die Bande der während dem
„Winter eingefammleten, und gegen deffens
„Ausgang, dem g e m e i n e n Sprachgebrauch
„nach), eingetretenen Säften, werden gelößt;
„das nach der langen Ruhe wieder in Thätigs
„keit gefetzte Leben, und die mit ihm vers

„knüpfte Bewegung, fangen an, ihr Verſän
„gerungs oder wenn man will, ihr Entwicke
„lungsgeſchäfte der Saftgefaße zu betreiben.
„Der offenbarſte Beweis hiervon iſt das An
„ſchwellen der Knoſpen, ihr Aufbruch und För
„derung in Blätter, oder Blumen und Aeſte.“

Dieſes iſt der Zuſtand, worinnen die
Gewächſe, durch ſchnell eintretende Kälte, ſo
leicht ihren Tod finden. Aber warum? Durch
die Wärme iſt die Lebenskraft in größere, in
angeſpannte Thätigkeit geſetzt worden, alle
Säfte in thätigeren Umlauf, die nun als
Reitze das Leben in volle Kraft, die organi
ſche Materie in größere Entfernung, nämlich
Ausdehnung, ſetzen. Wird nun durch Kälte
plötzlich die Wärme entzogen, ſo ſoll ſich jede
flüſſige Materie in einen engeren Raum plötz
lich zurückziehen, es giebt alſo einen ebenſo
plötzlichen Stillſtand in der Activität der
Lebenskraft, die Säfte müſſen gefrieren,
werden dadurch desorganiſirt, und faulen beym
Aufthauen. Daher die Rinde ſolcher Bäume

braun, oder schwarz und aufgelößt ist. Hedwig (*) scheint zwar hierbey auch ein wirk-
liches Zersprengen der Gefäße anzunehmen,
denn er sagt von der Kälte: „Die äußerst
„weichen und zarten, mit einer dünnen wäs-
„srigen Feuchtigkeit erfüllten, neuerdings ge-
„triebenen Schichten von Gefäßen werden
„gefrieren, wodurch die vorhin lebhaft
„betriebenen Säfte gähling ins Stocken gera-
„then, zugleich aber auch das Verderben der
„sie fassenden Gänge durch die natürliche
„Wirkung des Gefrornen unvermeidlich nach
„sich ziehen." — Das Zersprengen der Saft-
gefäße scheint mir indessen immer höchst unwahrscheinlich: — 1) Die neue Schicht von
so zarten Gefäßen wird erst den Sommer hindurch gebildet, und der vorjährige Bast, ja
der Splint und das Holz, führen Säfte her-
bey, wie dieses die Birke, die Weintraube,
ja jeder abgehauene Baum im Frühjahr beweisen. Erfrören also nur die noch so zarten neuen

---

(*) Im angeführten Buch, S. 20.

Gefäße, so würde dieses den Baum wohl
nicht tödten, auch müßten alsdann ja
die zweyjährigen Triebe, so gut
als die einjährigen erfrieren.
2) Solche erfrorne Bäume treiben noch im
Frühjahr Blüthe und Blätter, die doch das
Daseyn der Gefäße noch beweisen. Der
faule Saft aber wird ein Miasma zur Zer=
stöhrung der Organisation. 3) Das schleu=
nige Aufschlitzen der Bäume, in die Hälfte
der Rinde hinein, rettet solche oft. Diese
Operation ist unter dem Namen des Ader=
lassens, oder des Schröpfens bekannt, und
gewährt in der Baumzucht die größesten Vor=
theile, Bäume vom Ersticken zu retten, und
ihren Stamm zu vergrößern. Von Blattläu=
sen oder Raupen stark beschädigte Bäume,
Ausflüsse von Gummi z. B. an Pfirschen,
erfordern diese Operation nothwendig, wenn
wir ihrer Erhaltung sicher seyn wollen. —
Bey erfrornen Bäumen befreyt dieses Schrö=
pfen die verdorbenen Säfte, um durch bessere
ersetzt werden zu können, und so nach und

nach diese **Cachexie** zu heben. Aber jetzt
sprengte Gefäße könnte doch dieses Mittel
nicht restituiren!! — Aeußerst vorsichtig muß
hierbey das Messer auf eine solche Weise mit
seiner Spitze zwischen dem Daumen und dem
Vorderfinger so geführt werden, daß nur
die Hälfte von der Dicke der Rinde auf der
Mitternachtsseite durchschnitten wird. Man
sticht deshalb am besten, nicht wo man
schröpfen will, die Spitze des Messers bis
auf das Holz, bemerkt die Tiefe, und läßt
die Hälfte davon nur zwischen den Finger-
spitzen hervorragen. Dringt man bis auf das
Holz, so treibt der unterlaufende Saft die
Rinde von demselben ab, und so haben wir
ein neues Unglück. — Ableitung zu vieler
gesunder, oder verdorbener Säften, und
harte Rinden dem Andringen des Saftes
nachgebend zu machen, sind die Momente
des Schröpfens.

Wenn nun aber schon die bloße Luftkälte
den Gewächsen so sehr schadet, um wieviel
schädlicher müssen nicht erst die Folgen des

Glatteises, des Beeisens der Gewächse
seyn! Das Eis erschöpft nach physischen Gesetzen, durch seine specifische Kälte die Wärme
der Pflanzen, und folglich die Lebenskraft um
soviel stärker, als seine specifische Schwere
größer ist als diejenige der Luft: Wie weit
mehr Wärme muß es also erst dem Gewächs
entziehen, bis es auch durch den Verlust der
seinigen zu Eis wird. John Hunter (*)
biegte ein Blatt von einer treibenden Bohne
zusammen, daß die obere Hälfte in einem
rechten Winkel in die Höhe stand. Die untere
Hälfte des Blatts, die auf einer Frostmischung
zwischen 15° bis 17° Fahrenheit lag, wobey
die Atmosphäre 22° war, gefror bald, später
hingegen dasjenige, welches nur von der Luft
berührt wurde.

Bäume sind deßhalb in Scherben unrettbar verlohren, wenn ihr Erdballen anhaltend
und völlig durchfriert; denn die Wurzel ist
noch weit leichter der Zerstöhrung unterworfen,

(*) Am a. O. S. 21.

als der Stamm. In der freyen Erde ist
dieses hingegen ganz anders. So viele Erscheinungen in der Natur beweisen, daß die
innere Erde eine bestimmte den äußeren Ab-
wechselungen nicht unterworfene Wärme habe,
daß deshalb schon die Alten, grob genug, an
ein Centralfeuer glaubten, und Büffon
darüber seinen hinreißenden physicalischen
Roman schrieb (*). Genug, diese innere
Erdwärme leitet die äußere Kälte ab, und selten
bringt diese bis jenseits der Wurzeln, auch
der kleinsten Gesträuche. Die tiefer gehenden
Wurzeln liefern also stets noch Wärme für
diese zu ihrer Erhaltung. Ja liegt Schnee, so
dringt die Kälte gar nicht ein. — Hales (**)
fand in der größten Winterkälte 1724, wo
der Frost stillstehendes Wasser — (versteht sich
in 24 Stunden?) einen Zoll dick gefrieren
machte, das Thermometer in der Luft vier

(*) Sullivan's Uebersicht der Natur, B. 1. S. 251.
Gebler's physicalisches Wörterbuch, Th. 1. S.
484.
(**) Dessen Statik der Gewächse, S. 196.

Grab unter dem Eispunct. An demjenigen,
dessen Kugel zwey Zoll unter der Erde lag,
stand der Weingeist vier Zoll über dem Eis;
punct, und so fort nach Verhältniß immer
höher, bis daß das Thermometer, das zwey
Fuß tief lag, zehen Grad über dem Punct
des Eises stand!

Bey der ausnehmend großen Kälte den
12. Jänner 1780. zu Glasgow (*) stellten
hierüber vorzüglich Irvine und Wilson
genaue Versuche an. Den 14. Jänner des
Morgens war solche am heftigsten, und Fah;
renheits Thermometer stand in der Luft auf
46° unter dem Frierpunct. Auf der Ober;
fläche des Schnees fiel solcher auf 56°, in;
dessen zur nämlichen Zeit eben dieser Schnee,
nahe an der Oberfläche der Erde,
das Queckfilber nur drey Grade
unter den Frierpunct fallen machte.

Wie so sicher sind deshalb die Saatfrüchte

(*) Medic. Commentarien von Edinburg. 1789. Uebers.
von Diesl. B. VII. Th. 2. S. 144.

bey

bey großer Kälte unter dem Schnee! Nach Guettard (*) hält sich der Schnee vier Schuh tief unter der Oberfläche immer auf der Temperatur des Eispuncts. — Dadurch erhält der Nordländer sein Leben, wenn er sich in Schnee steckt, und erfrorne Menschen, oder einzelne Glieder thauten, mit Schnee umgeben, mit Leben wieder auf. Schnee ist also ein schlechter Ableiter der Erdwärme, und deshalb wächst selbst das Gras unter dem Schnee.

Daß nun manche Gewächse fast nie im Winter erfrieren, andere jeden Winter, die wir deshalb einjährige Pflanzen nennen — plantae annuae —, und bey manchen sehr leicht, oder fast immer, nur verschiedene Theile davon, dieses beruht einzig auf der mannichfaltigen Modification der Lebenskraft nach der specifischen Organisation eines jeden Individuums und seiner einzelnen Theile. — Lebenskraft ist nur Eigen-

---

(*) Mémoir. de Paris 1762.

schaft der Organisation. — Der Grund dieser Erscheinung eines so mannichfaltigen Verhaltens gegen die Kälte, beruht bloß in der **erforderlichen** Quantität von **freyer** Wärme gegen die specifisch gebildete Pflanzenfaser. Das zu viel und zu wenig schadet hier gleich viel. Viele Moose stehen im Sommer dürre, und blühen im Winter. Deshalb die unerschöpfbare Weisheit der Blumen mit ihrer Bildung und **Farben**, nachdem sie zu ihrer Befruchtung viel, oder wenig Wärme bedürfen. Die ersten Blumen des Frühlings sind weiß, damit sie den matten Sonnenstrahl auf die gelben, das Licht einschluckenden Antheren concentriren können. In der Sommerhitze erscheinen die dunkelsten lichtverschluckende Blumenkronen. — Die **wesentliche Ursache** hingegen, warum die **Lebenskraft** in manchen Thieren und Pflanzen so innig vereint mit der thierischen Masse ist, **hartnäckig in ihr wohnt**, und in andern hingegen schon durch die kleinste Widerwärtigkeit, wie z. B. bey unsern jungen Gur-

kenpflanzen, geſtöhrt oder zernichtet wird,
iſt noch ein Gegenſtand der tiefſten Forſchung
werth. — Mooſe (*) können Jahre lang in
einem Herbarium liegen, und angefeuchtet
leben ſie wieder auf. Fontana (**) trock‍
nete das im Waſſer lebende Räder‍
thierchen, — Vorticella rotato-
ria —, hob es dritthalb Jahr in ganz
trockener Erde auf, und ſetzte es den Sommer
hindurch der ſtärkſten Sonnenhitze aus: So‍
bald er ſie aber wieder mit Waſſer anfeuch‍
tete, ſo wurden ſie wieder lebendig, und

(*) Den ſo äußerſt merkwürdigen Verſuchen, die man
im botaniſchen Garten zu Oxford mit den älteſten
getrockneten Mooſen aus Sherard's und Dil‍
len's Sammlungen anſtellte, und ſie wieder durch
bloßes Waſſer ins Leben gebracht haben will,
widerſpricht indeſſen Hedwig. S. deſſen Zu‍
ſatze zu Humbold's a. W. S. 173.

(**) S. deſſen Beob. und Verſ. über die Natur der
thieriſchen Körper. S. 204. — Außer dieſem —
Berniſches Magazin, B. 2. St. 1. S. 154.
Leſte und Blumenbach's Naturgeſch. S. 614.
S. 478.

Dd 2

bewegten sich wie zuvor! — Girtanner(*)
erklärte dieses Wiederaufleben von dem im
Wasser enthaltenen Sauerstoff. Dieser kann
aber doch das Lebensprincip nur aufreißen,
wieder in Thätigkeit setzen, nicht aber das;
selbe, als ebenfalls ein todter Stoff, selbst
-seyn. — So lauft aber unsere Vorstellungs;
kraft im Zirkel herum, wenn wir den Begriff
des Lebens auffassen wollen. Man sage doch
lieber mit Theophranor (**), — „was
„Lebenskraft ist, weiß ich so wenig
„als was Bewußtseyn ist. Denke
„ich mir aber von dem Organen;
„baue, in welchem ich körperlich
„lebe, meine Lebenskraft weg, so
„ist er mir so fremd wie jeder an;
„dere Körper.“ — Aber wenn wir auch
nur nach dem bloßen Gesetz über die Verschie;
denheit dieser Erscheinungen fragen, so sieht's
noch elend um unser Wissen aus. Man sagt,

(*) Am a. O. S. 153.

(**) Bouterwek Paullus Septimius :c. Th. 1. S.
117.

„die junge Pflanze sey noch zu zart, um hef=
„tige Reitze auszuhalten?“ Ist sie so zart wie
das wunderbare Räderthierchen mit seinen
unendlich schnellen Bewegungen? Und was
ist Lebenszartheit? Liegt vielleicht der Grund
in der Einfachheit der Organisation? Doch
auch hier sind unübersteigliche Hindernisse;
und also für hier damit Punctum.

Für die vegetabilische Welt, wie für die
Thiere, ist es aber erstens ein Naturgesetz, daß,
„Je geringfügiger von Natur die Reitz=
„barkeit in einem organischen Wesen
„ist, und je weniger Wärme zu
„ihrem Leben nothwendig ist; desto
„weniger wirken Reitze auf dasselbe,
„und desto widerstehender und hart=
„näckiger ist die Lebenskraft. — Ein
„schönes Beyspiel sind Holz, —
„Knochen, — Baumrinde, — Haare,
„Nägel, — Moose, — Infusions=
„thiere, — Sommerpflanzen, —
„Winterpflanzen.
Soviel ist gewiß, daß die Lebenskraft,

je mehr sie mit der Masse frey er Wärme in unabläßlichem Verhältniß steht, desto zer störbarer ist sie; und umgekehrt. Warm blütige—kaltblütige Thiere: Ana nas — Wasserpflanzen. Merkwürdig ist hierbey, daß auch der Aufwand von Nah rung damit in gleichem Verhältniß steht. Der Canarienvogel stirbt in wenigen Tagen vor Hunger, und der größere Frosch lebt, auch in der Luft, Monate lang ohne Nahrung. Jener frißt den ganzen Tag, und das Cha mäleon schnappt sehr selten nach einer Fliege. Warum frißt aber die Raupe soviel? Je doch nur in der heißen Sonne!?—Moose— Sumpfpflanzen.

Ein zweytes Gesetz ist, daß,

„Je reichhaltiger hingegen das organische „Wesen an Reizbarkeit, und je „schneller die Thätigkeit derselben ist, „aber je mehr freye Wärme zu ihrer „Erhaltung erfordert wird, desto „leichter wirken Reize auf dasselbe, „und die Zurückwirkung dieser

„Lebenskraft ist um so leichter er=
„schöpft."

Auf diesen zwey Gesetzen der Pflanzen=
physik, die zwar noch nicht genau von den
Phytologen bestimmt sind, beruht eine ganze
Masse von Anwendungen im practischen Fach
der Oeconomie, die ganze Kunst der Treib=
häuser, die Nothwendigkeit des hitzigen, oder
kühlen, des vielen, oder wenigen Düngers,
des Sonnenstandes, oder des Schattens, u.
s. w. Schon viele Anwendungen dieser Ge=
setze werden, durch bloße Empirie, einzig
vom narrarunt patres ausgeübt.

Diese Gradation von Lebenskraft finden
wir, wie schon erwähnt, sehr sichtbar, mehr,
oder weniger, in jedem einzelnen Individuum,
und als ein Beyspiel hiervon beschränken wir
uns bloß auf die Bäume. — Die Geschlechts=
theile in der Blume sind die allerreichhaltigsten
Theile an Reitzbarkeit, — an L e b e n s =
k r a f t —, leicht zu zernichten, in sich selbst
bald erschöpft, und abgestorben. Nach ihnen
kömmt das Blatt, an denen wir deshalb so

manche Krankheiten wahrnehmen, alsdann
das Fruchtaug, hierauf der jährige und zwey=
jährige Sommertrieb, nun die Wurzel (*) und
zuletzt der Stamm. Jeder Winter liefert dem
aufmerksamen Beobachter hiervon Beyspiele
in Menge. — Der Grund von dem leichteren
Absterben der Wurzeln liegt in ihrer Verwöh=
nung in der Erde, wo sie den stark abwechseln=
den Eindrücken von der Atmosphäre weniger
ausgesetzt, und dadurch reizbarer geworden
sind. Ihr Hauptreiz ist eine mäßige warme

(*) Hunter's Versuche (†) beweisen hierüber nichts;
    nämlich daß die Wurzeln am stärksten dem Frost
    widerstünden, denn er verglich solche nur gegen die
    Sommertriebe. Auch ist hier die Rede nicht von der
    aushaltenden Kraft der Wurzel in der sie beschützenden
    Erde, sondern von der eigenthümlichen Kraft
    des Lebensprincips gegen den Stamm, wenn beyde
    von einer gleichen Kälte berührt werden. Jedermann
    weiß, daß wenn die Wurzeln eines Gewächses von
    Frost ausgezogen werden, dasselbe bald verlohren
    geht. — Heftige Kälte im Winter tödtet bald jede
    Wurzel, die dem Stamm nichts thut. Man sieht
    dieses deutlich, denn der Bast ist alsdann an den
    Wurzeln braun, abgestorben, am Stamm aber noch
(†) Am angef. O. S. 25.

Feuchtigkeit, die sie im Freyen entbehren, dagegen aber fremden Eindrücken ausgesetzt
werden. Steht deshalb eine Wurzel über der
Erde, so wird ihre Rinde nach und nach
dicker, und völlig derjenigen am Baum analog.
— Ein ferneres die Reitzbarkeit der Pflanzen
betreffendes Gesetz der Natur ist:

„Daß je stärker, kraftvoller, luxuriöser
„die Vegetation, gegen die sonst eigen-
„thümliche Natur des Gewächses ist,
„desto thätiger, angespannter müssen

---

gesund. Trockenheit vertragen die Wurzeln noch
weniger, und ihr Leben geht dabey bald verlohren. —
Dieses macht die sorgfältige Verwahrung der Wurzeln bey weitem Versenden der Bäume immer sehr
nothwendig.

In dem fürchterlichen Winter 1795. erfroren mir
acht verschiedene Sorten von Pflaumen, die seit
5 Jahren am oberen Rand der Mauer einer Terrasse
standen. Die Kälte konnte hier die ganze Tiefe der
Wurzeln durchdringen. Alle grünten und blüheten
im Frühjahr, das Holz war sämmtlich bis in den
May, wo sie dürrten, gesund. Die Wurzeln aber
braun und faul. Die Pflaumen am Fuß der Terrasse, hatten nicht das geringste gelitten!! Der
Stamm also in gleicher Kälte.

„wir uns in ihm die Lebenskraft
„denken, aber die auch deshalb von
„starken fremden Reitzen, oder Ent
„ziehung der gewöhnlichen, desto
„leichter zerrüttet oder gar zernich
„tet wird."

Daher erfrieren noch spat treibende Bäume
so leicht an den Sommerschossen. — Daher alle
in Mistbeeten getriebene gaile Pflanzen so
schwer zu versetzen. — Deshalb leiden alle fette,
luxuriös treibende Vegetabilien im Frühjahr
bey dem kleinsten Frost, und jeder hat deshalb
wohl oft schon seine Gurken bedauert; — daher
sind im Herbst ausgesetzte Bäume, wenn sie in
keiner Nässe stehen, und die Wurzeln gegen
den Frost gesichert sind, im strengsten Winter ohne Gefahr. Das Aussetzen ist Mohnsaft für die Reitzbarkeit, und Eindrücke,
— Reitze —, finden deshalb weniger
statt.

Noch nichts ist indessen weniger in der
Pflanzenphysik untersucht, als diese mannichfaltigen Modificationen der Lebenskraft in

den Gewächsen, nicht nur in den verschiedenen
Individuen selbst, sondern, wie schon anges
führt, in einer und ebenderselben Pflanze. —
Das Merkwürdigste bey organischen Wesen
ist aber, daß diese Lebenskraft sich nach den
Reitzen allmählig abändert, und durch andere
dadurch gewonnene Eigenschaften, fremde
Reitze gewohnt wird. Das Thier übertrifft
hier zwar bey weitem das Gewächsreich, so
wie der Mensch in diesem Stück wieder jedes
Thier übertrifft. — Dieser lebt am Pol und
Aequator, auf den höchsten Gebirgen und in
den tieffsten Minen. Alle diese so sehr ents
gegengesetzte Theile der Erde, werden von
ihm belebt: Kälte, Hitze, Nässe, leichte und
schwere Luft verträgt sein geschmeidiger und
dauerhafter Körper. (*) Er lebt zu Jenis
seist (**) in einer Kälte, wobey die Sperlinge
todt aus der Luft fallen, und das Quecksilber

(*) Zimmermanns geograph. Geschichte des Menschen. Th. 1. S. 51.

(**) Gmelin' s Flora Sibirica. Vorrede.

gefriert — und lebt am Senegal auch in einer
Hitze, die das Thermometer auf 120° Fahr.
bringt (*). Ja Blagden, Banks und
Solander (**) ließen ein kleines Zimmer
bis auf 211° heitzen, und hielten 10 Minuten
in demselben aus. Blagden (***) trieb die
Hitze bis auf 260°, also 48 Grad größer als
die des kochenden Wassers, in der Wachs
schmolz und Eyweiß gerann, und blieb doch
gegen 8 Minuten in diesem Zimmer. Alles
übertrifft aber nach Du Hamel's und Til-
let's (****) Nachrichten diejenige Hitze,
welche zu Rochefoucault im Angoumois einige
Mädchen 10 Minuten in einem Backofen
aushielten, in dem Obst und Fleisch kochte.
Die Hitze war 275° Fahr. — Welcher Pflanze
wäre dieses möglich? — Mit welcher Leich-

(*) Andanson's Reise nach Senegal, S. 131.

(**) Versuche über das Vermögen der Pflanzen und
    Thiere Wärme zu erzeugen und zu vernichten. 1778.
    S. 7.

(***) Im eben angeführten Buch, S. 58.

(****) Neues Hamburg. Magazin, 105. St.

tigkeit muß sich also die Lebenskraft bey den Thieren modificiren laſſen, um ſich in ſolche fürchterliche Extremen fügen zu können. Ohne große Revolutionen geht dieſes aber nicht her, deshalb auch die große Tödtlichkeit für Fremde unter den Wendekreiſen. Der Neuling bekommt vom Waſſer der Seine in Paris eine Art Ruhr!

Ohne dieſe Fähigkeit der Lebenskraft, eine andere Modification annehmen zu können, wäre es ohnmöglich auch nur eine einzige Pflanze aus ſüdlicheren Gegenden an unſer Klima zu gewöhnen, und ſie einheimiſch zu machen; ſo wie unſere Gewächſe in einer Hitze an Erſchöpfung bald dahinſterben, die der Caffeebaum, die Ananas, die Muſa u. ſ. w. nothwendig zu ihrem Leben erfordern. Mit den Pfirſchen, Abricoſen, Feigen, Mandeln, und Nußbäumen iſt es uns ſchon gelungen, ſie an unſer Klima zu gewöhnen, nachdem dieſelben immer von einem minder wärmeren Klima, zum Fortkommen in dem kälteren vorbereitet, — angewöhnt wurden. Der Römer gab sie dem Gallier, dieser dem südlichen Deutschland, und jetzt genießt sie schon der Pomophilos an der Ostsee.

Was ist also angewöhnen?

Die Langsamkeit, womit dieses geschieht, beweißt doch deutlich, daß in der Organisation der ganzen Pflanze eine Veränderung vorgehen muß, wodurch die Fähigkeit erwächst, gegen fremde oder gegen Mangel an die ächt vaterländischen Reitze gleichgültig zu werden. Nach den weisen Gesetzen der Natur muß in diesem Fall die Reitzbarkeit abgestumpft werden, um der Kälte widerstehen zu können. — Die wesentliche Ursache davon muß in der abgeänderten Mischung der Nahrungssäfte liegen. Diese ersetzt, wie wir oben angegeben haben; immerwährend die organische Materie, die ältere, durch vollführte Verrichtungen untauglich gewordene, wird ausgeführt, und so bekommen alle Organe allmählig eine neue Eigenschaft, um eine solche Materie des Ersatzes in den Säften zu bilden, die mit dem sie umgebenden Luftkreis in Harmonie steht.

Zeigt dieses nicht auch der Geschmack, und
die Güte der Früchte? Welcher Unterschied
zwischen einer Pfirsche in Paris, und einer in
Pyrmont. Der Borstorfer wird in Frankreich
fader, ist schon im December melbig; so ver=
edelt, eigentlich aber verschlimmert, ist seine
größere Vollkommenheit. — Die Entziehung
der Wärme vermindert die Lebenskraft, des=
halb muß das Gewächs, wenn ich mich so aus=
drücken soll, mit roheren Säften genährt wer=
den, und diese bilden gröbere Organe, die der
ehemaligen Quantität von Wärme nicht bedür=
fen. — Nichts kann zur Gewohnheit wer=
den, als bis in der Organisation eine solche
Veränderung vorhergegangen ist, die nun
gegen stärkere, oder geringere Reitze gleichgül=
tig wird, und keine widernatürliche Rück=
wirkung äußert. Der junge Lattich kützelt
den Gaumen nicht durch saftvolle Zartheit,
wenn einige Tage der Ostwind weht. Welche
schnelle Verhärtung und Bitterkeit gewinnt
der Spargel, wenn er auch nur 24 Stunden
zu spat gestochen wird. — Die Früchte junger

Bäume haben die Güte von alten nicht, immer noch etwas rohes. — Um Gewächse an unser Klima aus südlicheren Gegenden zu gewöhnen, müssen wir den Winter, wie z. B. bey den Feigen, die jungen Stämme mit einem Mittel umgeben, das ein schlechter Wärmeleiter, das heißt, die Kälte abzuhalten im Stand ist. Alle Körper die nicht fähig für viele Wärme sind, sind es natürlich auch nicht für Kälte, da diese nur Entziehung der ersteren ist. Dieses Vermögen nennt man Leitungskraft. Unter den wohlfeilsten Substanzen dieser Art ist uns das Stroh bekannt; aber lächerlich genug nannte man dasselbe einen Frostableiter, wenn man nach Binenberg das Strohseil in ein Gefäß mit Wasser sich endigen läßt. Dieses ist durchaus unnöthig, und beruht auch nicht auf Einem Funken physicalischer Gründe. Daß Bäume am Wasser weniger vom Frost leiden sollen, — wenn die Sache erst wirklich wahr ist, denn die Blüthe der Obstbäume am Wasser geräth selten —, läge nur darinnen, daß

der

der Froſt durch Eis nicht ſo tief als in die
Erde dringt, und die unterſten Wurzeln der
Bäume alſo mehr in einem wärmeren Medium
ſtehen. Das Stroh nützt bloß dadurch, daß
es der Luftkälte nicht geſtattet, dem Baum
ſeine Wärme dergeſtalt zu entziehen, daß die
Reitzbarkeit ſuſpendirt wird, und nachher die
Säfte gefrieren. Federn und Haare würden
deshalb bey ſehr zärtlichen Gewächſen, wenn
man Wachstuch darüber bände, allem vorzu=
ziehen ſeyn.

In dieſer Fähigkeit der Pflanzenfaſer,
ſich allmählig nach den äußeren Umſtänden
modificiren zu können, und folglich ihre ur=
ſprüngliche Eigenſchaft der Lebenskraft abzuän=
dern, wodurch aber auch nothwendiger Weiſe
die Miſchung der Säfte anders ausfallen muß,
ſcheint mir höchſtwahrſcheinlicher Weiſe eine
große, wo nicht die einzige Urſache von den
Ausartungen mancher Obſtſorten begründet zu
ſeyn. Selbſt die Veredlung auf nicht paſſende
Wildlinge gehörte hierher, wenn das Obſt ſich
dadurch verſchlimmern ſoll. Der Reitz von

E e

den zu fremden Säften des Wildlings, müßte
in der Organisation Verstimmungen hervorbringen, welche die ursprünglichen Früchte
nicht mehr zu liefern im Stande sind. Solche
Ausartungen sehen wir alsdann für verschiedene Gattungen, oder Varietäten an (*).
Wüßten wir von jeder Obstsorte ihr neues
Entstehen, ob sie bey uns aus Saamen entstanden, oder durch Veredlung, so würden
wir vieles Licht hierüber haben. So aber
herrscht in der ganzen Obstlehre in keinem
Stück größere Dunkelheit, als über die Verwandtschaft und Abstammungen, welches uns die
bessere Classification äußerst erleichtern würde.

(*) Bey dem Aristoteles, der sonst so manches, was
wir für nicht so alt halten, schon sagte, findet man
in den zwey untergeschobenen Büchern de Plantis
l. 1. C. 1665 — „est autem insitio melior simi-
„lium in similia, uti ficus cum fico etc." — Auch
von dem Saamen steht daselbst, was noch immer
der Fall ist; — et nulla planta semen producit
simile simili, a quo est orta, quaedam enim
melius faciunt semen, quaedam pejus. Hatte
dieser Autor die wahre Befruchtung gekannt, wie
leicht hätte er dieses sich zum Theil erklärt!

Dieses läßt sich aber ohne Versuche, die eine ausharrende Geduld erfordern, gewiß nicht enthüllen, und wird also wohl ewig unentschieden bleiben. — Ich lege dem prüfenden Kenner folgenden Vorschlag vor. — Mir ist es wahrscheinlich, daß, da eine jede Obstgattung, die wir als solche annehmen, immer Kennzeichen von ihrer verschiedenen Abkunft trägt, z. B. die **Gulderlinge**, und **Calvilles**, die **Reinetten** und **Peppings**, die **Rambours** und **Weinäpfel**, u. f. w. im Saamen vielleicht die Abstammung **rein** aufzusuchen wäre. Ich gründe mich hier auf die allgemeine Beobachtung, daß aus dem besten Saamen gezogene Wildlinge, so manche gute, schlechte, dem Mutterstamm ähnliche und ganz unähnliche Früchte liefern. Dieses leite ich aus zwey Ursachen her. Erstens aus der Rückkehr des Saamens zu seiner **ursprünglichen** Abstammung, und **zweytens** aus der mannichfachen Befruchtung durch Insecten, Winde u. f. w. Würden wir also den Obst-

saamen, nach den obigen Regeln, vor aller
fremden Beymischung bewahren, indem; wir das blühende Obstorangeriebäumchen, an einem von blühenden Bäumen
der ähnlichen Art entfernten Orte, mit Flor
umgäben, der jedem Insect den Zutritt unter-
sagte: so würden wir vielleicht einen Saamen
erhalten, der uns die Abstammung des Mutterstamms aufklärte. Um nun aber bey solchen
Wildlingen nicht nöthig zu haben, sie
selbst groß zu ziehen, und viele Zeit mit der
Erwartungsgeduld zu verlieren, so könnte
man schon das einjährige zu einem Pfropfreiß
abschneiden, dasselbe auf Johannisstämmchen
pfropfen, und im dritten Jahr dem Resultat
des Versuchs entgegen sehen. — Johannisstämmchen müssen wir aber durchaus wählen,
weil wir von diesen nur allein überzeugt sind,
daß auf ihnen kein Apfel einer Ausartung unterworfen ist, und gelingt es mit meinen Untersuchungen der Birnen auf diese Stämnchen,
so wären wir auch wegen den Birnen besorgt. -
Bey den Pfirschen und Apricosen müßten wir

hingegen ſtets die Mandelſtämmchen wählen. —
Würde jeder Obſtliebhaber nur eine Gattung
auf dieſe Weiſe unterſuchen, ſeine Reſultate
bekannt machen, ſo ließen ſich viele neue Auf;
ſchlüſſe hierüber erwarten.

Dieſe kurzen Grundzüge einer geläuterten
Naturlehre der Gewächſe entwarf ich hier in
der Hoffnung, um vielleicht manchen Freund
der Agricultur fühlen zu machen, wie höchſt;
nothwendig dieſes Studium für Jeden iſt,
der im Gewächsreich neue Fortſchritte mit
practiſchen Folgerungen ſich eröffnen will.
Ohne die Kenntniſſe einer geläuterten neue;
ren Phyſik und ihrer ſo großen ganz unent;
behrlichen Stütze, der neueren Chemie, ſo
wie ohne Bekanntſchaft mit den Geſetzen der
Vegetation, kann Niemand das Wahre vom
Falſchen, vom Vorurtheil, oder Aberglauben
ſichten, ſich die Erſcheinungen ſeiner mit ihm
lebenden Pflanzenwelt nicht erklären, aber
noch weit weniger ſelbſt Verſuche machen, die
ſo vernünftig eingeleitet ſind, daß auch ihr
Mißlingen Aufklärung gewährt. Die Natur

kann Nein sagen, um uns das Ja rathen
zu lassen, denn jeder Versuch, den wir anstellen, ist eine belehrende Frage an diese
geheimnißvolle Mutter. Sie ist nur reich für
uns mit ihrem Segen, aber geizig mit ihren
Quellen.

Dieses ebenso belohnende als aufklärende
Studium führt den Forscher langsam zu der
großen, unbegreiflichen Einfachheit, und dennoch zu der unzählbar mannichfachen Stufenleiter organischer Wesen hin. Durch
die tägliche Beobachtung der so nahen Ver-
wandtschaften zwischen Thier und Pflanze
wird er gewahr, daß das ganze Gewächsreich
nur absteigende, niedrigere Stufenfolge des
Thierreichs ist: Ein Gedanke, den uns die
Geschichte nicht als neu mittheilt, sondern,
als selbst über die Gränzen der Wahrheit,
schon gedacht und empfunden im grauesten
Alterthum von einem Democrit, Empe-
bocles u.a.m.; also schon mehr als fünft-
halbhundert Jahre vor unserer Zeitrech-
rechnung.

Alles indessen, was wir bis jetzt wissen,
sind nur noch Bruchstücke der Wahrheit, nicht
zusammengereiht zum Ueberblick des Ganzen.
Und hier wird die Natur stets so viel Undurch-
dringliches behalten, daß wir wohl nie den
Schleier ganz lüften werden, in den diese
nur in ihrer gränzenloßen Mannichfaltigkeit
angestaunte Künstlerin ihre unsichtbare · geheime Operationen gehüllt hat. — Sie hat
nur Geheimnisse, um dem Menschen ewiger
Reitz zum Forschen, ewige Aufweckung zur
Thätigkeit zu seyn. — Sie scheint mit den
lebenden Individuen zu spielen, ist aber die
sorgsamste Erhalterin der Art. Diese streckt
ihre Arme in die ewige Zukunft, und lebt mit
der Zeit ohne Wandel fort. Tod ist die
Pforte zum Leben, und das Lieblingsgeschäft
der Natur ist der erhabene Zweck die Existenz
des Ganzen zu erhalten.

„Das Gewächsreich,“ sagt der tiefffüh-
lende, tiefforschende Herder (*) — „ist eine

_____

(*) Dessen Ideen zur Philosoph. der Geschichte der
Menschheit. B. 1. S. 74.

„höhere Art der Organisation als alle Gebilde
„der Erde, und hat einen so weiten Umfang,
„daß es sich sowohl in diesen verliert, als in
„mancherley Sprossen und Aehnlichkeiten dem
„Thierreiche nähert. Die Pflanze hat eine Art
„Leben und Lebensalter, sie hat Geschlechter
„und Befruchtung, Geburt und Tod. Die
„Oberfläche der Erde war eher für sie, als für
„Thiere und Menschen da; überall drängt sie
„sich diesen beyden vor, und hängt sich in
„Grasarten, Schimmel und Moosen, schon
„an jene kahlen Felsen an, die noch keinem
„Fuß eines Lebendigen Wohnung gewähren.
„Wo nur ein Körnchen lockere Erde ihren
„Saamen aufnehmen kann, und ein Blick der
„Sonne ihn erwärmt, gehet sie auf, und
„stirbt in einem fruchtbaren Tode,
„indem ihr Staub andern Gewäch-
„sen zur besseren Mutterhülle
„dient."

Indessen:

Multa venientis aevi populus ignota nobis sciet·
Multa seculis, tunc, cum memoria nostri exoleverit,
reservantur.   SENECA.

Erklärung der Kupfer.

F i g. I.

Diese 3 Zeichnungen sind die Entwickelung einer Aepfelblüthe, wie solche das neue Organ, das ich Fruchtkuchen genannt habe, mit Hülfe der Blätter entwickelt, und hauptsächlich an jungen Bäumen sehr in die Augen fällt. Er ist auch hier um so nothwendiger, wenn der zu rasche Lauf des Baumsafts die Frucht nicht abstoßen, und die Säfte gehörig zubereitet werden sollen.

Nro 1. Ist die noch geschlossene Blüthe b auf einem Fruchtspieß a wie sie jetzt noch, nur mit einer Blättercocarde umgeben ist.

Nro 2. Eine völlig entwickelte Blüthe. Die Blätter, welche vorher gleichsam auf einem Punct beysammen saßen, sind auf einem durch

sie neu gebildeten Organe, dem Fruchtkuchen
— a vertheilt, und auf deſſen oberem Theil
die Blüthen ebenfalls vertheilt ſtehen. Die
kleinen Blättchen c. fallen bald ab, und hin-
terlaſſen nur Augennarben, oder kleine
ſchlafende Augen, die größeren Blätter bilden
ſchon ſichtbare Augen b.

Nro 3. Der Fruchtſpieß Nro 1. mit
dem Fruchtkuchen Nro 2. hier b. Dieſes
iſt nun die Vollendung des Fruchtkuchens im
Herbſt, mit ſeinen neuen Sommergebur-
ten. Bey a hat der reife Apfel geſeſſen. Aus
dem Winkel eines großen Blatts ſproßte der
Fruchtſpieß, oder die Fruchtruthe c hervor,
und wird für die Zukunft ein neues großes
Maggzin für Fruchtaugen. Aus dem Winkel
eines andern Blatts entwickelte ſich bloß ein
vollkommenes Fruchtaug d, welches das folgende Jahr ſchon wieder Früchte liefert. Unten bey e iſt ein ſichtbares Aug, welches ebenfalls in dem folgenden Jahr ſchon zu einem
Fruchtaug ſich völlig ausbilden kann. Wo die

übrigen Blätter saßen, sind **Augennarben**
zurückgeblieben wie bey f.

F ɪ ɢ.   I I.

Diese und die folgende Zeichnung sind
gleichsam die Elementarkupfer zum Studium
des Baumschnitts beym **K e r n o b ſt**, die aber
für das **S t e i n o b ſt** nicht paſſen. Sie geben
vielleicht einen Begriff, wie ich glaube, daß
man Anleitung zum Baumschnitt geben müſſe.
Fig. II. iſt der Gang des Wuchſes der unge-
ſtöhrten Natur an hochſtämmigen Bäumen.
Der Trieb iſt **d r e y** Jahr alt, wie die Ringelwüchſe bey a und b andeuten. Bey e. e.
ſieht man zwar ſichtbare Augen, die aber klein
ſind, und nicht im **z w e y t e n** Jahr zum Fortwachſen gekommen ſind, und deshalb **ſ ch l a -
f e n d e** Augen genannt werden. An ihnen
gieng der Baumſaft im Frühjahr zu ſchnell
vorüber, und entwickelte nur die oberen.
D i e ſ e ins Leben zu rufen, iſt der Gegenſtand und die Kunſt des Baumſchnitts. Bey

f, wo bey der Entwickelung des Sommer-
zweigs, die kleineren Blätter der Cocarde
gesessen haben, befinden sich die Augennarben, welche sich ebenfalls durch den
Schnitt ins Leben rufen lassen. Jeder Sommertrieb von den zwey Jahren hat zwey
Fruchtruthen. Unterhalb diesen stehen
die Fruchtspieße, wovon ein dreyjäh-
riger bey c, schon einen Fruchtkuchen,
mit einer Frucht, einer Fruchtruthe,
und einem Fruchtaug, wie bey Fig. I.
Nro 3. hat. Nach den Fruchtspießen folgen
im zweyjährigen, oberhalb e nur Augen
mit einem oder mehreren Blättern. Diese
werden das folgende Jahr zu Fruchtspießen
mit Fruchtaugen, oder manche bleiben wieder
ohne Leben, und gesellen sich zu den schlafenden Augen.

F i g. III.

Dieses ist das Bild eines fünfjähri-
gen, nach den Regeln der Kunst, geschnit-

tenen Aftes von einem Spalierbaum, an dem
zugleich falsche Triebe ausgebrochen sind.
Hier ist kein schlafendes Auge. Alle sind durch
den Schnitt in zweckmäßigen Trieb gebracht.

a — sind die wahren **Mutterzweige**
— Branches meres — für die Vergrößerung des Baums.

b — ist der **Wuchertrieb**, wie er sich
grenadiermäßig gerade emporhebt.

c — **Wassertriebe**, Räuber, sie lieben
immer gesellschaftliches Leben.

d — d. Zwey eigentliche **Ausläufer**,
Chiffonnes.

e. e. e. e. e. e. sind die wahren **Fruchtruthen**, an denen wir das Holz für
die Früchte erwarten. An ihrer Spitze
f. f. f. sind die Sommertriebe ebenfalls Leitzweige, zur Ausbildung der
Form des Baums.

g. g. g. sind die Fruchtspieße mit den Ringelwüchsen, entweder bloß aus Ringeltrieben wie bey den untersten g. g. zusammengesetzt, und jedes Jahr ver-

längert, oder aber wie bey dem etwas
höheren g, erst ein Fruchtspieß mit meh;
reren schönen Augen, aus denen sich
in den folgenden Jahren die Ringel;
wüchse bilden.

h. Ein Fruchtkuchen mit einer Frucht.

Ich hoffe dieses wird die Begriffe der
Terminologie erleichtern, sie weiter auszu;
führen, verbietet hier der Ort.

Verzeichniß

derjenigen Obſtſorten, die ſich dermalen in
meiner ſeit 15 Jahren angefangenen
Sammlung befinden.

Niemand wird hier ein wahres ſyſtematiſches Verzeichniß erwarten, denn dazu gehörte
ein eigenes Werk, woran ich arbeite. Liebhaber können nur hieraus erſehen, welche
Obſtſorten ſie bey meinem Gärtner ganz
ächt erhalten, oder doch beſtellen können;
denn ſelten ſind von jeder Tafelſorte
Bäumchen für die Obſtorangerie vorhanden, werden aber im Frühjahr, dem Liebhaber zu Gefallen, auf Beſtellung ſicher veredelt. — Es gehört unſägliche Mühe dazu,
für jedes Jahr nur 300 Joh. Stämmchen
zu erhalten.

Dieſes Jahr hat der Gärtner nun auch
eine Baumſchule für Hochſtämme angelegt;
um dadurch die ausgeſuchteſten Tafelſorten zu

verbreiten, und mit dieser steht eine andere zu Spalieren und Pyramiden in Verbindung. Die Aepfel werden sicher auf Joh. Stämme veredelt. Einige Hundert davon hingegen bloß auf den unübertreffbaren D o u c i n; wovon dieses Jahr 150 St. aus Harlem angekommen sind. Die Birnen werden sämmtlich auf die Birnquitte oculirt.

Um, wie bey M a n g e r, kurz anzugeben, welche Sorte ich bestimmt meyne, füge ich folgende Abbreviaturen bey, und die citirten Werke sind folgende:

D. H. Du H a m e l Abhandl. von den Obstbäumen. 5 Bände 4. 1775.

K. P. K n o o p' s Pomologie Fol. 1760.

Z. P. Z i n k' s Pomologia 1765. Fol. Bekanntlich der 2. Theil zu K n o o p. Eine Sudelarbeit.

T. O. G. Teutscher Obstgärtner von S i c k l e r.

C a l v i l l e s.

1) W e i ß e r W i n t e r c a l v i l l e, Calville blanche d'hiver. Soll er ganz rein und ächt

ächt seyn, so muß die Sonnenseite carmoi=
sinrothe Flecken und Puncte haben.

2) **Gelber Wintercalville.** Knoop's
Paasche-Appel.

3) **Grüner Wintercalville.** Hält sich sehr
lange, steht aber, dem weißen weit nach.

4) **Weißer Sommercalville,** Calville
blanche d'Eté. Ein sehr angenehmer Apfel,
und seine Blüthe eine Pracht. Ich erhielt
ihn als Pomme d'Astracan.

5) **Rother Sommercalville,** Calville
rouge d'Eté. D. H.

6) **Rother Herbstcalville,** Calville rouge
d'Automne.

7) **Gestreifter rother Herbstcalville.**
Ein vorzüglicher Tafelapfel. T. O. G.

8) **Rother Himmbeerapfel,** Framboise
rouge. Danziger Kantenapfel. K. P. Wahr=
haft delicat. Zeitig im September, haltbar
bis in Febr. Purpurroth von Farbe. Von
N. 6. ganz verschieden.

9) **Braunrother Himmbeerapfel,** Pa=
radiesapfel. Auf der Sonnenseite braun=

Ff

roth. Von der angenehmsten Weinsäure.
Zeitig vor N. 8.

10) Rother Wintercalville, Calville rouge
d'hiver. D. H.

11) Röther Wintercalville aus der Normandie, Calville rouge de Normandie. Noch
delicater. D. H.

12) Süßer weißer Wintercalville. Aus
dem Kern in Halle erzogen.

13) Süßer rother Wintercalville. Aus
Sachsen.

14) Gelber Gulderling. K. P.

15) Rother Gulderling. K. P.

16) Spanischer Gulderling. K. P.

17) Deutscher Gulderling. Schafsnase.
Wird am Spalier oft 5 Zoll lang. Delicat
zum Dämpfen.

18) Rothe Schafsnase. Ueberall blutroth.
Von angenehmem Geschmack. Weißes Fleisch.
Etwas röthlich unter der Schale. Vom Rhein.

19) Englischer Carolin, Carolin d'Angleterre. K. P.

20) Rother Cardinalsapfel. Ein vor-

trefflicher Apfel von hohem Parfüm. Z. P. Tab. 3.

21) Weißer Cardinalsapfel. Z. P. Tab. 7.

22) Gräfensteiner. S. Hirschfeld. Aus Kurland.

23) Loskrieger. S. Christ's Handbuch.

24) Königsapfel. T. O. G. Pomme Royale d'Angleterre.

25) Großer Herrnapfel. K. P. Von delicatem Fleisch.

26) Kleiner Herrnapfel. So groß als Borstorfer. So schön wie Wachs. Von angenehmem Geschmack. Zeitig am Baum. Haltbar bis December. Trägt ungeheuer voll in Büscheln wie Api.

27) Winter-Quittenapfel. Ganz gelb oft mit grauen Streifen besogen. Schmeckt wenig nach Quitte.

28) Winter-Citronenapfel. Von Farbe wie die Citrone. Ganz weißes Fleisch. Sehr haltbar.

29) Melonenapfel. S. Hirschfeld.

30) Weicherling. Sehr zartes angenehm

Ff 2

ſäuerliches Fleiſch, roth unter der Schale bis tief ins Fleiſch.

31) Edler Prinzeſſenapfel, Princesse noble. K. P. Tab. VI. Darf ja nicht mit Pigeon blanc verwechſelt werden. Ein vortreff= licher Apfel. Vom Baume eßbar, und hält ſich lange.

32) Prinzeſſenapfel, Pomme de Princesse. K. P. Tab. III. Ein herrlicher Apfel für die Wirthſchaft, von außerordentlicher Tragbar= keit. Auch zum Roheſſen nicht zu verwerfen.

33) Rother Taubenapfel, pigeon rouge T. O. G. — K. P.

34) Weißer Taubenapfel, Pigeon blanc.

35) Roſenhäger. Aus Kurland. E. Hirſch= feld.

36) Rewaliſcher Birnapfel. S. Chriſt's H. B.

37) Paſſe = Pomme, rother. Z. P. Tab. I, fig. 4.

38) Herbſt = Paſſe = Pomme, Passe pomme rouge d'Aout — Z. P. Tab. fig. 5.

39) Weißer Paſſe = Pomme.

40) **Königlicher Cousinette**, Cousinette royale panachée. Von einer alles übertreffenden Zartheit, so daß der Apfel überreif eicadirt. Reif im August. Vielleicht Zink's Calville royale d'Eté?

41) **Russischer Eisapfel**, Cicat. Pomme d'Astracan. Transparente. **S. Christ's H. B. S. 456. 1797.**

42) **Türkencalville.** Wird im T. O. G. erscheinen. Ungeheuer groß. Bloß für die Küche.

43) **Veilchenapfel.** T. O. G. Eine wahre Delicatesse.

44) **Französischer Rosenapfel**, Pomme Rose franche. K. P. Ich erhielt ihn aus dem Haag.

Reinetten.

45) **Reinette von Orleans**, Reinette d'Orléans. Eine der ersten Reinetten. Groß, schmutzig gelb mit einer feinen grauen Haut überzogen. Ueberall mit grauen Puncten besetzt. Auf der Sonnenseite schmutzig roth gestreift. Gelbes, weiches Fleisch von dem

alleredelſten Geſchmack. E. Z. P. No. 86.
Ich erhielt ſie aus Nancy.

46) Calvillartige Reinette, Reinette
calville. Eine köſtliche Reinette. An Größe
wie die folgende. Stark gerippt, und an
Geſchmack dem weißen Wintercalpille ſehr
ähnlich.

47) Edelreinette, Reinette franche. Wird
fälſchlich franzöſiſche Reinette über⸗
ſetzt. Ihr großer Werth iſt bekannt. D. H.

48) Triumphirende Reinette, Reinette
triomphante. Darf mit Reinette d'Orléans
nicht verwechſelt werden. Von gleicher Güte.
Wird aber nicht ſo groß, und mehr platt.

49) Muscatenreinette, Reinette musquée.
Dieſen Namen habe ich ihr wegen ihrem
wahren Muscatengeſchmack gegeben. Viel⸗
leicht hat ſie irgendwo einen andern Namen.
Kommt bald in T. O. G.

50) Caſſelreinette. Im Syſtem eine wahre
Goldreinette. Bey ihrer ganz vortrefflichen
Güte trägt ſie ſtupend, ſo daß die Bäume
klein bleiben. T. O. G.

51) Aechte Goldreinette, Reinette dorée

Du Hamel. Hat eine ganz erhabene Säure. Ganz weißes Fleisch. Rothgrau auf der Sonnenseite.

53) Königliche Reinette, Reinette royale. Viel kleiner als No. 47. Hellgelb, grau punctirt, niemal etwas röthlich. Von ausgesuchter Güte, und welkt nicht, welches alle bisherige Reinetten thun, wenn sie nicht erst gegen Ende October abgethan, und kühl aufbewahrt werden.

54) Holländische Goldreinette. K. P. Goldmohr. — Stark mit Grau überzogen, und dunkelgelb. Weißes sehr feines Fleisch.

55) Deutsche Goldreinette. Vielleicht bey andern Rein. jaune tardive, die bey mir noch nicht getragen.

56) Englische Goldreinette. Sehr groß, von Farbe wie der Wintercalville.

57) Graue Reinette, Reinette grise. T. O. G.

58) Doppelte graue Reinette. Wird sehr groß, und übertrifft an Güte die 57. sehr weit.

58) Vergoldete graue Reinette. Die Grundfarbe ist helles Gelb. Auf der Son=

nenſeite etwas blaßröthlich. Wird nicht
ſtippig, und ſelten weiß.

59) **Getüpfelte Reinette,** Reinette picott-
ée. T. O. G.

59) **Grauer Kurzſtiel,** Reinette Courtpendu
gris. T. O. G.

59) **Rother Kurzſtiel,** R. Courtp. rouge.

60) **Unvergleichbare Reinette,** Rein.
non-pareille.

> Ich habe jetzt drey verſchiedene Sorten, aus
> Holland, Sachſen und Straßburg.

61) **Rothe Reinette,** Reinette rouge. Z. P.

62) **Nordreinette.** Von hohem Werth.

63) **Rosmarinreinette.** Aus Berlin.

64) **Späte gelbe Reinette.** S. No. 55.
Reinette jaune tardive.

65) **Kleine ſüße platte Reinette.** Aus
Halle.

66) **Bretagner Reinette,** Rein. de Bré-
tagne. D. H. Eine vortreffliche Reinette.
Im Syſtem eine rothe Reinette.

67) **Monſtreuſe Reinette.** S. Miller's
allgem. Gärtner-Lexicon, 4. 1776. Tom. III.

S. 24, Wird ungeheuer groß, ganz grün-gelb von Farbe, hat weiches, weißes, säuerliches Fleisch. Wiegt am Spalier 24—30 Loth. — Noch bin ich indeß nicht ganz gewiß, ob es die wahre englische ist.

67) Große englische Reinette. D. H. Blaßgelb von Farbe, auf der Sonnenseite etwas schmuzigröthlich. Weiches Fleisch. Wird nicht so groß als die vorhergehende.

68) Gelber Kurzstiel, Rein. Courtpendu jaune. Aus Berlin.

69) Holländische Reinette. Vorzüglich gut.

70) Reinette von Clareval. Noch nicht getragen.

71) Grüne Reinette, Reinette verte. T.O.G.

72) Grüne lange gestreifte Reinette. Reinette verte longue panachée. Z. P. No. 67. Eine vorzügliche Reinette von grünlichem, sehr zartem mürbem Fleisch. Auf der Sonnenseite röthlich gestreift und grau getüpfelt. Hält sich bis Ostern.

73) Grüne holländische Reinette. Uebertrifft No. 71.

74) **Carpentin**, Reinette Carpentin. Am
Rhein zu Haus. Von einem ganz eigenen
pikanten, säuerlichen, sehr erquickenden
Geschmack. Wird von Manchen allen Aepfeln
vorgezogen. Von Größe des Borstorfers und
sehr tragbar. Ueberall rauh anzufühlen, unter
dem auf der Sonnenseite ein glänzendes Roth
durchscheint. Wird im T. O G. vorkommen.

75) **Windsor-Reinette. E. Hirschfeld.**

76) **Deutsche Reinette,** Rein. Allemânde.
Die Franzosen nennen auch unseren Bor-
storfer so, häufig auch Rein. batarde, und
Pomme de Prochain.

77) **Gestrickte Reinette,** Reinette filée.

78) **Englische kleine Reinette,** Reinette
d'Angleterre. T. O. G.

79) **Fuchsreinette,** Reinette Rousse. Groß
und delicat.

80) **Birnreinette,** Reinette Pomme Poire.
Eine Gattung grauer Reinetten. Hirsch-
röthlichgrau, von birnartigem süßem Geschmack. Die Sommertriebe sind röthlich
und schillern ins Blaue. Der Apfel welkt
außerordentlich stark.

81) Reinette von Sorgvliet. K. P. Weiß
ses säuerliches Fleisch. Die Schale gelb mit
Rosenroth geflammt.Eine schöneKüchenfrucht.

82) Reinette von Montbron. K. P. Viel
schlechter als 47, aus deren Kern sie wahrscheinlich abstammt.

83) Reinette von Aizema. Hochgelb, von
delicatem weißem Fleisch.

84) Reinette von Breda. Eine köstliche
Frucht, die man den dreyfachen englischen
Goldpepping nennen könnte. Ansehnlich groß,
goldgelb, sehr stark punctirt, und auf der
Sonnenseite carmeisinrothe Flecken und
Puncte. Weißes, hartes, sehr zartes Fleisch,
ohne alle Säure. Hält sich bis ins Frühjahr
und trägt über die Maaßen. Vielleicht
Knoop's Nelguin.

85) Süße graue Reinette, Rein. soete
grauwe. K. P. Viel Aehnliches mit 53,
nur grauer überzogen.

86) Bellefleur. Reinette Bellefleur. K. P.
Sollte etwas mehr Säure haben.

87) Cartoffelreinette. Aus Sachsen, und
allda sehr geschätzt.

88) Weiße Reinette. Reinette blanche. D.
H. ... ...
... ...
... ...
... ...
... ...

89) Zwiebelreinette. Zwiebelborsdor-
fer, Platterich, Rein. plate. T. O. G.
Gleicht völlig einer großen platten Zwiebel,
von angenehmem Geschmack.

90) Birnreinette, Pearrenet. Ein köstlicher
englischer Apfel.

91) Abrahamsapfel, Drue-Parmain.

92) Königliche Parmäne, Parmain Royal.
Eine köstliche Frucht. ... gerne. Auf
der Sonnenseite ... ... Gesotten ...
sehr zartes Fleisch, ohne alle Säure.

93) Englischer Goldpepping. D. H. Der
... ...

94) Holländischer Goldpepping. Ist kleiner und ohne rothe ...

95) Weißer Pepping, Peppin blanc. K. P.
Die in Buche ... ... auf der
einen, weißgelb auf der andern Seite, zu

Baum eine Zierde, und eine gute Küchenfrucht.

96) Kentischer Pepping. Größer als 93.
Ohne rothe Flecken, und sehr delicat von
Geschmack.

97) Grüner Pepping. Grünling. Häufig in der Wetterau, und eine gute Küchenfrucht.

98) Gewürzpepping, The aromatic Pippin.
T. O. G.

99) Neuyorkreinette, Newtown - Pippin.
So groß als Borstorfer. Sehr zart von Fleisch,
wird aber doch an Güte von vielen übertroffen,
und sogar von 92.

100) Borstorfer. Bekannt. T. O. G.

101) Rother Borstorfer. Eine köstliche Frucht,
die nicht wie N. 100 nach Weihnachten passirt
ist. Gelblich von Fleisch und dem herrlichsten
Saft. Trägt jedes Jahr.

102) Früher Borstorfer. Unterscheidet sich
in allem von N. 100 in nichts, als daß er
schon im September zeitig ist.

103) Grauer Fenchelapfel, Fenouilles gris.
D. H. Fast zu süß.

104) **Rother Fenchelapfel,** Fen. rouge. D. H. — T. O. G.

105) **Gelber Fenchelapfel,** Fen. jaune. Eine köstliche Frucht. K. P. Tab. IX.

106) **Der doppelte Fenchelapfel,** Courtpendu Fenouillet. Retel. — Der süßeste. Die Mäuse stellen ihm im Keller äußerst nach.

107) **Platter Fenchelapfel,** Courtpendu plat. Noch nicht getragen.

108) **Weilburger.** Ein herrlicher Apfel. Für Nichtkenner leicht mit dem Borstorfer zu verwechseln. Sehr weißes, saftvolles Fleisch von Geschmack wie Borstorfer, und hält sich in seiner vollen Güte bis Ostern. Er wird etwas größer als Borstorfer, trägt jedes Jahr, und sehr stark.

109) **Neutzerling.** T. O. G.

110) **Wasserneutzerling.** Wird größer als der vorgehende, und gedämpft dem Borstorfer vorgezogen. Hält sich bis Pfingsten.

111) **Kleiner Bohnapfel.** T. O. G.

112) **Rheinischer, oder großer Bohnapfel.** T. O. G. Sollte in keiner Obstplantage fehlen. Hält sich bis in August, und

zu kalten Weinkompoten einzig in seiner
Art.

113). Welscher Bohnapfel. Wird sehr groß,
nur ist sein Fleisch weicher.

114) Zehendheber. Ein herrlicher Apfel für
die Wirthschaft. Stark gebaut am Rhein.

115) Vaterapfel ohne Kern. Auch ein
Rheinländer, besonders in Braubach zu
Haus. Zärteres Fleisch hat schwerlich ein
Apfel. Fast nie findet man in ihm einen
Kern, sondern nur an deren Stelle schwarze
Puncte.

116) Brauner Winterapfel. Ein wahrer,
sehr delicater Tafelapfel. Heißt im Fürsten-
thum Bernburg Ragout.

117) Blauschwanz. Wird wegen Schönheit
und langer Dauer, in Sachsen dem Borstorfer vorgezogen.

118) Fleiner, kleiner.

119) Großer Winterfleiner. Selbst in
seiner Heimath Franken noch selten. Für
das Auge und die Tafel gleich schätzbar.

120) Zimmetapfel. Sorte Holaart. K. P.
Hellgelb, auf der Sonnenseite röthlich. Von

einer durchdringend angenehmen Süße. Aus
Harlem.

121) Gestreifter Wintersüßapfel. T. O. G.

122) Gelber Herbstsüßapfel. T. O. G.

123) Poome. Aus Breda. Noch nicht getragen.

124) Sehr edler Apfel. Pomme très-noble.
Aus dem Haag. Ich erhielt ihn unter dem Na-
men Terenobel. Hat sehr große Blätter.
Noch nicht getragen.

125) Winter-Blumensüßer. Bloem Zoete
of Winter. Groß. Schmutzig gelb. Roth
gestreift. Von sehr süßem Alantgeschmack.
aus Harlem — K. P. Tab. VII.

126) Herbst-Blumensüßer. Bloem Zoete
of Herfst. — Nicht so groß als 125. Zeitig
im September. Wird schnell melbig.

127) Apfel von Sedan. Aus Metz. Berühmt
zum Cyder, worinnen ihn aber N. 74 übertrifft.

128) Grüner Sanspareil. Aus Berlin.

129) Goldgestickter Apfel. Vrai drap
d'or. — D. H. — Groß, haltbar, mattem Gold
gleich. Weiches gelbes Fleisch ohne alle
Säure.

Säure. Die Sommertriebe sind sehr braun.
Die Fruchtaugen spitz und röthlich. Trägt
stark.

130) Characterapfel, Character of Drap
d'or. Embroidered-Apple. — K. P. T. X.

131) Agatapfel, rother. K. P. Trägt über
die Maaßen stark, und Aepfel von allerhand
Größe. Länglich von Form. Ganz gelbes, sehr
angenehmes Fleisch. Aus Koblenz. Dieser ist der ächte Enkhuises Aagtje bey Knoop
T. XII.

132) Weißer Agatapfel. Ist noch kleiner,
platt von Form. Das Fleisch ebenso. Aus
dem Haag. Ist sehr kenntlich an seinem
weißwollichten Laub.

133) Rother Sommerkronapfel. Sehr
schön. Zeitig im September. Süß, zimmt-
artig. Wird bald mellig.

134) Rother Kronapfel. K.P. Kroon-Ap-
pel, Lekkerbeetje. Hat noch nicht getragen.

135) Sommerrosenapfel. T. O. G.

136) Großer Richard, Grand Richard. Aus
Kiel.

G g

137) **Violettapfel,** Pomme Violette. Aus Metz von Simon. Groß, lang, schwarz-röthlich auf der Sonnenseite, dunkelroth, auf der andern; oft mit schwarzen Rostflecken besetzt. Ueber und über ganz blau bedupft. Das Fleisch ist weiß, körnicht, mit röthlichen Flecken unter der Schale. Schmeckt wie Pfundapfel. Der Baum ist sehr tragbar.

138) **Weißer Matapfel.** Bey uns Gewürz-apfel. T. O. G.

139) **Brauner Matapfel.** Wird aber viel größer. T. O. G.

140) **Schwarzer Matapfel.** Diese 3 Sorten sind ganz vorzügliche Aepfel für die Wirth-schaft, und zum Roheßen vom Landmann sehr geliebt. Wenige Aepfel dunsten einen solchen starken violenartigen Geruch aus. Vorzüglich zu Wein.

141) **Sommerrambour.** T. O. G.

142) **Winterrambour.** Noch größer. Trägt sehr stark, und eine schöne Küchenfrucht.

143) **Rambour von Orleans.** Der beste von allen.

144) **Rother Weinapfel.** Platt, sehr groß,

säuerlich, und gedämpft für Kranke erquik=
kend.

145) Weißer Weinapfel. Nicht so groß,
aber zärter.

146) Leopolds=Apfel. Aus Sachsen. Noch
nicht getragen.

147) Apfel von Rouelle. Aus Thüringen.

148) Sommer=Postophe. D. H.

149) Groß=Bon. Ich erhielt zwey Pyramiden
aus Metz, von Simon. Sie treiben fürch=
terlich ins Holz, und haben noch nicht getra=
gen. Die Zweige zeigen sich besonders durch
eine Olivenfarbe mit etwas erhabenen weißen
Puncten aus.

150) Kastanienapfel, Chataigner. Aus
Nancy. Dieser ist groß, länglich, auf der
Sonnenseite braunröthlich, und säuerlich von
Geschmack.

151) Der kleine Api. Allbekannt.

152) Großer Api. Mehr, als noch so groß.
Auch das Laub des Baumes ist größer. Er
ist säuerlicher als der kleine. Sollen die Apis
gut schmecken, so müssen sie einige Nacht=

fröste ausgestanden haben. Sie halten sich
aber alsdann nicht länger als Februar.

153) **Fürstenapfel,** Pomme de Prince. Fast
rund, hellgelb, auf der Sonnenseite etwas
schmutzigroth. Weißes, stark weinsäuerliches
Fleisch, haltbar bis in Junius. Sehr tragbar.
Oft sind alle Sommertriebe mit Blüth besetzt.

154) **Seidenes Hemdgen,** Syden-Hemdje.
K. P. Aus dem Haag.) Ein herrlicher Apfel,
zweifele aber sehr, daß er Knoop's Seiden-
Hemdgen ist.

155) **Oranienapfel,** Oranje-Appel. K. P.
Tab. 8. Schätzbar für Tafel und Küche.

156) **Apfel von Paris,** Pomme de Paris.
Christ's Handbuch.

157) **Wunder von Portland,** Merveille
de Portland. Noch nicht getragen.

257) **Papageyapfel,** Pomme de Perroquet.
Z.P. No.78. Auch Pomme Panachée. Holz und
Frucht sind bandirt. Ein sehr großer prachtvoller Apfel, von blendend weißem, zartem,
säuerlichem Fleisch.

158) **Dauerapfel,** Pomme durable un an.
Ich habe ihn aus dem Loo, ist aber der des
Knoop's nicht!

160) Heeringsapfel. So groß als Borstorfer. Weißes Fleisch und von schneidendem Ge- schmack.

161) Weißer Paradiesapfel. Hochzeits- apfel. Eine vortreffliche Küchenfrucht, und sehr tragbar.

162) Wunderapfel. Merveille du Monde. Trägt dieses Jahr.

163) St. Ludwigsapfel, Pomme de St. Louis. Wenn er 1270 diesem König im heiligen Land gut schmeckte, so war er wenig- stens kein Obstkenner. Ich habe ihn aus Strasburg; und es ist eine schlechte Art von Sommercalville; die viele bittere Stüppen hat.

164) Weißer Taffentapfel.

165) Schwarzer Taffentapfel. Beydes bekannte, schätzbare Aepfel.

166) Sommerquittenapfel, Quinze Apple. Miller. Ein vortrefflicher Sommerapfel.

167) Gewürzapfel. T. O. G.

168) Rother Stettiner. Rostocker. Ber- liner. Ein ächter deutscher Patron, der die Freyheit liebt, und dann jeden andern Apfelbaum an Größe und Gesundheit über-

trifft. Sollte nie in einer Baumschule fehlen. Ist wohl offenbar Knoop's Kantjes Appel Tab. VII.

269) Weißer Stettiner. Ist etwas säuerlicher, und wird vielleicht oft mit No. 153. verwechselt.

170) Gelber Stettiner. Ist der edelste.

171) Winterstreifling. Bey uns Carmesapfel. T. O. G. — K. P. Tab. VI. Ein vorzüglicher Apfel in der Wirthschaft, von süßsäuerlichem Geschmack und weichem Fleisch.

172) Herbststreifling. K. P. Kleiner als 171. Auch nicht soviel Streifen, von sehr mildem Geschmack.

173) Kranichapfel. Z. P. No. 65. Bleibt auch auf dem Lager hellgrün. Sehr haltbar, aber sauer; sonst ein sehr schöner, großer Apfel, höher als breit.

174) Kaiserapfel, Pomme impériale. Noch nicht getragen.

175) Silberling. Noch nicht getragen.

176) Pfundapfel. Z. P. No. 79. Tellerapfel, auch an einigen Orten Glasapfel. Ein sehr guter wirthschaftlicher Herbstapfel.

177) Weißer Käsapfel. Ein Apfel von auffallender Form, wie No. 89. Oft 3 Zoll breit, und nicht 1½ Zoll hoch. Ganz gelb ohne Roth. Vom Baum eßbar im September. Süßes, zartes Fleisch. Aus Harlem.

Einige oben vergessene.

178) Rother Pepping, Peppin rouge. Sehr delicat.

179) Glasreinette, Reinette glacée. Noch nicht getragen.

180) Sommerpepping. S. Christ's H.B.

181) Gestreifter Himbeerapfel. An Geschmack wie No. 8. Wenig rippig, an der Sommerseite roth geflammt und gestreift.

> Die vielen gemeine wirthschaftlichen Aepfel sind hier nicht angeführt, so wie ich noch eine Menge in Scherben habe, die mit ihren seltsamen und prahlenden Namen vielleicht alte Bekannte sind. Also Zeit und Gedult.

Birnen.

Ich werde hier meistens bloß die Namen anführen, da Du Hamel hierinnen vieles geleistet hat, und ich die meinigen Birnen nach ihm classificire.

1) **Kleine Muscatellerbirne,** Petit Muscat. D. H. — K. P.

2) **Roberts Muscatenbirne,** Muscat Robert. Poire de la Reine. D. H. — K. P. Tab. I.

3) **Goldbirne,** Aurate. D. H. Uebertrifft beyde vorhergehende an Güte und musfirtem Geschmack.

4) **Große Muscatenbirne,** grosse Musquée d'Eté. Aus Metz. Reif Mitte August. Vortrefflich.

5) **Magdalenen-oder Carmelitterbirne,** Citron de Carmes. D. H. Als schätzbar bekannt.

6) **Frauenschenkel,** Cuisse Madame. Reif Ende August. Eine ebenso schöne als delicate Birne.

7) **Kleine Blanquette.**

8) **Große Blanquette.**

9) **Langstielige Blanquette.** Bekannte Birnen, die nur zu schnell morsch werden.

10) **Sommerkönigin,** Royale d'Eté. Aus Metz. Reif im Julius. Klein. Musfirt.

11) **Prinzenbirne**, Poire de Prince. — Z. P. Eine sehr große Sommerbirne. Braunroth auf der Sonnenseite. Von Form eines stumpfen Kegels. Wenig Saft, und schmeckt sehr nach Alant. Aus Metz.

12) **Orangenbirne**, Orange musquée. T. O. G. — Z. P. No. 19. Nichts besonders, aber sehr tragbar.

13) **Gestreifte Pomeranzenbirne**, Orange tulipée. D. H. Groß und vortrefflich. Ganz die Form und Größe einer Pomeranze. Die Wespen stellen ihr sehr nach. Aus Metz.

14) **Bestebirne. Eyerbirne**, Poire d'Oeuf. D. H. — T. O. G. Wird in der Wetterau häufig gepflanzt.

15) **Rousselet von Rheims.** D. H. Gewiß eine der besten Sommerbirnen. Reif im September.

16) **Die große Rousselet**, Gros Rousselet. D. H. Schmeckt außerordentlich nach Alant.

17) **Sparbirne**, l'Epargne. Groß und sehr delicat. D. H.

18) **Graziole**, Gracioli. D. H. Goldgelb, weißes knackendes Fleisch.

19) Paradiesbirne. T. O. G.

20) Straßburger-Sommerbergamotte. T. O. G.

21) Volkmarser Birne. T. O. G.

22) Blutbirne. T. O. G.

23) Venusbruft. T. O. G.

24) Apfelbirne. T. O. G.

25) Caffolette, Cassolette. D. H. Vor-trefflich.

26) Herbstbirne. Z. P. Voll herrlichen Saf-tes. Zeitig im October.

27) Salviati. D. H.

28) Zwiebelbirne, Oignonnée. Aus Metz. D. H.

29) Gesegnete Birn, Belle fertile. Z. P. Tab. VI.

30) Sommer-Bon-Chretien. So bekannt als geschätzt.

31) Sommer-Zuckerbirne. Lang wie Frauenschenkel. Roth auf der einen Seite. Reif im September. Hält sich 3 Wochen. Ganz schmelzendes Fleisch, und rein süß.

32) **Forellenbirne.** Aus Sachsen. Noch nicht getragen. Soll sehr vortrefflich seyn.

33) **Doppelttragende Birne.** Chrift's H. B.

34) **Robine.** D. H.

35) **Ritterbirne.** Aus Sachsen. Soll eine sehr delicate Herbſtbirne seyn.

36) **Fündling.** Aus Sachsen. Ganz vortrefflich.

37) **Sehr delicate Herbſtbirne.** Aus Halle.

38) **Weiße Butterbirne,** Beurré blanc. Doyenne blanche.

39) **Schmelzbirne von Breſt,** Fondante de Brest. D. H. Vortrefflich.

40) **Sommerbergamotte..** Die größte und schönſte aller Bergamotten.

41) **Herbſtbergamotte,** Bergamotte d'Automne. Ebenfalls groß, jedoch mehr länglich. Grün, mit sehr viel grauen Puncten besetzt. Sehr schätzbar. Reif im October.

42) **Käßbergamotte,** Bergamotte rouge. Klein, sehr platt. Braunroth auf der Sonnenseite. Von sehr schmelzendem Fleisch, und äußerſt tragbar. D. H.

43) **Grüne Zuckerbirne.** Sucré verd D. H. Ihr sehr süßes schmelzendes Fleisch macht sie schätzbar.

44) **Graue Butterbirne,** Beurré gris Doyenne grise. Wenn sie von langer Dauer wäre, bedürfte man der andern nicht.

45) **Die lange Grüne,** Verte longue d'hiver. D. H.

46) **Schweißerhose,** Verte longue panachée. D. H. — T. O. G.

47) **Gute Louise,** Bonne Louise. D. H. Kann leicht mit 45 verwechselt werden.

48) **Die Crasanne,** Bergamotte Crasanne. D. H. — T. O. G. So fruchtbar als delicat.

49) **Gelber Johannes,** Messire Jean dorée. D. H. So vortrefflich, als Schade, daß sie so gerne teig wird.

50) **Trockner Martin,** Martin sec. K. P. — D. H. Das Fleisch ist zu brüchig.

51) **Die Schöne von Spanien.** Vermillion d'Espagne. Ist schön, und zum Kochen vortrefflich.

52) **Zapfenbirne.** Der grauen Butterbirne an Form und Geschmack ähnlich.

53) **Wiefenbirne.** Viel ähnliches mit Chas-
sery und ebenso schmelzend. Zeitig im Nov.

54) **Englische Butterbirne,** Beurré d'Angleterre. Ist von der des D. H. verschieden.
Sie ist vorzüglicher als die graue Butterbirne, mit der sie Aehnlichkeit hat.

55) **Metzerbirne,** Poire de Metz. Ganz
vorzüglich.

56) **Paſſa-Tutti.** Eine Italiänerin. Das
Holz ist fein, und gelblich. Der Name zeigt
ihren Werth.

57) **Angelika von Bourdeaux,** Angélique
de Bourdeaux. Die Engel essen ja keine
Birnen, aber die Mädchen lieben diese süße
delicate Winterbirne.

58) **Rothe Pfalzgräfin.** T. O. G.

59) **Rothe Conseſſelsbirne.** T. O. G.

60) **Grüne Conseſſelsbirne.** T. O. G.

61) **Amadotte,** Amadotte. Z. P. No. 89.

62) **Spanische Bon-Chretien,** Bon Chre-
tien d'Espagne. D. H. Nur zum Kochen
vortrefflich.

63) **Mannabirne.** Colmars. Incomparable.

Poire de Manne. D. H. — K. P. Eine der
besten Winterbirnen.

64) Große Winterambrette, Grosse Am-
brette. D. H.

65) Virgouleuse. D. H. Ueberall geschätzt.

66) Winterkönigin, Royale d'hiver. D. H.
Vortrefflich.

67) Winterwunder, Merveille d'hiver D. H.
Vom ersten Rang.

68) Goldbirne von Anjou, Beurré doré
d'Anjou. Besser die doppelte Beurré gris.

69) Goldbergamotte, Bergamotte dorée.
Vom zweyten Rang.

70) Osterbergamotte, Bergamotte de Pa-
ques. D. H. Mein wahrer Liebling. Der
Baum hat in der Jugend Dornen, und
wächst gerne verworren.

71) Winterbergamotte, Bergamotte d'hiver. K. P. Tab. VIII. Groß und voll des
köstlichsten Saftes. Ist aber eigensinnig,
springt gerne auf, und wird dann steinigt.

72) Holländische Bergamotte, Bergamotte
d'Hollande. Wahrscheinlich Knoop's Berg.
Soulers? Vortrefflich.

73) **Bergamotte von Soulers,** Bergamotte Soulers. Sollte es von Solothurn
heißen, so müßte es Soleure heißen. Die
ältesten französischen Pomologen schreiben
Alle Soulers. Die Carthause, woher die
meinige ist, hält sie mit No. 70 für einerley???!

74) **St. Germain.** Allbekannt.

75) **Gelbe St. Germain,** St. Germain
doré. Kleiner als 74 und gelb. Ich glaube
fast sicher, daß es bloße Spielart ist. Ein Freund
von mir pfropfte von seiner herrlichen St.
Germain, und dieses ist nun die gelbe!

76) **Kronbirne.** Christs H. B.

77) **Franchipanne.** D. H.

78) **Kaiserin mit Eichenblatt,** Impériale
à feuille de Chêne. D. H. — Nicht alle Blätter sind gekräuselt.

79) **Winter-Bon-Chretien,** Bon-Chretien
d'hiver. D. H. Erfordert ein heißes Espalier, wenn sie delicat werden soll.

80) **Das Faß,** Poire Tonneau. D. H. Ich
bekam sie spaßig genug, von einem Kiefer in
Koblenz. Ist mehr für Küche als den Tisch.
Saftvolles, weißes Fleisch ohne Gewürz.

81) Sarasin, Sarasin. Christ, H. B.

82) Königsgeschenk von Neapel, Présent royal de Naples. Christ, H. B.

83) Marquisin, Marquise. D. H. Bekannt.

84) Lanfac, Dauphine. D. H. Vortrefflich.

85) Winterdorn, Epine d'hiver. Der Baum hat weißliches Holz; daher der Name.

86) Jagdbirne, Chasserie. D. H. Herrlich von Saft.

87) Geschmackvolle, Savoureuse. Aus Halle.

88) Bergamotte von Nizza. Aus Halle. Vielleicht identisch mit den allgemeineren Namen, als Berg. Sicilienne, d'Italie?

89) Wildling von Chaumontel, Bezi de Chaumontel. Aus Beurré d'hiver. D. H. Sehr schätzbar.

90) Deutsche Muscat, Muscat Allemand. D. H. Jedem schätzbar.

91) Englische Bon-Chretien, Bon-Chretien d'Angleterre. Noch nicht getragen. Aus Metz.

92) Catillac. T. O G.

93)

93) **Pfundbirne.** Poire de livre. D. H.

94 Louwtjesbirne. K. P. Tab. VII. Zum
Kochen vortrefflich. Der Baum ist oft an
den Sommertrieben mit Blüth besetzt. Lang.
Grüngelblich.

95) **Wintermuscat,** Muscat d'hiver. Noch
nicht getragen. Aus Meß.

96) **Katzenkopf.** Z. P. No. 83. Bloß zum
Kochen.

97) **Gestreifte Schweizerbergamotte,**
Bergamotte Suisse panachée. D. H. — T.
O. G.

98) **Butterbirne ohne Kern,** Bon-Chrétien
d'Ausch. Beurré doré sans pepin. Aus
Meß. Die Triebe sind ganz pomeranzengelb,
der Baum kümmert und treibt nicht.

99) **Klöppelbirne.** Eine wahre deutsche Bergamotte, in Hessen zu Haus? Reif im Febr.
haltbar bis in May. Mittelmäßig groß, von
sehr musquirtem Geruch und Geschmack;
röthet sich beym Zeitigwerden im Keller, und
hat das Eigene, daß die Schale schwarz wird.
Zum Dämpfen herrlich.

100) **Mispelbirne. Hainbuttenbirne. Z. P.** No. 38. Azerolier Poirier. — Mehr Selten: heit, als Güte.

Pfirschen.

Wer es versucht hat, von dieser Götterfrucht eine ausgesuchte und bestimmte Sammlung für sich anzulegen, wird es leider erfahren haben, wie mühselig und täuschend diese Arbeit ist. Die gewöhnlichen Obstgärtner sind bey diesen Früchten nicht nur sehr unwissend, sondern verkaufen was sie haben. Die Schwierigkeit liegt zum Theil mit darinnen, daß die Verschiedenheit der Sorten oft den schärfsten Kennerblick erfordert. Ich habe noch viele in den Lehrjahren, folgende sind als ächt loßgesprochen.

1) **Weißer Frühpfirsich,** Pêche avant blanche. D. H. Der rothe ist mir ausge: gangen.

2) **Doppelter von Troyes,** Double de Troyes. Petite Mignonne. Ganz vortrefflich, äußerst von den Ameisen verfolgt. Zeitig Mitte August, und trägt sehr stark. D. H.

3) **Saffranpfirsche,** Alberge jaune. Re-

sanne. D. H. Hat Fleisch wie die Apricose, von herrlichem Geschmack.

4) **Weiße Magdalene**, Madeleine blanche. Ist wie No. 3. am leichtesten zu kennen. D. H.

5) **Swoler Pfirsche**, Belle-Garde. Galante. Zeitig Mitte August. Eine köstliche Pfirsche. D. H.

6) **Weißer Härtling**, Pavie blanche. Groß, prachtvoll, und weiß um den Stein, der sich nicht ablößt. Eine köstliche, Ende August reifende, Pfirsche. Heißt in England Belle Catherine, und darf mit Pavie Madeleine nicht verwechselt werden.

7) **Rothe Magdalene**, Madeleine rouge. D. H. Eine der köstlichsten. Reif Ende August.

8) **Malthefer Pfirsche**, Péche de Malthe. Hat viel ähnliches mit No. 4. Roth aber um den Stein, und besser.

9) **Doppelte Montagne**, Double Montagne. Vortrefflich, und groß.

10) **Frühe Peruvianerin**, Chevreuse hâtive. Belle Chevreuse. Zuckersüß. Kleine Blüthe, Purpurfarbe an der Sonnenseite,

und iſt der reichſte an Blüth und Früchten.
Zeitig Ende Auguſt. D. H.

11) Früher Purpurpfirſich, Purprée
hâtive. Iſt faſt zu ſaftvoll. Wird leicht mit
No. 10. verwechſelt. Iſt aber größer und rund,
jene hingegen länglich. D. H.

12) Lackpfirſich, Grosse Mignonne. Bekannt als eine der vorzüglichſten Pfirſchen.
D. H.   ,

13) Die Schöne, Incomparable en Beauté,
Engliſch the noblest. — Gehört ohnſtreitig
mit zu den ſchönſten und beſten Pfirſchen.
Reif Ende Auguſt.

15) Kleiner Violett. T. O. G. D. H.

16) Großer Violett, Grosse violette hâtive.
Gehört zu den allererſten Pfirſchen.

17) Gelber Pfirſich, Jaune lisse. D. H.
Goldgelb. Reif im October.

18) Später Purpurpfirſich, Pourprée
tardive. D. H. Auf der Sonnenſeite-faſt
ſchwärzlichroth. Eine der größten und herr-
lichſten Pfirſchen. Zeitig in der Mitte September. Iſt vielleicht mit Chevreuse tardive
einerley?

19) **Später Violette,** Brugnon violet marbré. D. H. Herrlich. Mitte October. Erfordert den heißesten Sommerstand.

20) **Königspfirsich,** Pèche royale. D. H. Groß, oft 3 Zoll breit. Auf der Sonnenseite roth verwaschen, und dunkelroth gestreift. Reift anfangs October. Gehört zu den Pfirschen vom ersten Rang.

21) **Venusbrust,** Tetton de Venus. Wird mit No. 20. häufig und noch kürzlich von Butret verwechselt. Der Baum wächst viel stärker als jener, und die Frucht ist noch delicater.

22) **Bourdiner,** Bourdine. Treibt außerordentlich stark, hat blässere und kleinere Blüthen als die zwey vorhergehenden, scheint aber die Mutter von ihnen zu seyn.

23) **Weißer Pfirsich,** Pèche blanche. Ich finde diesen Pfirsich nirgends. Seine Haut ist molkenweiß, von Form wie No. 12. Um den Stein ganz weiß. Die Haut außerordentlich zart, daß sie keinen Druck duldet. Von Geschmack die beste, die ich kenne. Sie ist aus einem Stein entstanden, und so viele man bisher davon erzogen, sind solche nicht ausgeartet. Der Baum verträgt den Schnitt

sehr übel, will nur ausgelichtet seyn. Ich werde sie künftig auf Mandelbäume veredeln lassen, um erstens diese kostbare Frucht sicher zu erhalten, und vielleicht dadurch den Baum gegen den Schnitt nachgiebiger zu machen. Er trägt hochstämmig, an einem von Winden geschützten Ort, die herrlichsten Früchte. Am Spalier müßte er einen großen Raum haben. Die Frucht zeitigt im October, und die Blüthen sind groß und blaßroth, doch nicht so groß wie bey No. 4, und noch weniger wie bey No. 12. — — Ich habe auch eine Pêche rouge erhalten, die aber den Schnitt gar nicht verträgt, durch Steine fortgezogen wird, und im October die delicatesten und größten Pfirschen liefern soll. Hat noch nicht getragen.

Wenn meine übrigen Gymnasiasten einmal alle getragen haben, so werde ich ein Pfirschensystem mittheilen, das bloß auf die Nüancen der Verschiedenheit in der Vegetation gegründet ist, und drey Klassen enthält.

1) Aechte Krachmandel, Amandier des Dames. D. H.

Apricosen.

1) · Frühapricose, Muscatellerapricose,
Abricot précoce. Abricot hâtif musqué. —
D. H. — T. O. G. Hat gelbliches Fleisch,
große Blätter. Zeitig halben August.

2) Pfirsich-Apricose, Weiße Apricose.
Abricot blanc, Apricot Pêche. D. H. Tom.
I. pag. 99. Darf wohl nicht mit der durch
Hirschfeld berühmt gewordenen Aprico-
senpfirsich verwechselt werden. (Gar-
tenjournal IX — XI St.) Ich bin über
diese noch nicht einig. Die hier gemeynte
ist die ächte des Du Hamel, hat weis-
ses, pfirschenartiges Fleisch, trägt
sehr voll, das größte fast gekräuselte Blatt
am Rand, und zeitigt Ende Julius.

3) Gemeine Apricose, Abricot commun,
ordinaire. Allbekannt.

4) Oranienapricose, Abricot d'Orange. Die
ächte Abricot Angoumois des Du Hamel. Ein ausgezeichnet kenntlicher Baum.
Das fast rhomboidalsche Blatt, die ro-
then langen Blätterstiele, an denen die Blätter wie Pappeln zittern, das röthliche junge
Laub, und die kleinen 2 bis 3 Linien langen

Fruchtstiele, auf denen die Früchtlein sitzen, machen diesen Baum ausgezeichnet kenntlich. Am Geschmack vielleicht die erhabenste aller Apricosen. Alles zeichnet sich an die: ser Sorte aus. Noch selten?

5) Apricose von Nancy, Abricot de Nancy. D. H. Die größte, und an Zartheit der Haut die erste von allen. Bekommt fast gar keine Röthe auf der Sonnenseite. Die Blätter sind gegen die Spitze hin schief, und die Sommertriebe purpurroth. Das Fleisch rothgelb, von dem süßesten Geschmack.

6) Scheckichte Apricose, Abricot panaché. Ganz No. 3.

7) Ananasapricose, Abricot de Breda. Sie hat diesen Namen, weil sie zuerst von Breda nach England kam, stammt aber aus Afrika. — Sie hat das ganz eigene, daß ihr Stein sehr bauchig, und stets zwey süße Kerne enthält. Die Haut dunkelgelb, auf der Sonnenseite braun gefleckt. Das Fleisch dunkel oraniengelb, voll des köstlichsten Saf: tes. Die Steine liefern, ohne Ausartung, Früchte wie die Mutter.

8) Mandelapricose, Abricot d'Aveline,

Amande Aveline. Gleicht der vorstehenden sehr, hat aber stets nur einen einfachen süßen Kern. Eine herrliche große Frucht. Diese Apricose ist vielleicht die Abricot Pêche, und heißt auch Abricot de Portugal, Abricot d'Hollande, welches alles falsch ist. Nicht die des D. H.

9) Schwarze Apricose, Abricot noir. Mehr der schönen Blüthe als der mittelmäßigen Früchte wegen.

Pflaumen.

1) Herrnpflaume, Prune de Monsieur. D. H. Unbekannt.

2) Gemeine Mirabelle, Mirabelle jaune.

3) Doppelte Mirabelle, Mirabelle double, Drap d'or. D. H.

4) Frühe Mirabelle, Mirabelle hâtive. Eigentlich Damas Drouet. D. H. Fade, 3 Wochen vor No. 3 zeitig.

5) Rothe Mirabelle, Mirabelle rouge.

6) Schwarze Mirabelle, Mirabelle noire. Beyde aus Metz.

7) Königin Claudia, Reine-Claude verte.

8) Schwarze Königin Claudia, Reine-Claude noire. Sehr delicat.

9) Gelbe Königin Claudia, Reine-Claude jaune. Hat etwas härteres Fleisch.

10) Gelbe Diapree, Diaprée blanche. D. H. Eine herrliche Pflaume, die sich drey bis vier Wochen am Baum erhält.

10) Violette Diapree, Diaprée violette. D. H. Fast ebenso gut.

12) Maugeron, Damas de Maugeron. D. H. Eine der besten.

13) Apricosenpflaume, Prune abricotée. D. H. Wird geschätzt.

14) St. Catherine, St. Catherine. D. H. Trüge der Baum besser, so würde sie alles Lob verdienen.

15) Großer Damas von Tours, Gros Damas de Tours. D. H. Verdient in jedem Garten zu stehen.

16) Abricos bas. Soll wie Apricosen schmeck-ken. Noch nicht getragen. Aus Neuwied.

17) Weißer Perdrigon, Perdrigon blanc. D. H. — T. O G.

18) **Violette Perdrigon,** Perdrigon violet. D. H. Der Werth von beyden ist bekannt.

19) **Mirabolane.** Violett und sehr stark bestaubt, von sehr süßem Saft.

20) **Weiße Kayserinn,** Bonum magnum. So groß als fade.

21) **Cyprische Eyerpflaume.** T. O. G.

22) **Kirschpflaume,** Prune cérisette. In der Blüthe wie die Schlehe. Eine sonst schlechte Pflaume.

23) **Kleine Damascene.** Allbekannt. T. O. G.

24) **Ungarische Zwetsche.** Ist früh, und dieses macht ihre Güte.

Mehrere Sorten von Werth haben noch nicht getragen.

Kirschen.

1) **Vier auf ein Pfund.** T. O. G. Wird sich wohl darauf handeln lassen.

2) **Rothe Maykirsche.** T. O. G. 1797. St. VI.

3) **Frühe Maykirsche.** Ib.

4) **Doppelte Natte.** Ib.

5) Brüſſelſche Braune. Jb.

6) Große Glaskirſche. Jb.

7) Bouquetkirſche. Bey uns Klüftchenskirſche. Jb.

8) Lothkirſche. Jb.

9) Königskirſche, Cérise royale. Jb.

10) Rothe Oranienkirſche. Jb.

11) Caron, Cérise Caron. Jb.

12) Doctorkirſche. Jb.

13) Neue Engliſche. Jb.

14) Glaskirſche, mit gefüllter Blüthe. Jb.

15) Pragiſche Muſcateller. Jb.

16) Schwefelkirſche. Bey uns Citronenkirſche. T. O. G.

17) Weiße Knorpelkirſche. Jb.

18) Rothe Knorpelkirſche. Jb.

19) Schwarze Herzkirſche. Jb.

20) Weiße Herzkirſche. Jb.

21) Martinskirſche, Cérisier de la Toussaint. De la St. Martin. D. H. Eine wahre

Sauerkirsche die ihre Haupternbte im Sep=
tember liefert. Ist dadurch sehr kenntlich,
daß sich die Blüthknospen, mit großen blaß=
sen Blüthen auf 4 und mehrere Zolle ver=
längern. An diesem Sommertriebe sitzen die
Blüthen mit Afterblättern vertheilt. Du
Hamel hat ihn indessen nicht nach der Na=
tur gezeichnet, denn der Blüthenschuß hat
keine Kirschenblätter.

> Kirschen sind kein Gegenstand meiner Unter=
> suchungen. Ich habe deßhalb obige ganz
> ächte Sorten hauptsächlich von einem großen
> Kirschenkenner erhalten, der uns im VI. St.
> des T. O. G. 1797. sein schönes System mit=
> getheilt hat; wofür ihm jeder den wärmsten
> Dank wissen muß. Sonst wäre für das Stu=
> dium der Kirschen die Gegend des Rheins
> der wahre Ort, wo ganze Dorfschaften sich
> bloß mit der Cultur der Kirschen beschäftigen.

Nachschrift.

Daß dieses Verzeichniß nur für Kenner
mitgetheilt ist, wird jeder leicht einsehen.
Diese also wissen nun, was ich besitze, und
womit sie, die Kirschen ausgenommen, mich
noch bereichern können, und durch solche Aus=

tauſchungen kann nur der Pomologe zu einiger Vollkommenheit gelangen. Nichtkennern, die erſt á ch t e Sorten wollen kennen lernen, ſtehen aber auch Pfropfreiſer zu Dienſten, die ihnen mein Gärtner, mit der ſicherſten Treue, gegen billige Vergütung dieſes zeit= raubenden Geſchäfts, beſorgen wird, und wozu ich gern die Hände biete. — Nur der Beſitz ächter Sorten muntert auf für das Studium der Pomologie, ohne deshalb, wie einſt Q u i n t i n i e, ſeine Berufsarbeiten zu vernachläſſigen!

Modus adsit Amori!

Fig: 1

1.

2.

3.

Berndt

Fig. II.

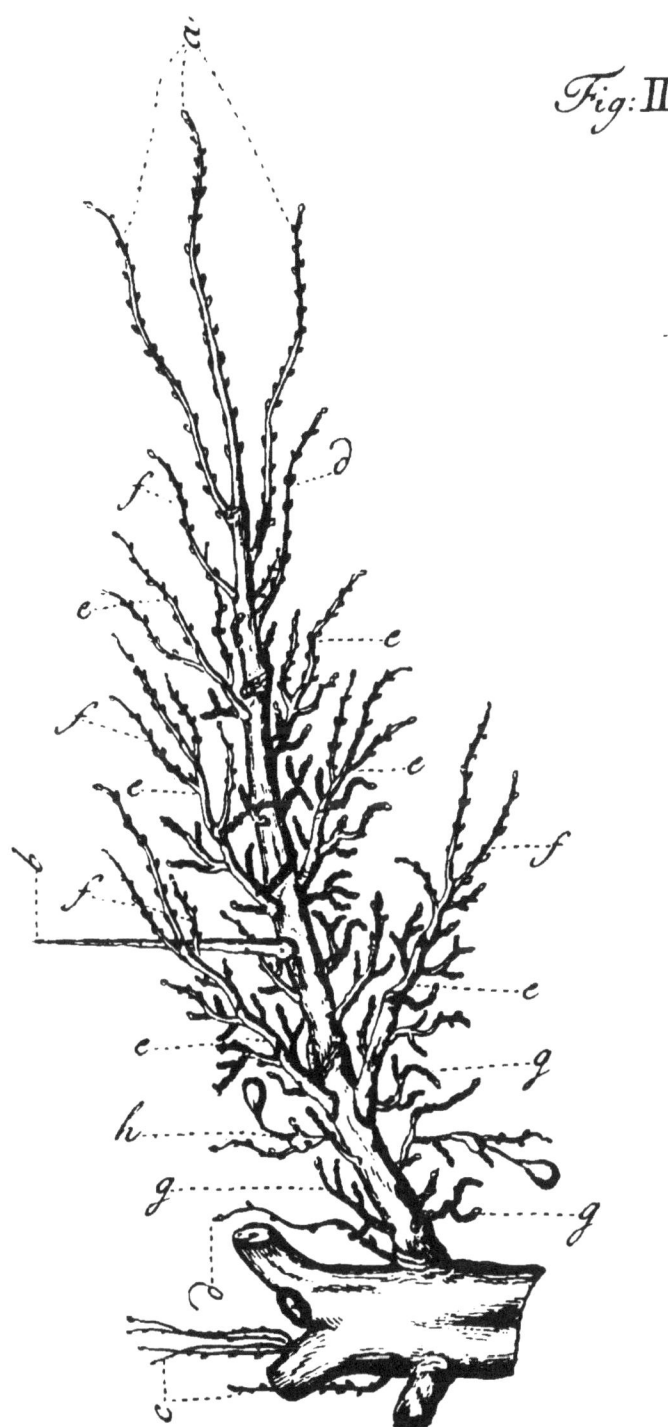

Fig: III.

Berndt f.c